PUHUA BOOKS

我
们
一
起
解
决
问
题

酒店运营与管理全案

孙宗虎　王瑞永　编著

人民邮电出版社

北　京

图书在版编目（CIP）数据

酒店运营与管理全案 / 孙宗虎，王瑞永编著. -- 北京：人民邮电出版社，2021.5
ISBN 978-7-115-56331-6

Ⅰ. ①酒… Ⅱ. ①孙… ②王… Ⅲ. ①饭店－运营管理 Ⅳ. ①F719.2

中国版本图书馆CIP数据核字(2021)第062967号

内 容 提 要

这是一本关于酒店管理人员如何干好工作的书。本书始于流程，细说过程，关注全程，附带规程，成于章程，具有很强的操作性和实务性。

本书在介绍流程与流程图绘制的基础上，详细介绍了酒店顾客定位与发展战略管理，酒店产品设计、定价与上市管理，酒店品牌策划与宣传推广管理，酒店营销与促销管理，酒店前厅管理，酒店采购与仓储管理，客房管理，康体娱乐及商务中心管理，智慧酒店管理，酒店服务质量管理，酒店成本核算与控制管理，酒店分店选址与连锁经营管理等 17 大工作事项。

本书适合酒店中高层管理人员，尤其是酒店运营与管理流程设计者阅读，也适合高等院校旅游与酒店管理专业师生、相关培训和咨询人员阅读。

◆ 编　　著　孙宗虎　王瑞永
　　责任编辑　付微微
　　责任印制　胡　南
◆ 人民邮电出版社出版发行　　北京市丰台区成寿寺路 11 号
　　邮编 100164　电子邮件 315@ptpress.com.cn
　　网址 https://www.ptpress.com.cn
　　涿州市般润文化传播有限公司印刷
◆ 开本：787×1092　1/16
　　印张：22　　　　　　　　　　　2021 年 5 月第 1 版
　　字数：410 千字　　　　　　　　2025 年 11 月河北第 15 次印刷

定　价：89.80 元

读者服务热线：（010）81055656　印装质量热线：（010）81055316
反盗版热线：（010）81055315

前言

　　《酒店运营与管理全案》一书围绕**酒店运营与管理工作的流程设计**，并辅以相应的**工作标准**，将酒店运营与管理 17 大事项的执行工作落实到具体的流程上，既解决了"由谁做""做什么"的问题，也解决了"如何有效地做""按照什么标准做"的问题。本书提供了一整套酒店管理工作者如何**干工作、干好工作、追求卓越工作**的有效解决方案。

　　本书系在之前版本的基础上修订而成，为了更加符合当前企业发展的大趋势及满足精细化管理需求，有关内容修订如下。

一、重构了流程体系，使逻辑关系更清晰

　　首先，在整体内容结构上，本书重新梳理了流程顺序，针对酒店顾客定位与发展战略管理，酒店产品设计、定价与上市管理，酒店品牌策划与宣传推广管理，酒店营销与促销管理，酒店前厅管理，酒店采购与仓储管理，客房管理，康体娱乐及商务中心管理，智慧酒店管理，酒店服务质量管理，酒店成本核算与控制管理，酒店分店选址与连锁经营管理等 17 大工作事项，梳理了酒店运营与管理的工作内容，使酒店运营与管理流程更加符合当今企业的实际。

　　其次，根据梳理后的酒店运营与管理流程体系，结合企业切实推行流程管理的需要，本书增补了一些新的流程，如**智慧酒店管理**、**酒店服务质量管理**、**酒店分店选址与连锁经营管理**等，进一步细化了酒店运营与管理的具体工作事项，使酒店运营与管理流程更加全面、详细，便于企业将流程管理应用到酒店运营与管理的每一个具体事项上。

　　最后，为方便酒店推行流程管理或应用本书推行流程改造，本书的每一章都新设了一节内容，即在介绍流程设计之前，先对流程设计的目的或流程在酒店运营与管理中发挥的作用进行说明，并给出了本章流程之间的内在逻辑关系，为酒店选用本书介绍的相关流程提供了决策依据。

二、细化了管理过程，使内容更翔实

（1）对于某一个具体的流程，本书按酒店运行实际情况重新梳理或更新了流程步骤，进一步细化、补充了流程中节点事项的工作标准，使酒店运营与管理流程、工作标准更加符合酒店运营与管理的实际工作需要，以方便酒店相应部门的员工"拿来即用"。

（2）本书还针对酒店运营与管理流程中关键事项的落实及执行设计了相应的考核指标与操作说明，为流程中关键事项的执行效果提供了考核依据，从而确保流程与工作标准能够得到高效执行，最终为酒店推动流程管理提供了有力的保障。

三、根据管理现状编写，使企业能据实而作

本书提供的是"参照式"流程设计范本。随着酒店运营与管理水平的不断提高，酒店的流程与工作标准也在不断地发生变化，因此，读者在应用本书时可参考以下建议。

（1）读者可根据所在企业的实际情况，适当修改或重新设计书中提供的酒店管理流程与工作标准，使之更加适用本企业的情况。

（2）读者可参照本书中的流程，将所在企业每个部门内每个岗位的工作流程适当压缩，力求达到流程再造的目的，以提高酒店的运营效率。

（3）读者要在实践中不断改进已经形成的工作流程，真正做到因需而变、高效管理、高效工作，最终实现"赢在执行"的目标。

我们衷心希望本书能为酒店推动流程管理提供业务运用层面的指导和实务性的解决方案。

再次感谢数以万计的读者对本书的支持与厚爱，没有你们这些实践专家提供的建议，就不会有本书的这些改进和补充。

目 录 Contents

第 2 章　酒店顾客定位与发展战略管理

第 3 章　酒店产品设计、定价与上市管理

第4章　酒店品牌策划与宣传推广管理

第5章　酒店营销与促销管理

目录

第 7 章　　酒店采购与仓储管理

第 8 章　客房管理

第 9 章　康体娱乐及商务中心管理

目录

第 10 章　智慧酒店管理

目录

第 13 章　酒店分店选址与连锁经营管理

第 14 章　酒店公关与大客户管理

酒店运营与管理全案

第 15 章　酒店环境卫生与停车保卫管理

第16章　酒店人力资源与行政管理

酒店运营与管理全案

管理的核心目标是用制度管人，按流程做事。不论是制度设计，还是流程设计，都是每一个企业要开展的工作，而且是每年都要循环开展的工作。

企业在进行流程设计之前，应先对流程的概念有一个清晰的认识，并在此基础上掌握流程图绘制的方法，选好绘制工具，然后着手设计。同时，企业要根据自身的运营情况，及时对流程进行修改、调整和再造。

1.1 流程

1.1.1 流程的定义

关于流程，不同的人有不同的看法。有人认为，流程就是程序，其实，"流程"和"程序"是两个互相关联但绝不等同的概念。"程序"体现出一件工作中若干作业项目哪个在前、哪个在后，即先做什么、后做什么。而在"流程"中，除了体现出先做什么、后做什么之外，还体现出每一项具体任务是由谁来做，即甲项工作由谁负责，乙项工作由谁负责等，从而反映出他们之间的工作关系。

只有通过流程，才能把一件工作的若干作业项目或工作环节，以及责任人之间的相互工作关系清晰地表示出来。

一般情况下，企业流程有以下五大特征：

（1）流程是为达成某一结果所必需的一系列活动；

（2）流程活动是可以被准确重复的过程；

（3）流程活动集合了所需的人员、设备、物料等；

（4）流程活动的投入、产出、品质和成本可以被衡量；

（5）流程活动的目标是为服务对象创造更多的价值。

我们不妨给流程下一个定义："**流程就是为特定的服务对象或特定的市场提供特定的产品或服务所精心设计的一系列活动。**"

流程包括六大要素，即输入的资源、活动、活动的相互作用（结构）、输出的结果、服务对象和价值。流程的基本模式如图1-1所示。

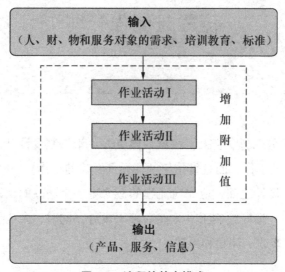

图 1-1　流程的基本模式

1.1.2　流程的分类

企业流程可分为决策流程、管理流程和业务流程三大类，具体内容如表 1-1 所示。

表 1-1　企业流程的分类

序号	类别	定义	特点 / 构成
1	决策流程	◎能确保企业达到战略目标的流程 ◎确定企业的发展方向和战略目标，整合、发展和分配企业资源的过程	◎股东、董事、监事会等组建流程 ◎战略、重大问题及投资流程 ◎企业决策流程的构成如图 1-2 所示
2	管理流程	◎企业开展各种管理活动的相关流程 ◎通过管理活动对企业业务的开展进行监督、控制、协调、服务，间接为企业创造价值	◎上级组织对下级组织的管控流程 ◎资源配置流程（人、财、物以及信息） ◎企业管理流程的构成如图 1-3 所示
3	业务流程	◎直接参与企业经营运作的相关流程 ◎安排完成某项工作的先后顺序，对每一步工作的标准、作业方式等内容做出明确规定，主要解决"如何完成工作"这一问题	◎涉及企业"产、供、销"环节 ◎包括核心流程和支持流程 ◎企业业务流程的构成如图 1-4 所示
备注	从企业经营活动的角度来说，企业流程又可分为战略流程、经营流程和支持流程		

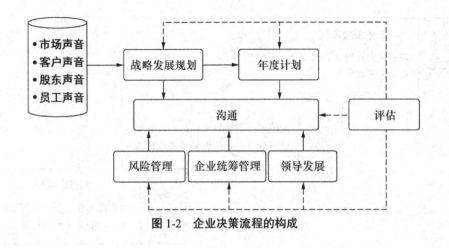

图 1-2　企业决策流程的构成

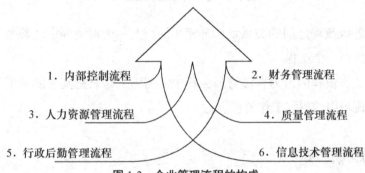

图 1-3　企业管理流程的构成

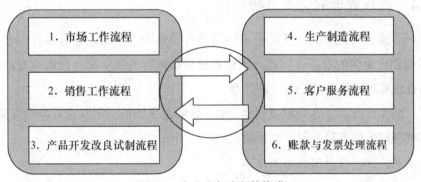

图 1-4　企业业务流程的构成

1.1.3　流程的层级

为便于对各类流程进行管理，我们通常将企业内部流程分为三个层级，即企业级流程、部门级流程和岗位级流程，具体内容如图 1-5 所示。

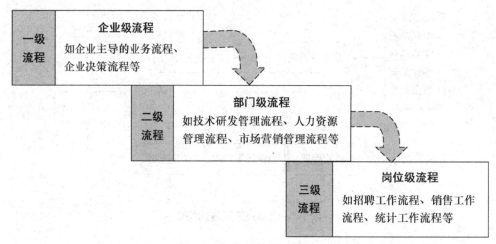

图 1-5　企业内部流程的层级

企业内部各级流程之间的关系是环环相扣的，上一级别流程中的某个节点在下一级别可能会演化成另一个流程。

例如，在二级流程的人力资源管理流程中，招聘工作只是其中的一个节点，而它又会演化成三级流程中的招聘工作流程。

1.2　流程管理

1.2.1　流程管理的含义分析

企业进行流程管理是为了优化企业内部的各级流程，帮助企业提高管理水平，并通过优化流程创造更多的效益。因此，流程管理可被理解为是从流程角度出发，关注流程能否"**为企业实现增值**"的一套管理体系。

从客户的角度来说，客户愿意付费/购买就能带来增值。但从企业的角度来说，"增值"可以被理解为但不限于以下六种情况：

（1）效益提升，投资回报率上升；

（2）工作效率提高，业绩提升；

（3）工作质量、产品/服务质量提升；

（4）各种浪费减少，经营成本降低；

（5）沟通顺畅，办公氛围和谐、向上；

（6）品牌价值提升，知名度提升。

企业流程管理主要是对企业内部进行革新，解决职能重叠、中间层次多、流程堵塞等问题，使每个流程从头至尾责任界定清晰、职能不重叠、业务不重复，达到缩短流程周期、节约运作成本的目的。

1.2.2　流程管理的目标分析

流程管理是按业务流程标准，在职能管理系统授权下进行的一种横向例行管理，是一种以目标和服务对象为导向的责任人推动式管理。

流程管理的目标分析说明如表 1-2 所示。

表 1-2　流程管理的目标分析说明

项次	分析项	具体描述
1	流程管理的最终目的	◎提升客户满意度，提高企业的市场竞争能力 ◎提升企业绩效
2	流程管理的宗旨	◎通过精细化管理提高管控程度 ◎通过流程优化提高工作效率 ◎通过流程管理提高资源的合理配置程度 ◎快速实现管理复制
3	流程管理的总体目标	管理者依据企业的发展状况制定流程改善的总体目标
4	总体目标分解	在总体目标的指导下，制定每类业务或单位流程的改善目标
5	流程管理的工作标准与要求	◎保证业务流程面向客户，管理流程面向企业目标 ◎流程中的活动都是增值的活动 ◎员工的每一项活动都是实现企业目标的一部分 ◎流程持续改进
6	流程管理在企业发展各阶段的具体目的	企业需要根据自身发展阶段和遇到的具体问题对流程管理有所侧重 ◎梳理：工作顺畅，信息畅通 ◎显化：建立工作准则，便于员工查阅、了解流程，便于员工之间沟通并发现问题，便于员工复制流程及对流程进行管理 ◎监控：找到监测点，监控流程绩效 ◎监督：便于上级对工作进行监督 ◎优化：不断改善工作，提升工作效率

1.2.3　流程管理工作的三个层级

总体来说，企业流程管理工作包括三个层级，即流程规范、流程优化和流程再造。各个层级的主要内容及适用情况如表 1-3 所示。

表 1-3 流程管理工作三个层级的主要内容及适用情况

层级划分	主要内容	关键输出	适用时机/阶段
第一层级 流程规范	整理企业流程，界定流程各环节的工作内容及相互之间的关系，形成业务的无缝衔接	◎流程清单 ◎流程体系框架图 ◎各流程图	适合所有企业的正常运营时期
第二层级 流程优化	流程的持续优化过程，持续审视企业的流程，不断完善和强化企业的流程体系	◎流程诊断表 ◎流程清单（新） ◎流程体系框架图（新） ◎各流程图（新）	适合企业任何时期
第三层级 流程再造	重新审视企业的流程和再设计	◎流程再造分析报告 ◎流程清单（新） ◎流程体系框架图（新） ◎各流程图（新）	适合企业变革时期，以适应企业变革阶段治理结构的变化、战略改变、商业模式变化，以及出现的新技术、新工艺、新产品、新市场等情况

需要注意的是，在流程建设管理工作中，企业应遵循"点面结合"的原则，在加强流程管理体系整体建设（面）的同时持续改进具体流程内容（点）。

1.3 流程管理工作的开展

1.3.1 项目启动

为确保流程能够满足企业战略发展的要求，企业需要从全局视角开展流程管理工作，构建企业流程体系框架，找到关键流程，设计出符合企业实际和发展需求的流程与流程体系。

企业可组建流程建设项目小组，启动流程建设项目的工作指引，具体内容如表 1-4 所示。

表 1-4 启动流程建设项目的工作指引

步骤	步骤细分	具体说明	责任主体	输出
启动流程建设项目	成立项目小组	具体参见表 1-5	流程管理部门	◎项目小组成员名单及职责说明 ◎项目工作计划
	选择规划工具或方法	包括基于岗位职责的建设方法（从下到上）、基于业务模型的建设方法（从下到上）和借助第三方（咨询公司）的建设方法等	流程管理部门	◎规划项目操作指引 ◎会议记录/纪要
	制定工作计划	明确项目里程碑，确定各项具体工作清单与步骤及其责任主体，可使用甘特图	流程规划项目组	

步骤	步骤细分	具体说明	责任主体	输出
启动流程建设项目	发布项目操作指引	包括项目简介、工作计划、成员名单及职责、建设步骤方法、各步骤的详细操作说明、流程图模板、案例、已有流程清单、项目组激励方案等	流程管理部门	◎规划项目操作指引 ◎会议记录/纪要
	召开项目启动会	会议重点是项目整体介绍、背景及理念、角色与职责定位、总体计划、项目最终成果及意义等	流程管理部门	
备注	本阶段常用的工具或方法有甘特图、项目管理法等			

流程建设工作需要得到企业领导层的重视与支持，项目小组的组建及成员构成如表 1-5 所示。

表 1-5　流程建设项目小组的组建及成员构成

角色定位	成员构成	主要职责
企业流程管理委员会	由企业高层领导组成，如总经理、各主管副总等，成员人数控制在 3~5 人	◎提供资源支持 ◎任命建设项目经理 ◎审核建设项目计划 ◎参与关键问题决策 ◎参与关键环节的建设及决策
流程建设项目经理	可由流程管理部门经理担任，也可考虑增设项目副总，由相关部门经理担任	◎编制项目计划 ◎监督项目成员完成目标 ◎评估项目成员工作表现
项目助理	可由流程管理部门人员担任	协助项目经理管理项目日常工作，如整理文档等
成员（各部门负责人）	项目成员应具有丰富的工作经验，多为各部门负责人，由其参与部门流程建设工作；也可指派部门人员参与项目小组的工作。各业务部门的流程应统一建设	◎根据项目计划，组织本部门完成相应的流程建设工作 ◎参与本部门流程图和企业全景流程图的绘制，宣贯和应用流程建设成果
成员（流程管理部门的人员）	流程管理部门的工作人员均应参与到项目中来	负责流程建设方法、工具的开发及各部门的相关培训与指导工作

1.3.2　识别流程

在识别流程阶段，企业需要做的是识别本企业有哪些流程，编制流程清单，界定流程之间的界限及为流程命名，帮助企业从流程的视角弄清企业管理现状，为后续的流程建设、每个流程的具体描述提供良好的基础。

由于各部门流程识别、流程清单的梳理对之后的工作至关重要，因此这项工作一般应由各部门领导牵头组织，先整理出部门业务流程主线，明确本部门的关键环节和核心业务，进而确定主要业务流程及流程之间的关系。识别流程阶段的工作指引如表1-6所示。

表1-6　识别流程阶段的工作指引

步骤	步骤细分	具体说明	责任主体	输出
识别流程	流程建设培训	流程管理部门对各部门进行流程建设方面的培训，培训的重点是如何使用各种表格等，具体内容包括项目简介、涉及的概念、目的和产出、职责划分、建设步骤、表格编制、工作计划、答疑等	流程管理部门	◎培训课程 ◎培训计划 ◎部门流程清单 ◎企业流程清单（参见表1-7）
	各部门流程识别	进行部门内岗位分析、业务线分析；将职责分解，细化到岗位、业务活动，并按活动的先后顺序排列，提炼出流程；界定流程的上下接口、输入输出及责任主体；汇总部门内流程，编制部门流程清单	各部门，包括岗位代表人员、部门负责人	
	编制企业流程清单	流程管理部门汇总各部门流程清单，与各部门充分沟通，删除重复流程，查漏补缺，形成企业流程清单	流程管理部门	
备注	本阶段常用的工具及方法有战略地图、业务单元分析法、部门职能分析法、岗位工作分析法等			

1.3.3　构建流程清单

流程建设项目小组在本阶段的主要任务是与各部门进行沟通、讨论，对企业流程进行分类和分级，构建企业流程框架，输出企业流程清单，具体内容如表1-7所示。

表1-7　企业流程清单

序号	一级流程	二级流程	三级流程	归口管理部门	流程状态
备注	流程状态的填写说明：1代表流程已有且有效；2代表流程已有，待梳理；3代表无文件，待设计梳理				

1.3.4　评估流程重要程度

本阶段的工作任务是评估企业流程的重要程度，识别出关键流程、核心流程等，将其作为流程设计、运行管理、优化再造工作的重点，以提高企业流程建设工作的效率和效益。

企业的所有活动都是为了提高客户的满意度，实现价值，企业流程重要程度的衡量标准是流程的增值性。一般情况下，直接与客户产生业务关系的流程（如售后服务流程）、与企业核心竞争力相关的流程（如产品质量管理流程）等为企业的重要流程。

表 1-8 为某公司流程建设项目的流程重要程度评估分析表，供读者参考。

表 1-8　某公司流程建设项目的流程重要程度评估分析表

流程名称	与客户相关度（30%）	与整体绩效相关度（30%）	与战略相关度（25%）	流程横向跨度（15%）	评估得分	重要程度等级
××××流程	60	60	60	60	60	
用表说明	1. 以"××××流程"的评估为基准，其他各流程与之对比 2. 各评估项单项总分为 100 分，各单项评分乘以权重后的和为总分 3. 重要程度评估根据最终评分结果，采取强制百分比法，排名前 5% 的为 A 级流程，排名前 5%～20%（包含）的为 B 级流程，排名前 20%～30%（包含）的为 C 级流程，排名前 30%～50%（包含）的为 D 级流程，其他为 E 级流程 4. 评级结果为 A、B、C 级的流程要重点管理					

1.3.5　完善体系框架

完成流程重要程度评估分析后，企业需要在流程清单的基础上进一步完善流程体系框架，标注流程的重要程度等级，具体内容如表 1-9 所示。

表 1-9　企业流程的重要程度等级

一级流程	二级流程	三级流程	归口管理部门	流程状态
××××流程（B 级）	××××流程（B 级）	××××流程（A 级）		
		××××流程（B 级）		
	××××流程（C 级）	××××流程（C 级）		
		××××流程（D 级）		

1.3.6　进行流程设计

企业在进行流程设计时，可遵循以下七个步骤。

第1步：界定流程范围

流程设计的第1步是界定流程范围，即确定信息的输入和输出。

在这一环节，企业需要回答以下几个问题。

- 有哪些流程业务活动？
- 流程从何处开始、何处终止？
- 流程的输入和输出是什么？
- 输出的成果交给谁（客户）？
- 客户有何要求？

在此，我们以设计外部招聘管理流程为例，来说明流程范围界定，具体内容如表1-10所示。

表 1-10　外部招聘管理流程范围界定

流程名称	外部招聘管理流程	流程编号	
流程责任部门 / 责任人	人力资源部 / 招聘主管	流程对应客户	各用人部门
本流程业务活动	人力资源部招聘、面试、录用管理工作		
流程开始	招聘需求	流程结束	录用决策、签订劳动合同
流程输入	已批准的招聘计划、临时招聘需求	流程输出	面试评估报告、劳动合同
流程客户要求（目标）	1. 在期限内完成招聘任务 2. 人岗匹配		

第2步：确定流程活动的主要步骤

流程设计人员在界定完流程范围后，接下来需要进行调查分析，确定本流程活动的主要步骤，操作方法如图1-6所示。

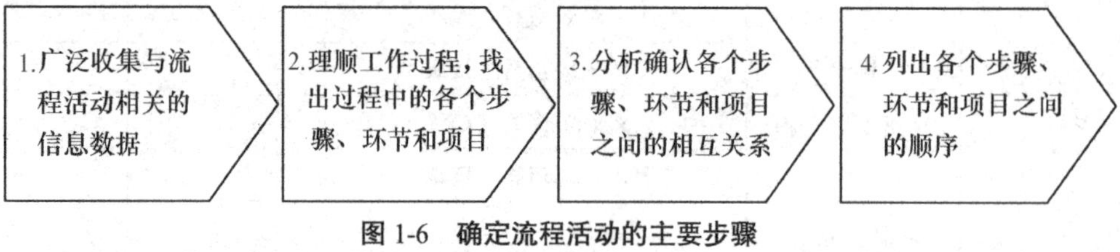

图 1-6　确定流程活动的主要步骤

我们以设计外部招聘管理流程为例，其主要步骤（参见表1-11）包括招聘需求汇总、招聘岗位分析与条件确定、发布招聘信息、简历收取与筛选、面试与评估、做出录用决策、签订劳动合同及试用期管理等。

第3步：步骤详细说明

本阶段应针对已确定的流程活动的主要步骤进行分析和描述，需要完成的工作如下：

● 分析每一个步骤的输入、输出（成果）；

● 明确后续步骤的客户要求；

● 确定每一步骤工作／活动的检查、考核、评估指标；

● 确定每一步骤涉及的部门／人员，明确其责任、权限和资源需求；

● 确定本流程的层次及与上下层级之间的关系。

我们仍以设计外部招聘管理流程为例，本阶段流程活动的主要步骤及具体描述如表 1-11 所示。

表 1-11　外部招聘管理流程活动的主要步骤及具体描述

流程名称	外部招聘管理流程		流程编号	
流程责任部门／责任人	人力资源部／招聘主管		流程对应客户	各用人部门
本流程业务活动	人力资源部招聘、面试、录用管理工作			
流程开始	招聘需求		流程结束	录用决策、签订劳动合同
流程输入	已批准的招聘计划、临时招聘需求		流程输出	面试评估报告、劳动合同
流程客户要求（目标）	1. 期限内完成招聘任务 2. 人岗匹配			
流程步骤	步骤描述		重要输入	重要输出
招聘需求汇总	人力资源部在经过批准的年度招聘计划指导下，按时进行计划内的人员招聘工作		招聘计划	—
	计划外招聘需由部门提出招聘申请并拟订上岗要求和资格条件，报总经理或相关副总经理审核		岗位说明书	招聘岗位清单
招聘岗位分析与条件确定	人力资源部根据当时的市场薪资行情和企业薪资架构体系，初步拟订待招聘的职位等级及基本薪资范围		—	—
	根据待招聘职位的高低，呈交相应的决策层核准，之后正式启动招聘工作 ◎部门经理及以上管理职位由总裁核准 ◎部门主管及主管以下职位由分管人力资源副总经理核准		—	—
发布招聘信息	通过内外部多种渠道发布招聘信息，同时收集人才资料，可经由下列方式进行 ◎刊登内部职位空缺公告 ◎刊登报纸广告 ◎接洽人才中介机构 ◎请高校推荐 ◎参加人才交流会等		岗位说明书	招聘广告

流程步骤	步骤描述	重要输入	重要输出
简历收取与筛选	人力资源部收到应聘者的各项资料后，先进行初步审核，审阅其学历、经验是否符合企业要求，再将审核通过的应聘者的资料转交用人部门进一步审核，通过书面资料审核淘汰一部分不符合岗位要求的应聘者	应聘简历	面试人员清单
面试与评估	由人力资源部主导，对通过审核的应聘者进行笔试及面试，从人员的基本素质方面进行评估，筛选出符合要求的应聘者	面试清单	面试记录面试评估表
	在人力资源部的协助下，由相关业务部门的人员对应聘者进行专业技能考核	—	面试评估表
	◎主管级别及以下职位由副总经理进行最终面试 ◎部门经理及以上管理职位由总经理进行最终面试	—	面试评估表
做出录用决策	根据企业高层领导及用人部门的意见，人力资源部告知被录用者其最终职位和薪资金额	—	—
	将其他优秀但未被录用的应聘者的资料存入人才库	—	人才库
	通过面试的应聘者必须参加体检，体检未通过者不予录用	—	体检报告
签订劳动合同	人力资源部发出录用通知单，与被录用者签订劳动合同，并根据招聘／录用管理制度为被录用者办理相关的入职手续	—	劳动合同
试用期管理	执行试用期管理流程	—	—
考核评估方法	招聘任务是否按期完成、招聘人数完成率、招聘计划出错次数、招聘广告出错次数等		

第 4 步：选择流程形式

根据流程的分类、层级、复杂程度，以及流程活动的内部关联性等因素，企业流程主要有四种展现形式，即箭头式流程图、业务流程图、矩阵式流程图和泳道式流程图。

☆ 箭头式流程图

箭头式流程图的特点是直观、一目了然，适用于企业员工都熟悉流程中各项作业概况的情况或流程中各项作业任务较简单的情况。箭头式流程图的示例如图 1-7 所示。

企业在设计箭头式流程图时，需要注意以下两个问题。

● 在图中明确执行主体，如果是单一的执行主体，可将执行主体省略。

● 用简洁的语言对流程图中的主要活动进行解释说明，以进一步明确活动要求和
指令。

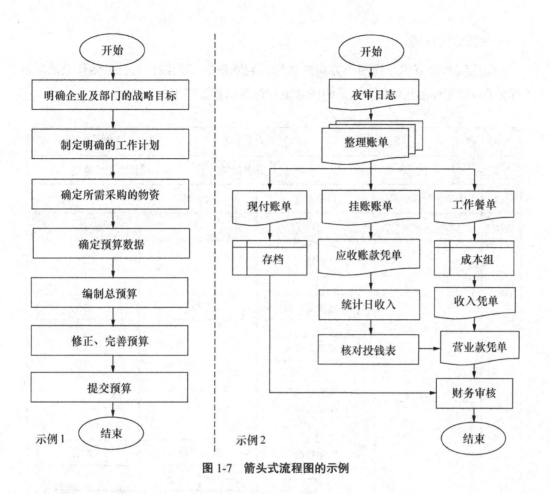

图 1-7 箭头式流程图的示例

☆ 业务流程图

在业务流程图中，需要明确流程的上下执行主体、活动内容、要求及指令，并将要求和指令用统一的语言表达出来。流程活动的承担者之间必须是平等、互助、尊重、关怀的关系。业务流程图的示例如图 1-8 所示。

时间顺序	部门（岗位）1	部门（岗位）2	……	要求及说明

图 1-8 业务流程图的示例

☆ **矩阵式流程图**

矩阵式流程图有纵、横两个方向的坐标，它既解决了先做什么、后做什么的问题，又明确了各项工作的具体责任人。矩阵式流程图的示例如图 1-9 所示。

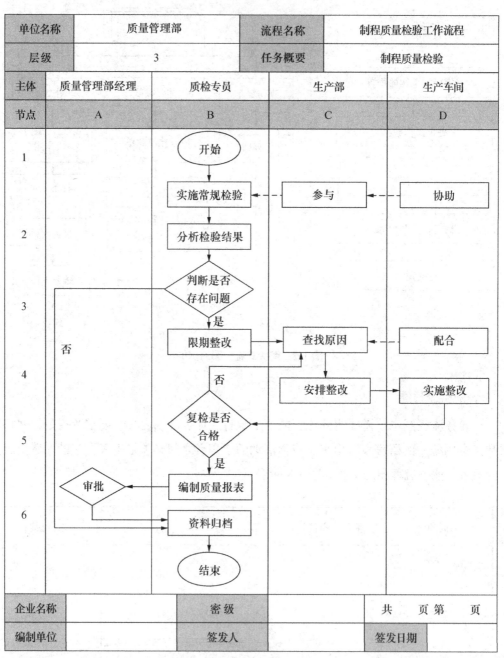

图 1-9 矩阵式流程图的示例

☆ **泳道式流程图**

与矩阵式流程图相似，泳道式流程图也是通过纵、横双向坐标来设计流程的，纵向为分项工作任务，横向是承担任务的部门、岗位（即执行主体）。

这种流程图样式与其他流程图类似，但在业务流程的执行主体上，主要通过泳道（纵向条）区分执行主体。泳道式流程图的示例如图 1-10 所示。

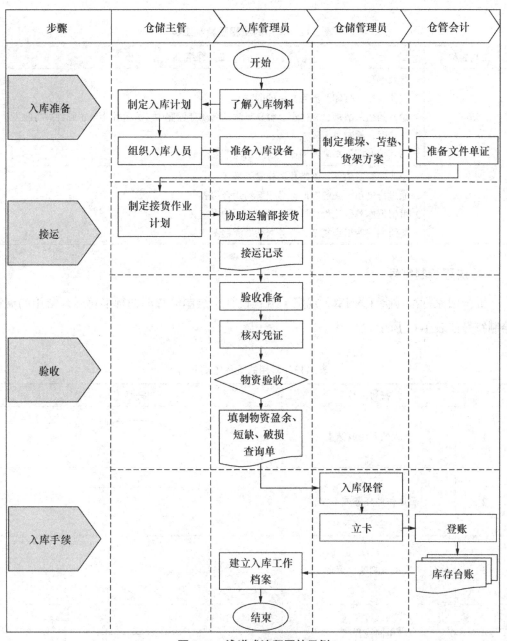

图 1-10　泳道式流程图的示例

第5步：绘制流程草图

流程图的绘制是指流程设计人员将流程设计或流程再造的成果以书面形式呈现出来。

☆ **绘制工具的选择**

绘制流程图常用的工具有 Word、Visio 等，这两个工具各有各的特点（见表 1-12），流程图设计人员可根据本企业流程设计的要求、个人的使用习惯等自由选择。

表 1-12　常用的流程图绘制工具

工具名称	工具介绍
Word	1. 普及率高 2. 方便发排、打印及流程文件的印制 3. 绘制的图片清晰，文件小，容易复制到移动存储器中，容易作为电子邮件进行收发 4. 较费时，绘制难度较大 5. 与其他专用绘图软件相比，绘图功能不够全面
Visio	1. 专业的绘图软件，附带相关建模符号 2. 通过拖曳预定义的图形符号很容易组合图表 3. 可根据本单位流程设计需要进行组织的自定义 4. 能绘制一些组织复杂、业务繁杂的流程图

☆ **流程绘制符号**

美国国家标准学会（ANSI）规定了流程设计中绘制流程图的标准符号，常用的流程绘制符号如表 1-13 所示。

表 1-13　常用的流程绘制符号

序号	符号名称	符号
1	流程的开始或结束	⬭
2	具体作业任务或工作	▭
3	决策、判断、审批	◇
4	单向流程线	→

序号	符号名称	符号
5	双向流程线	 ←——————→
6	两项工作跨越、不相交	
7	两项工作连接	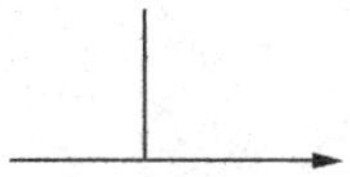
8	作业过程中涉及的文档信息	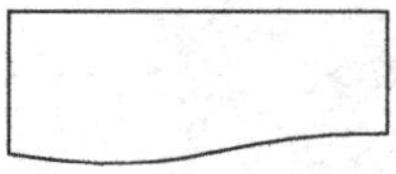
9	作业过程中涉及的多文档信息	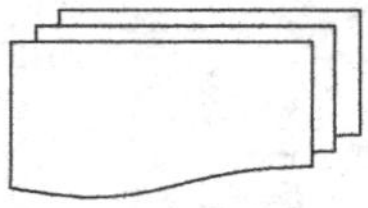
10	与本流程关联的其他流程	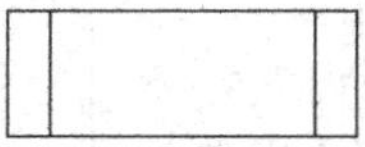
11	信息来源	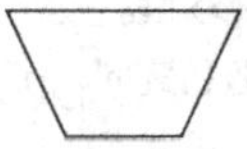
12	信息储存与输出	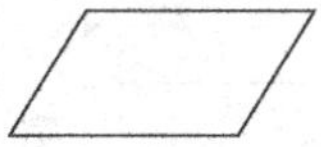

实际上，流程绘制标准符号远不止表1-13所列的这些。但是，流程图的绘制越简洁、明了，操作起来就越方便，企业也更容易接受和落实；符号越多，流程图就越复杂，越难以落实到位。所以，一般情况下，企业使用1~4项流程绘制标准符号就基本可以满足绘制流程图的需要了。

☆ **绘制草图**

不同的流程展现形式体现了不同层次的流程。例如，一二级流程适合用矩阵式流程图和泳道式流程图呈现，而三级流程中的部分业务流程适合用箭头式流程图和业务流程图呈现。

值得一提的是，流程设计人员在绘制流程图的过程中，需要确定该流程与上下游流程之间的接口，以及与规范流程运行要求相关联的制度之间的关系，并根据实际情况尽量将其在流程图中反映出来，如流程图中可根据流程节点给出相应的制度、表单等。

第6步：流程意见反馈

流程图绘制完成后，需要通过意见征询、试运行等方式获得相关意见和建议，发现不足和纰漏，以便对其做出进一步修改和完善，直至最终定稿。

针对初步绘制的流程图，流程设计人员可通过以下三种方式征求各方的意见，具体内容如图1-11所示。

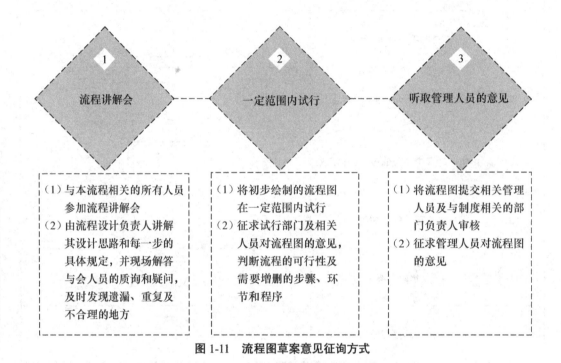

图1-11　流程图草案意见征询方式

第7步：流程调整修正

通过上述方式进行意见征询后，流程设计人员应综合分析意见征询结果，汇总各种修改意见，对流程图进行修改和完善，提交权限主管领导审核后再呈交总经理批准，或在董事会审议通过后公示执行。

☆ **流程定稿要求**

老员工能够按流程图做事，新员工根据流程图知道怎样做事。

☆ **流程试运行与检查**

流程设计人员要监控流程试运行过程，检查并汇总试运行过程中出现的问题，做好检查记录，为问题分析和流程改善做准备。流程实施与检查内容说明如表1-14所示。

表 1-14　流程实施与检查内容说明

项次	检查项目	具体检查内容
1	检查流程是否稳定	◎在实施过程中是否出现例外活动 ◎在实施过程中是否出现步骤、时间、权责方面的冲突 ◎是否出现上一部分的步骤成果（输入）不能充分影响下一步骤的活动 ◎是否出现资源（特别是人力资源）与任务不匹配的情况
2	检查程序是否合理	◎适宜性：程序适应内外部环境变化的能力 ◎充分性：程序各过程的展开程度 ◎有效性：达到的结果与所使用的资源之间的关系，确保程序的经济性

☆ **流程简化**

流程简化的目标是用最少的资源执行流程，减少资源浪费。流程简化的方法包括取消环节、合并环节、环节调序、简化环节、自动化环节以及一体化环节等。

流程简化工作的一般操作方法如下：

- 对评估流程进行再评估，确认和削减增加资源耗费的活动；
- 评估各种测量方法，判断其能否提供有用和可控的信息；
- 缩短时间，测试输出数量/质量是否相应减少；
- 依据上述变动调整程序简化计划；
- 将程序置于自动运行状态，通过周期性检查发现问题。

1.3.7　发布、实施与检查

1. 流程的确定与发布

流程设计人员将经过实践检验的流程图提交企业领导审核签字后，以适当的方式向全体员工公示，并自公示之日起生效，便于员工遵照执行。

一般情况下，常用的流程公示方式有四种，企业可根据实际情况选择运用，具体内容如表 1-15 所示。

表 1-15　流程公示的四种方式及操作说明

序号	公示方式	操作说明
1	全文公告公示	在企业公共区域将流程图及相关说明全文公告，并将公告现场以拍照、录像等方式加以记录
2	集中学习	召开员工会议或组织员工进行集中学习、培训，并让员工签到确认参与了学习或培训

序号	公示方式	操作说明
3	员工阅读并签字确认	将流程及相关说明做成电子或纸质文件交由员工阅读并签字确认。确认方式包括在流程文件的尾页签名、另行制作表格登记、制作单页的"声明"或"保证"
4	作为劳动合同附件	将流程文件作为劳动合同的附件，在劳动合同专项条款中约定"劳动者已经详细阅读，并自愿遵守本企业的各项规定"等内容

企业的经营管理人员或人力资源管理人员，对流程公示工作要细心谨慎，注意以下两大事项。

☆ 事项1：务必让当事人知晓

务必将相关通知、决定等送到当事人手中，而不是"通告一贴，高高挂起"，要确保能够达到公示与告知的目的。

☆ 事项2：注意留存公示的证据

不同的公示方式有不同的证据留存方式。例如，让员工在"签阅确认函"上签字确认，可签"已经阅读、明了，并且承诺遵守"等。

2. 优化流程实施的环境

设计了流程并不意味着企业的运行效率和经济效益必然会有大幅度的提高，更重要的工作是抓好流程管理的落实。

在管理和实施流程的过程中，企业不能忽视对流程实施环境的管理，应该注意以下几点。

☆ 建立合适的企业文化

企业流程设计或再造一般均以流程为中心、以追求客户满意度的最大化为目标，这就要求企业从传统的职能管理向过程管理转变。

企业在实施流程管理时，需要改变过去的传统观念和习惯做法，建立一种能够适应这种转变的以"积极向上、追求变革、崇尚效率"为特征的企业文化，以使每个流程中的各项活动都能实现最大化增值的目标，为企业经济效益的提高做贡献。

☆ 提高企业领导对流程管理的认识

提高企业领导，特别是企业高层领导对流程管理的认识是企业发展中的重要问题，是企业提高运营效率和经济效益的重要措施，是企业战胜竞争对手的主要手段，是企业发展战略的重要因素。

只有企业的董事长、总经理、总监等高层领导重视流程管理，才能推动企业的流程再造，实施才能见到效果。

☆ **加强培训，使企业上下共同提高对流程的认识**

在实施流程管理的过程中，企业高、中层管理人员是推动流程管理的骨干，广大员工则是推动流程管理的重要力量。

通过培训，使企业的管理团队与员工提高对流程设计或再造的认识，共同认识到流程的意义，认识到流程再造对企业生存和发展的作用，只有这样推动与实施流程再造，才能达到良好的效果。

此外，通过培训，可以提高员工的自觉性，使员工自觉遵守新的流程。

3. 实现流程的有效落实

企业的流程图绘制完毕、装订成册后，需要发给企业各部门，以便员工遵照执行。流程图实际上是企业的一项规章制度，它可以帮助企业建立正常的工作规则和工作秩序。

以下是流程有效落实的四种思路，具体内容如图 1-12 所示。

新员工入职流程、制度培训　　　　明确流程负责人，实行问责制

流程E化　　　　流程制度化

注：流程 E 化是指应用现有的 IT 技术，实现企业各项管理和业务流程的电子化。

图 1-12　流程有效落实的四种思路

4. 开展有针对性的流程检查

流程检查的目的是提高企业的效益，保证流程目标的最终实现。

● **控制流程检查的成本投入。**流程检查成本投入需要与该流程的产出价值相匹配，否则既浪费资源，又不能创造价值。企业在流程检查工作中要有成本意识，强化"投资回报"的概念。

● **把握好流程检查的度。**在设计流程检查方案时，需要确定流程检查的精细度、频次及抽样方法，控制检查成本。流程检查工作要抓住关键流程，抓住流程的关键环节，结合实际情况和流程的运转时间确定流程检查的频次和抽样方式。

5. 流程检查重点的选取

流程检查需要与流程实际执行情况相匹配，合理设置流程关键控制点。

- 对于流程成熟度高（流程绩效表现合理且稳定）、人员能力较强的流程，企业可降低检查投入，也可取消相关的关键控制点。
- 对于流程成熟度较低（流程绩效波动较大）的流程，企业需要加强对该流程的检查力度或新增关键控制点，以稳定流程绩效。

流程检查重点选取的矩阵分析如图 1-13 所示。

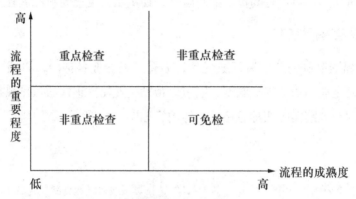

注：流程的重要程度评估请参照本章 1.3.4 所述。

图 1-13　流程检查重点选取的矩阵分析

6. 流程检查工作的实施程序

流程检查工作的实施程序如图 1-14 所示。

7. 流程绩效评估与改进

从本质上看，流程绩效评估是为企业战略与经营服务的，企业需要对某些关键的流程进行绩效评估，将流程绩效作为企业绩效管理的一个重要维度。

☆ **确定流程的绩效目标**

企业战略目标被分解为部门绩效目标与岗位绩效目标，并被包含在关键流程中，即流程被赋予绩效目标。因此，流程的绩效评估需围绕目标展开，实行目标导向的流程绩效评估。

☆ **流程绩效评估维度**

企业流程绩效评估的维度及指标如表 1-16 所示。

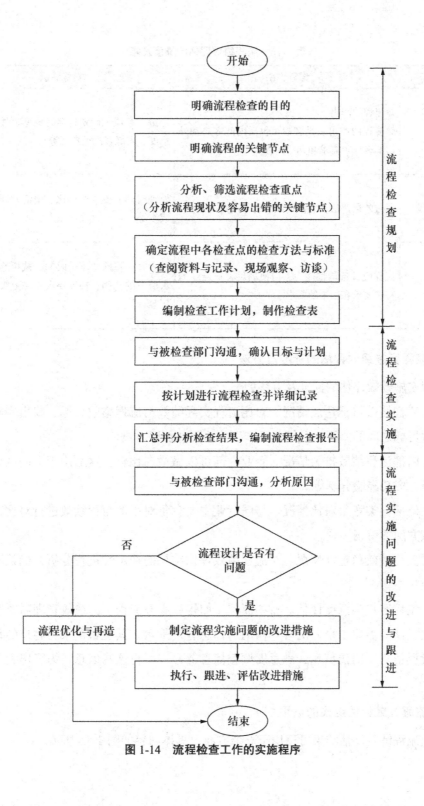

图 1-14　流程检查工作的实施程序

表 1-16 流程绩效评估的维度及指标

评估维度	详细说明	指标举例
效果	◎流程的产出 ◎流程的产出满足客户（包括内部客户和外部客户）需求和期望的程度	产量、产值、计划目标完成率、外部客户满意度、内部客户满意度等
效率	通过效果评估，确认资源节约与浪费的情况	处理时间、投入产出比、增值时间比、质量成本等
弹性	流程应具备调整能力，以便满足客户当前的特殊要求和未来的要求	处理客户特殊要求的时间、被拒绝的特殊要求所占的比例、特殊要求递交上级处理的比例等

☆ **流程实施绩效评估的标准及方法**

流程实施绩效评估的标准及方法如下。

（1）流程绩效目标达成情况。对比流程实际绩效与流程绩效目标，找出实际绩效与流程绩效目标之间的差距，分析差距产生的原因并加以改进。

（2）内部流程绩效排名情况。企业内部可以做横向比较，这适用于不同区域的业务流程竞争、成功经验分享等。

（3）外部同类竞争对比情况。与同行业主要竞争对手的流程绩效进行对比，以了解企业在该方面的市场表现。

（4）流程绩效稳定性情况。对流程绩效评估结果的稳定性进行分析，确认流程是否处于受控状态。

（5）流程客户满意度评估。有些流程（如售后服务流程）的绩效管理需要客户与市场的评估，此时需要一个好的客户沟通与信息管理平台，其能够记录与客户的日常沟通信息、投诉信息、回访信息、满意度调查信息等，并可将这些信息作为客户满意度评估的依据。

☆ **流程绩效评估结果的运用**

企业流程绩效评估结果可运用于五个方面，具体内容如图 1-15 所示。

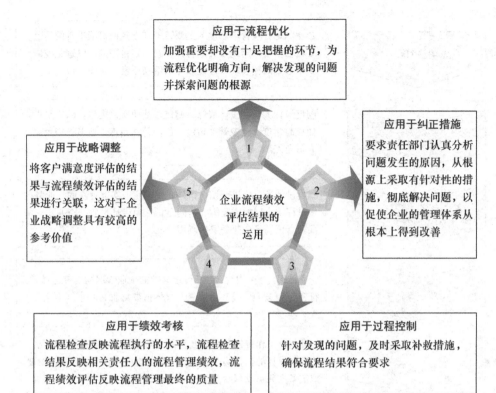

应用于流程优化

加强重要却没有十足把握的环节，为流程优化明确方向，解决发现的问题并探索问题的根源

应用于纠正措施

要求责任部门认真分析问题发生的原因，从根源上采取有针对性的措施，彻底解决问题，以促使企业的管理体系从根本上得到改善

应用于战略调整

将客户满意度评估的结果与流程绩效评估的结果进行关联，这对于企业战略调整具有较高的参考价值

企业流程绩效评估结果的运用

应用于绩效考核

流程检查反映流程执行的水平，流程检查结果反映相关责任人的流程管理绩效，流程绩效评估反映流程管理最终的质量

应用于过程控制

针对发现的问题，及时采取补救措施，确保流程结果符合要求

图 1-15　企业流程绩效评估结果的运用

1.4　流程执行章程设计

1.4.1　配套制度设计

制度是规范员工行为的标尺之一，是企业进行规范化、制度化管理的基础。只有不断推进规范化、制度化管理，企业才能逐步发展壮大。

1. 制度设计步骤

企业在设计流程配套制度时，要明确需要解决的问题及要达到的目的，为制度准确定位，开展内外部调研，明确制度规范化的程度，统一制度格式等。制度设计的步骤如图 1-16 所示。

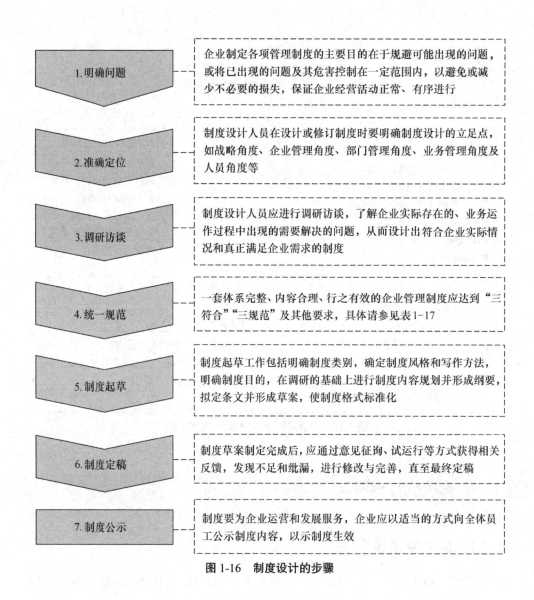

图 1-16　制度设计的步骤

2. 制度设计规范及要求

要想设计一套体系完整、内容合理、行之有效的企业管理制度，制度设计人员必须遵循一定的规范及要求，具体内容如表 1-17 所示。

表 1-17　制度设计规范及要求

设计规范	具体要求
三符合	符合企业管理者最初设想的状态
	符合企业管理科学原理
	符合客观事物发展规律或规则

设计规范		具体要求
三规范	规范 制度制定者	◎品行好，能做到公正、客观，有较强的文字表达能力和分析能力，熟悉企业各部门的业务及具体工作方法 ◎了解国家相关法律法规、社会公序良俗和员工习惯，了解制度的制定、修改、废止等程序及审批权限 ◎制度所依资料全面、准确，能反映企业经营活动的真实面貌
	规范 制度内容	◎合法合规，制度内容不能违反国家法律法规，要遵守公德民俗，确保制度有效、内容完善 ◎形式美观、格式统一、简明扼要、易操作、无缺漏 ◎语言简洁、条例清晰、前后一致、符合逻辑 ◎制度可操作性强，能与其他规章制度有效衔接 ◎说明制度涉及的各种文本的效力，并用书面或电子文件的形式向员工公示或向员工提供接触标准文本的机会
	规范 制度实施过程	◎明确培训及实施过程、公示及管理、定期修订等内容 ◎营造规范的执行环境，减少制度执行过程中可能遇到的阻力 ◎规范全体员工的职责、工作行为及工作程序 ◎制度的制定、执行与监督应由不同人员完成 ◎监督并记录制度执行的情况

3. 制度框架设计

制度的内容结构常采用"一般规定—具体制度—附则"的模式。一个规范、完整的制度所需具备的内容包括制度名称、总则／通则、正文／分则、附则与落款、附件这五大部分。制度设计人员应注意每一部分，使所制定的制度内容完备、合规、合法。

根据制度的内容结构，图1-17给出了常用的制度内容框架及设计规范，供读者参考。

需要说明的是，对于针对性强、内容单一、业务操作性强的制度，正文中不用分章，可直接分条列出，但总则与附则中的有关条目不可省略。

4. 制度修订

企业在发展过程中，有些制度可能会成为制约其发展的因素，因此企业需要不断修订、完善甚至废止这些制度。总之，不断推进制度化管理伴随着企业发展的整个过程。

制度设计人员或修订人员需要根据实际情况，及时修订与企业发展不相适应的规范、规则和程序，以满足企业日常经营及长远发展的需要。配套制度修订时间的选择如表1-18所示。

第一章　流程与流程管理

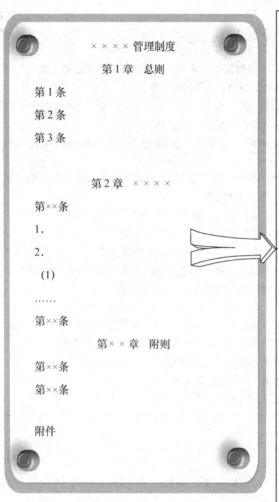

制度名称拟定

◎ 制度名称要清晰、简洁、醒目

◎ 受约单位/个人（可省略）+内容+文种

制度总则设计

◎ 制度总则的内容包括制度目的、依据的法律法规及内部制度文件、适用范围、受约对象或其行为界定、重要术语解释和职责描述等

制度正文设计

◎ 制度的主体部分包括对受约对象或具体事项的详细约束条目

◎ 正文分章，所列条目全面、合乎逻辑，语言表述清晰，没有歧义

◎ 既可以按对人员的行为要求分章分条，也可以按具体事项的流程分章分条

制度附则设计

◎ 说明制度制定、审批、实施要求与日期、修订事项等，保证制度的严肃性

◎ 包括未尽事宜解释，制定、修订、审批单位或人员，以及生效条件、日期等

制度附件设计

◎ 包括制度执行过程中需要用到的表单、附表、文件，以及相关制度和资料等

图 1-17　制度内容框架及设计规范

表 1-18　配套制度修订时间的选择

状况类别	修订时间
企业外部	◎国家或地方修订或新颁布相关法律法规，导致企业某些制度或条款不合法、有缺陷或多余等 ◎企业所处的外部环境、市场条件等发生重大变化，影响了企业的日常经营活动
企业内部	◎配套的流程发生了变化 ◎企业定期复审制度、调整机构、重新设置岗位等 ◎企业各部门或各岗位通过工作实践，认为已有制度存在问题
备注	在上述情况下，如果制度确实不符合企业当前的实际情况，可撤销或合并到其他制度中

　　制度修订就是在现存相关制度的基础上，对制度的内容进行添加、删减、合并等处

理，以及对制度的体系结构进行再设计。制度设计人员可根据图 1-18 所示的流程修订制度。

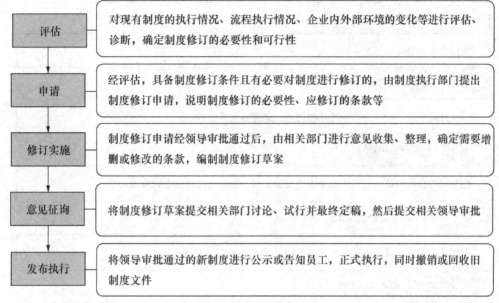

图 1-18　制度修订流程

在制度修订的过程中，制度设计人员要注意以下几点：

- 要适应企业新的机构运行模式与流程管理的要求；
- 要发挥各制度管理部门的主动性和制度执行部门的能动性；
- 要强化各项工作的管理责任要求；
- 要强调各职能部门的管理服务标准；
- 要规范制度的编制格式，为制度的再修订和日后的统稿工作制定标准。

1.4.2　辅助方案设计

方案是指某一项工作或行动的具体计划或针对某一问题制定的规划。撰写工作方案是员工必须完成的一项任务。一份实操性强、思路清晰、富有创新性的方案，不仅有利于方案的实际操作，而且还能获得上级领导的称赞。

1.方案设计的步骤

方案设计的步骤如图 1-19 所示。

第 1 步　确定方案目标主题
将方案的目标主题确立在一定范围内，力求主题明晰，重点突出

第 2 步　收集相关资料
围绕目标主题收集相关资料

第 3 步　调查外部环境态势
围绕目标主题进行全面的外部环境调查，掌握第一手资料

第 4 步　整理与分析资料
综合调查获得的第一手资料和手中的其他资料，整理出对目标主题有用的信息

第 5 步　提出具体的创意/措施
根据企业的实际需要提出方案策划的创意/措施，并将其具体化

第 6 步　选择、编制可行方案
将符合目标主题的创意细化成具体的执行方案

第 7 步　制定方案实施细则
根据选定的方案，将具体的任务分配到各职能部门，分头实施，并按进度表与预算表进行监控

第 8 步　制定检查、评估办法
对选定的方案提出详细可行的检查办法、评估标准及成果巩固措施

图 1-19　方案设计的步骤

2. 方案的内容结构

方案一般包括指导思想、主要目标、工作重点、实施步骤、政策措施和具体要求等内容，其结构如图 1-20 所示。

方案的内容结构	目标和目的：效益提升、成本降低、管理提升、效率提升、目标达成、问题解决等
	适用范围：时间范围、人员范围、部门范围等
	现状分析：企业外部环境分析、企业内部环境分析、企业所面临的问题分析
	具体措施：制定什么计划、采取什么措施，强调解决对策和具体建议是什么，会产生什么效果，需要哪些资源给予支持。资源支持包括财力、人力和物力的支持等
	实施和管理：负责人、实施的时间、实施的步骤、实施的成果，实施中需要注意哪些事项
	考核和评估：考核和评估的主题、内容、标准、指标、步骤及结果
	参考附件：本方案涉及的相关制度、表单、文书等文件

图 1-20　方案的内容结构

1.4.3　文书设计

文书是用于记录信息、交流信息和发布信息的一种工具。企业管理文书是指企业为了某种需要，按照一定的体例和要求形成的书面文字材料，包括各类文书、公文、文件等。

1. 企业管理文书分类

企业管理文书分类如表 1-19 所示。

表 1-19　企业管理文书分类

文书分类	具体文书种类
通用类文书	请示、批复、批示、通知、决定等，由企业统一规定编写格式与编号
合同类文书	劳动合同、业务合同等
会务类文书	企业各类会议的开幕词、闭幕词、演讲稿、会议记录、会议纪要、会议报告和会议提案等
社交类文书	介绍信、感谢信、慰问信、表扬信、祝贺信和邀请函等
法务类文书	纠纷报告书、申诉书、仲裁申请书、起诉书和答辩书等
事务类文书	计划、总结、建议、报告、倡议、简报、启事、消息、号召书、意向书、企划书、调查报告等

文书分类	具体文书种类
制度规范类文书	制度、守则、规定、办法、细则、方案、手册等
与业务工作相关的文书	各项职能及日常事务相关文书，如内部竞聘公告、招聘广告、营销广告等

2. 文书设计的注意事项

- 遵循企业规定的文书格式、编写要求和编号规范。
- 语言表述规范、完整、准确，避免表达残缺、出现歧义等错误。
- 语言简明精炼、言简意赅，行文流畅，主题明确。

3. 文书设计规范

我们以工作计划为例，对文书的设计规范进行说明。工作计划是对即将开展的工作的设想和安排，如提出任务指标、任务完成时间和实施方法等。工作计划既是明确工作目标、推进工作开展的有效指导，也是对工作进度和工作质量进行考核的依据之一。工作计划的内容结构如图 1-21 所示。

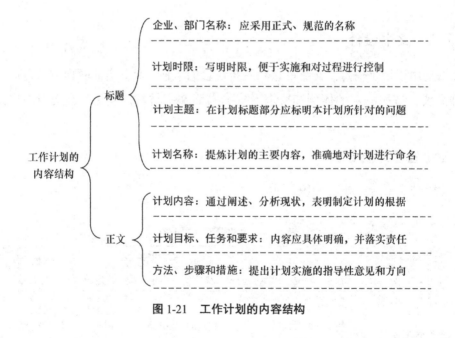

图 1-21　工作计划的内容结构

1.4.4　表单设计

1. 表单种类

表单主要分为文字表单、工具表单和数量表单三种：

- 文字表单就是将文字信息按要求整理成表单，借以说明某一概念或事项等；

- 工具表单是企业员工经常使用的一种表单；

- 数量表单用于呈现数据，以便相关人员进行统计。

2. 表单的编制要求

表单的编制要求如下：

- 表单的内容要与标题相符；

- 表单的内容应言简意赅；

- 表单的格式应简洁明了且前后连贯。

3. 设计表单

设计表单就是将表单的行、列看作一个坐标的横轴、纵轴，将需要表达的内容清晰、简洁、直观地置入坐标中予以展现。

常见的表单绘制工具有 Word、Excel 等，表单设计人员可以根据工作需要进行选择。下面以 Word 为例介绍绘制表单的步骤，具体内容如图 1-22 所示。

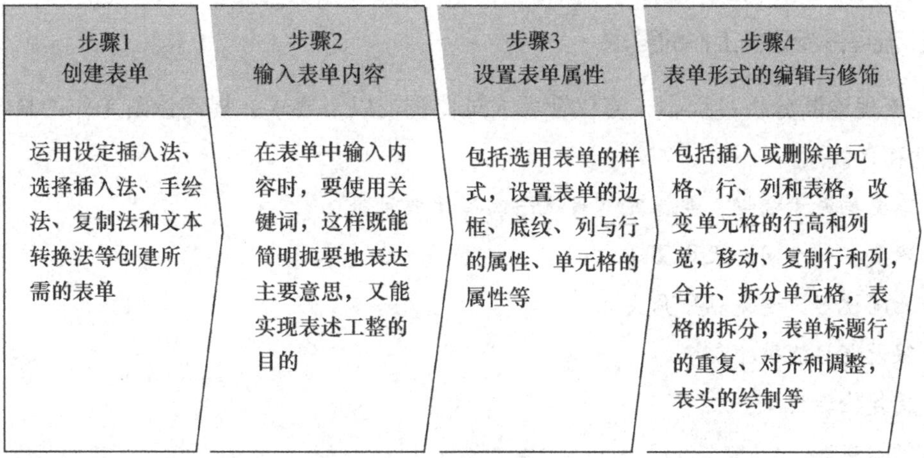

步骤1 创建表单	步骤2 输入表单内容	步骤3 设置表单属性	步骤4 表单形式的编辑与修饰
运用设定插入法、选择插入法、手绘法、复制法和文本转换法等创建所需的表单	在表单中输入内容时，要使用关键词，这样既能简明扼要地表达主要意思，又能实现表述工整的目的	包括选用表单的样式，设置表单的边框、底纹、列与行的属性、单元格的属性等	包括插入或删除单元格、行、列和表格，改变单元格的行高和列宽，移动、复制行和列，合并、拆分单元格，表格的拆分，表单标题行的重复、对齐和调整，表头的绘制等

图 1-22　绘制表单的步骤

1.5　流程诊断与优化

1.5.1　流程诊断分析

流程优化的前提是对现有流程进行调查和研究，分析流程中存在的问题，即流程诊断。

1. 流程诊断分析工作的步骤

流程诊断分析工作的步骤如表 1-20 所示。

表 1-20　流程诊断分析工作的步骤

步骤	工作内容	采用的方法
1. 流程信息收集	◎收集信息 / 数据，了解企业流程执行现状 ◎找出流程建设、管理中存在的问题 ◎了解企业员工所关心的问题 ◎加强企业员工之间的沟通，让所有员工树立流程管理意识	内部调查、专家访谈、讨论会、外部客户访谈和座谈会等
2. 问题查找与分析	◎清晰地阐述需要解决的问题 ◎将大问题细分成若干小问题，这样更容易解决 ◎分析、探究问题的根源，提出解决方案	NVA/VA 分析法、5Why 分析法、鱼骨图法和逻辑树法等
3. 编制诊断报告	◎根据问题的根源，结合企业的实际情况编制诊断报告 ◎提出问题解决方案，提供创意，优化 / 再造流程	—

2. 流程诊断分析工作的要求

在流程诊断分析过程中，流程管理人员要重视以下要求，提高诊断工作的科学性、合理性和有效性。

- 不要拘泥于数据，要探究"我试图回答什么问题"。
- 不要在一个问题上绕圈子。
- 开阔视野，避免钻牛角尖。
- 假设也可能被推翻。
- 反复检验观点。
- 细心观察。
- 寻找突破性的观点。

3. 流程诊断分析的方法

企业常用的流程诊断分析方法有 NVA/VA 分析法、5Why 分析法等，具体内容如下。

☆ NVA/VA 分析法

NVA/VA 分析法是指将构成某一个流程的各项工作任务分为三类，即非增值活动、增值活动和浪费。NVA/VA 分析法的说明如图 1-23 所示。

注：了解增值活动（VA）在流程的全部活动中所占的比重，找出需要改进的重点，制定切实可行的改进目标。

- 非增值活动（NVA）指不增加附加值，但却是实现增值不可缺少的活动，是各项增值活动的重要衔接。
- 增值活动（VA）指能提高产品或服务的附加值的活动。
- 浪费（Waste）指既不能增值，也不是必需的活动。

图 1-23　NVA/VA 分析法的说明

☆ 5Why 分析法

5Why 分析法是指在对某一个流程进行诊断、分析和改进时，需针对其提出以下问题并给出答案。

- 为什么确定这样的工作内容？
- 为什么在这个时间和这个地点做？
- 为什么由这个人来做？
- 为什么采用这种方式做？
- 为什么需要这么长时间？

流程管理人员根据以上五个问题的答案，找出企业流程在实际运行过程中存在的问题，分析问题的根源，从而制定流程优化或再造方案。

1.5.2　流程优化的注意事项

流程优化的注意事项如下：

- 优化那些不能给企业带来利润或者效率、效益较差的流程，或者在日常运行中容易出现问题的流程；
- 优化那些对企业运营非常重要且急需改造的流程；
- 优化流程必须先易后难；
- 经过优化的流程必须和原有流程紧密衔接，确保流程管理的系统性和全面性；
- 经过优化的流程必须具有可操作性和稳定性。

1.5.3　流程优化程序

企业流程优化工作应抓住重点，找出最急迫和最重要的需求点。流程优化的具体程序如图 1-24 所示。

1. 总体规划	◎ 得到企业管理层的支持与委托，设定基本方向，明确战略目标和内部需求
	◎ 确定流程优化目标和范围、项目组成员、项目预算和计划
2. 流程优化项目启动	◎ 召开项目启动大会，进行全体动员，宣传造势
	◎ 开展内部流程优化理念培训
3. 流程描述诊断分析	◎ 通过内外部环境分析及客户满意度调查，了解流程现状
	◎ 描述和分析现有流程，进行问题归集与分析，编制诊断报告
4. 流程优化设计	◎ 设定目标，确认关键流程，明确改进方向，制定流程优化设计方案
	◎ 初步形成配套辅助信息，确定优化方案
5. 配套方案设计	◎ 收集与整理配套辅助信息，调整职能方案，设计配套方案
6. 方案实施	◎ 制订详细的优化工作计划，组织实施，并完善配套方案

图 1-24　流程优化的具体程序

总体来说，流程优化工作包括以下三步：

- 现在何处——流程现状分析；
- 应在何处——流程优化目标；
- 如何到达该处——流程优化方法和途径。

1.5.4　流程优化 ESIA 法

企业流程优化可以从清除（Eliminate）、简化（Simplify）、整合（Integrate）和自动化（Automate）四个方面入手，该方法简称为"ESIA 法"，它可以帮助企业减少流程中的非增值活动和调整流程的核心增值活动。

1. 清除

清除主要指对企业现有流程内的非增值活动予以清除。

企业可通过以下问题判断某一活动环节是属于增值还是非增值。

- 这个环节存在的意义？
- 这个环节的成果是整个流程完成的必要条件吗？
- 这个环节有哪些直接或间接的影响？

- 清除该环节可以解决哪些问题?

- 清除该环节可行吗?

需要明确的是，对于流程而言，超过需要的产出就是一种浪费，因为它占用了流程有限的资源。浪费现象包括但不限于以下几种:

- 过量产出;

- 活动间的等待;

- 不必要的运输;

- 反复的作业;

- 过量的库存（包括流程运行过程中大量文件和信息的淤积）;

- 缺陷、失误;

- 重复的活动，如信息重复录入;

- 活动的重组;

- 不必要的跨部门协调。

2. 简化

简化是指在尽可能清除非必要的非增值环节后，对剩下的活动进一步简化。

简化的方法包括但不限于以下几种。

- 简化表单:消除表单设计上的重复内容，借助相关技术，梳理表单的流转，从而减少工作量和一些不必要的活动环节。

- 简化流程步骤/环节:运用 IT 技术，提高员工处理信息的能力，简化流程步骤，整合工作内容，提高流程结构效率。

- 简化沟通。

- 简化物流:如调整任务顺序或增加信息的提供。

3. 整合

整合，即对分解的流程进行整合，以使流程顺畅、连贯，更好地满足客户的需求。

- 活动整合:将活动进行整合，授权一个人完成一系列简单活动，减少活动转交过程中的出错率，缩短工作处理时间。

- 团队整合:合并专家组成团队，形成"个案团队"或"责任团队"，缩短物料、信息和文件传递的距离，改善在同一流程中工作的人与人之间的沟通。

- 供应商（流程的上游）整合:减少企业和供应商之间的一些不必要的业务手续，建立信任和伙伴关系，整合双方流程。

- 客户（流程的下游）整合:面向客户，与客户建立良好的合作关系，整合企业和客户的各种关系。

4. 自动化

- 简单、重复与乏味的工作自动化。
- 数据的采集与传输自动化。减少反复的数据采集，并缩短单次采集的时间。
- 数据的分析自动化。通过分析软件，对数据进行收集、整理与分析，提高信息利用率。

1.6 流程再造

1.6.1 流程再造的核心

企业流程再造也叫作"企业再造"，或简称为"再造"。它是 20 世纪 90 年代初期兴起的一种新的管理理念和管理方法，被誉为继科学管理和全面质量管理之后的"第三次管理革命"。

企业再造概念的提出者迈克尔·哈默（Michael Hammer）和詹姆斯·钱皮（James Champy）在《企业再造——商业革命宣言》（*Reengineering the Corporation: A Manifesto for Business Revolution*）一书中指出，"再造就是对企业的流程、组织结构、文化进行彻底的、急剧的重塑，以达到绩效的飞跃"。

流程再造的核心，不是单纯地对企业的管理与业务流程进行再造，而是将以职能为核心的传统企业改造成以流程为核心的新型企业，这也就是我们所说的企业再造。通过不断地变革与创新（从广义上讲，这里不仅包括流程再造，还包括企业组织的再造和变革），使原来趋向衰落的企业重新焕发生机，并且永远充满朝气和活力。

1.6.2 流程再造的基础

当前，市场竞争越来越激烈，企业要想在激烈的市场竞争中求得生存和发展，且立于不败之地，就必须全面、彻底地了解客户的需求，最大限度地满足客户的需求，并且不断适应外部市场环境的变化。企业进行流程设计与流程再造的目的是使内部管理流程规范化，并对其不断加以改造，只有这样企业才能适应不断变化的市场形势。

通常情况下，现代企业所面临的外部挑战主要来自客户（Customer）、变化（Change）、竞争（Competition）三个方面。由于这三个英文单词的首字母都是 C，所以外部挑战又称为"3C"。企业在进行流程设计与流程再造时，切记要把握好"3C"。只有这样，企业所设计或再造的流程才能够适应自身的发展和市场的变化，满足客户的需求。

以上是企业进行流程设计或流程再造时的外部条件。

就企业内部而言，企业中长期发展战略规划是流程设计与流程再造的基础条件。因此，企业应先制定出发展战略，再着手开展流程设计与流程再造工作。

1.6.3 流程再造的程序

企业流程再造的一般程序如表 1-21 所示。

表 1-21 企业流程再造的一般程序

一般程序	具体事项
1. 设定基本方向	（1）得到高层管理者的支持 （2）明确战略目标，确定流程再造的基本方针 （3）分析流程再造的可行性 （4）设定流程再造的出发点
2. 项目准备与启动	（1）成立流程再造小组 （2）设立具体工作目标 （3）宣传流程再造工作 （4）设计与落实相关的培训
3. 流程问题诊断	（1）进行现状分析，包括内外部环境分析、现行流程状态分析等 （2）发现问题
4. 确定再造方案，重设流程	（1）明确流程方案设计与工作重点 （2）确认工作计划目标、时间以及预算计划等 （3）分解责任、任务 （4）明确监督与考核办法 （5）制定具体行动策略
5. 实施流程再造方案	（1）成立实施小组 （2）对参加人员进行培训 （3）发动全员配合 （4）新流程试验性启动、检验 （5）全面开展新流程
6. 流程监测与改善	（1）观察流程运作状况 （2）与预订再造目标进行比较分析 （3）对不足之处进行修正和改善

企业流程评估及流程再造的操作要点如下。

1. 流程评估的操作要点

● 确定企业与上下游互动关系的流程。

● 定义企业核心流程绩效评估的指标。

● 分析企业现有流程运作模式的优势和劣势。

● 确认企业流程现有运作模式。

● 确认企业流程的客户价值点。

● 确认企业流程与组织的关系。

- 确认企业流程的资源及成本。
- 分析决定企业流程再造的优先级别。

2. 流程再造的操作要点

- 了解现有流程及其目标、范围。
- 对比现有流程结构的优势和劣势。
- 分析流程各活动环节的责任归属。
- 确认与流程相匹配的绩效指标。
- 分析流程的瓶颈及再造切入点。
- 确定是否对流程控制点重新设计。
- 确认经重新设计的新流程系统。
- 建立评估体系，对新流程进行监测。

1.6.4 流程再造的技巧

图 1-25 提供了一些流程再造的技巧，供读者参考。

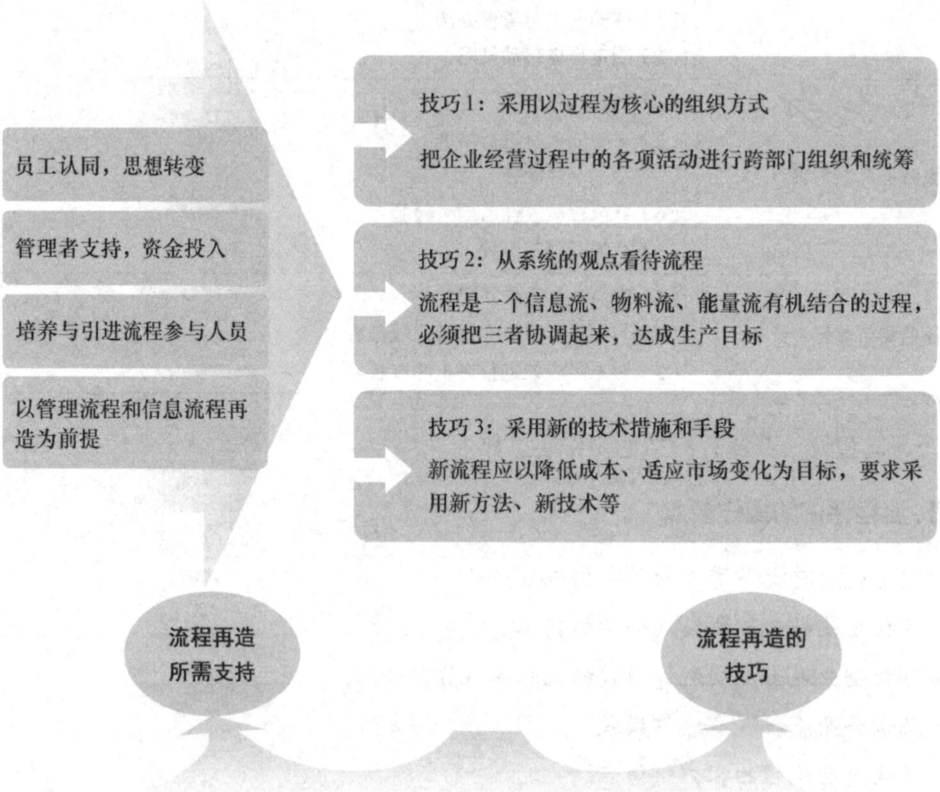

员工认同，思想转变

管理者支持，资金投入

培养与引进流程参与人员

以管理流程和信息流程再造为前提

技巧1：采用以过程为核心的组织方式
把企业经营过程中的各项活动进行跨部门组织和统筹

技巧2：从系统的观点看待流程
流程是一个信息流、物料流、能量流有机结合的过程，必须把三者协调起来，达成生产目标

技巧3：采用新的技术措施和手段
新流程应以降低成本、适应市场变化为目标，要求采用新方法、新技术等

流程再造所需支持

流程再造的技巧

重视信息流程建设工作，强调流程的可控与反馈

图 1-25　流程再造的技巧

2.1 酒店顾客定位与发展战略管理流程

2.1.1 流程目的说明

酒店对顾客定位与发展战略实施流程管理的目的如下：

（1）明确酒店顾客需求，分析酒店产品与服务的关键价值点，避免工作逻辑混乱；

（2）促进酒店战略管理工作的科学化、规范化。

2.1.2 流程结构设计

酒店顾客定位与发展战略管理可细分为两个事项，就每个事项分别设计流程，即酒店顾客定位管理流程、酒店发展战略管理流程。同时，在管理实践中，鉴于疫情防控工作的重要性，本章还加入了酒店疫情防控管理流程。具体的结构设计如图 2-1 所示。

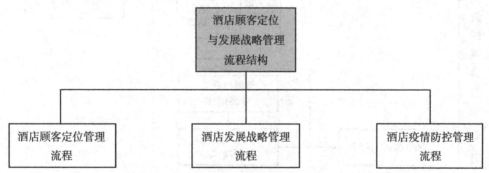

图 2-1　酒店顾客定位与发展战略管理流程结构设计

2.2.1　酒店顾客定位管理流程设计

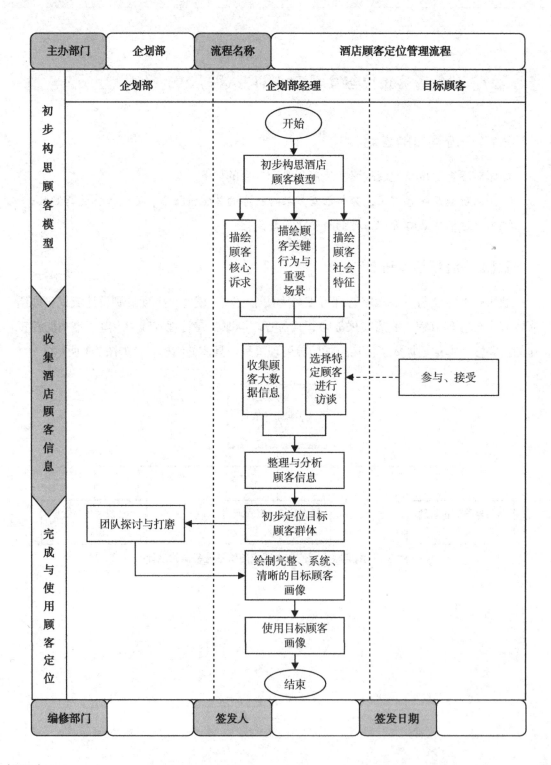

2.2.2　酒店顾客定位管理执行程序、工作标准、考核指标、执行规范

任务 名称	执行程序、工作标准与考核指标
初步 构思 顾客 模型	**执行程序** ☆在收集顾客信息之前，酒店企划部经理要根据本酒店的产品、服务的特性及竞品顾客生态，先大 　致构思顾客的基本形态，确立顾客模型的基本要素，进而明确信息收集的要点 ☆顾客模型应能体现三方面内容：一是要描绘顾客的核心诉求，找准顾客消费敏感点；二是要描绘 　顾客的关键行为与主要场景，即顾客一般在何种场景下使用本酒店的产品或服务；三是要描绘顾 　客的社会特征，如顾客的性别、年龄、学历、职业及人际关系等 **工作重点** 　通过初步构思顾客模型，确定后续顾客信息调查工作的主要方向。上面列举的三方面内容虽不能 概括所有要素，但却是最重要，也是必不可少的几个要素 **工作标准** 　顾客模型构建合理，信息要素设置恰当
收集 顾客 信息	**执行程序** **1.收集顾客大数据信息，选择特定顾客进行访谈** ☆顾客模型构建完毕后，企划部经理开始组织人员按照顾客模型设置的各要素进行信息收集 ☆传统的信息收集方法一般为一对一访谈，对顾客质量要求较高，并且访谈人数多、工作量大，但 　通过这种访谈方式收集到的信息较为准确，是一种有效的信息收集手段 ☆在当今网络发达、信息化程度较高的情况下，还可以通过大数据进行信息收集。这种方法依赖于 　酒店长期对顾客信息的收集与储存，以及对互联网的合理运用。但通过大数据收集顾客信息，准 　确度有待甄别。因此，建议酒店采取传统访谈与大数据收集相结合的方式收集顾客信息 **2.整理与分析顾客信息** 　信息收集完成后，企划部经理要分析处理收集到的信息，对庞大繁杂的信息进行分类筛选，使具 体的信息拟人化，形成概括性的顾客特征 **3.团队探讨与打磨** 　由于顾客信息数据庞大、种类繁杂，分析工作不可能由企划部经理一人完成，因此酒店要组建专 门的顾客信息分析小组，形成团队，对信息进行讨论与打磨 **工作重点** 　访谈工作应交给经验丰富的人员完成。在访谈过程中，访谈人员要注意做到客观，提出的问题不 能对目标顾客产生误导，要保证信息的真实性 **工作标准** 　高效完成顾客信息收集及分析处理工作 **考核指标** ☆顾客信息收集工作的完成时间：应在＿＿＿个工作日内完成 ☆顾客信息数据的质量：无效数据不超过＿＿＿%

任务名称	执行程序、工作标准与考核指标
完成与使用顾客定位	**执行程序**
	1. 初步定位目标顾客群体 　当顾客信息分析工作完成后，企划部经理对本酒店的目标顾客群体进行初步定位
	2. 绘制完整、系统、清晰的目标顾客画像 ☆目标顾客群体定位完成后，企划部经理对数据进行可视化操作，完成顾客画像的绘制工作 ☆绘制工作完成后，企划部经理带领小组对顾客画像进行最后检查，验证其维度、属性等的完整性
	3. 使用目标顾客画像 　目标顾客画像绘制完成后可投入使用。顾客画像的使用场景十分广泛，它可以帮助企划部经理对产品优先级做出决策，清晰地定位酒店的产品、服务和目标顾客，让酒店在产品、服务上更加专注，让经营策略更加适应市场
	工作重点 　目标顾客画像是一个虚拟的"人"，它将市场上消费群体的各种属性按类别抽象地进行概括，其逻辑类似于十二星座，企划部可给不同虚拟的顾客画像起一个方便记忆又能准确概括其特点的名字，如"狮子""少女""老树"等
	工作标准
	目标顾客画像创建完成并投入使用，酒店目标顾客定位清晰
	考核指标
	目标顾客画像创建工作的完成时间：应在____个工作日内创建完成

2.3.1 酒店发展战略管理流程设计

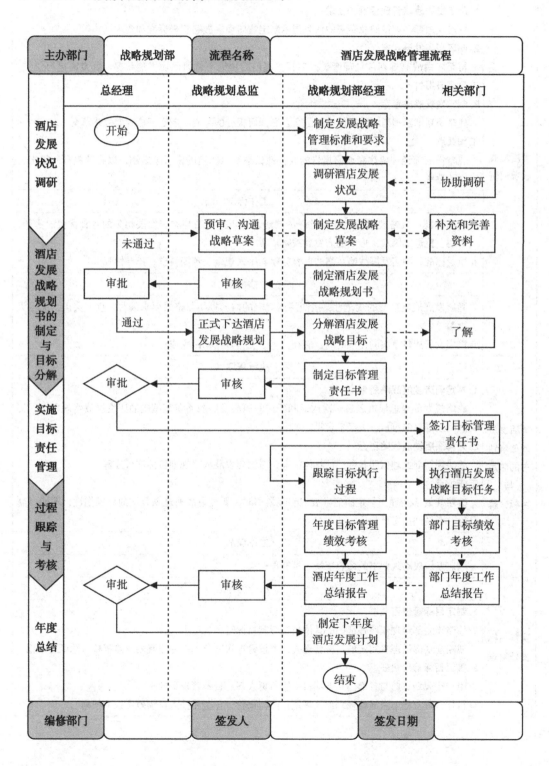

主办部门	战略规划部	流程名称	酒店发展战略管理流程

2.3.2　酒店发展战略管理执行程序、工作标准、考核指标、执行规范

任务名称	执行程序、工作标准与考核指标
酒店发展状况调研	**执行程序** **1.制定发展战略管理标准和要求** 　战略规划部经理按照总经理的任务指示制定酒店发展战略管理标准和要求 **2.调研酒店发展状况** 　每年底由战略规划部经理牵头，在相关部门的协助下调研酒店发展状况，并及时进行总结，出具调研报告 **3.制定发展战略草案** 　战略规划部经理与相关部门沟通配合，在调研报告的基础上制定酒店发展战略草案 **工作重点** 　战略规划部经理要注意调研报告的规范性，最好以固定的模板来编制，以有效提升调研报告编制的效率 **工作标准** ☆目标标准：战略规划部经理经过详尽调研，分析并总结与酒店发展相关的各种优势、劣势、威胁、机遇等因素，形成酒店发展战略草案 ☆质量标准：酒店发展战略草案的内容完整、格式规范、预测科学、指导性强 **考核指标** ☆酒店发展战略草案的规范性：按照酒店规定的内容框架与格式要求编写，重点突出，无重大纰漏 ☆酒店发展战略草案的完成时间：应在＿＿个工作日内编制完成
酒店发展战略规划书的制定与目标分解	**执行程序** **1.制定酒店发展战略规划书** 　战略规划部经理根据经过多次沟通和研讨的酒店发展战略草案编制酒店发展战略规划书，提交战略规划总监审核、总经理审批 **2.分解酒店发展战略目标** 　战略规划部经理依照各部门的具体情况，对酒店发展战略规划目标进行分解 **工作重点** 　战略规划部经理在制定酒店发展战略规划书时，要注意战略规划方案的可操作性，不能好高骛远，要做到切实可行 **工作标准** 酒店发展战略规划书的内容翔实，可操作性强
实施目标责任管理	**执行程序** **1.制定目标管理责任书** ☆战略规划部经理依照各部门的具体情况编制目标管理责任书 ☆战略规划部经理将制定的目标管理责任书按管理权限分别报战略规划总监审核、总经理审批 **2.签订目标管理责任书** ☆由战略规划总监与各部门、各项目主管负责人签订目标管理责任书 ☆目标管理责任书由战略规划部经理统一归档保管，作为相关人员绩效考核的依据

任务名称	执行程序、工作标准与考核指标
实施目标责任管理	**工作重点** 目标管理责任书要结合部门、项目和负责人的具体工作内容、工作环境及未来发展变动来制定，涉及特殊场景的，要对具体的场景事项做出说明
	工作标准
	通过签订目标管理责任书，使各级工作人员明确职责，同时对其产生激励作用
过程跟踪与考核	**执行程序**
	1.跟踪目标执行过程 ☆酒店各部门按照酒店发展战略规划书与目标管理责任书执行工作任务 ☆战略规划部经理按月或按季度对目标执行情况进行跟踪检查，填写目标管理追踪单 **2.年度目标管理绩效考核** ☆战略规划部经理协同人力资源部，按照目标管理责任书的规定对各部门进行考核 ☆每年考核两次，上半年考核于7月进行，全年的考核于次年1月进行 **工作重点** 酒店除了按照目标管理责任书对各部门的工作绩效进行考核外，还要对部门主要负责人的工作能力及工作态度进行考核
	工作标准
	☆质量标准：部门工作质量经过抽查后达到标准 ☆参照标准：酒店过去年度的目标管理绩效考核情况
	考核指标
	☆跟踪检查工作的及时性：跟踪检查工作应在每季度次月的____日前完成，不得拖延 ☆考核结果出错率：考核结果出错率不得超过____%，该指标用来衡量绩效考核的质量水平 $$考核结果出错率 = \frac{考核期内考核结果出错的次数}{考核期内出具考核结果的总次数} \times 100\%$$
年度总结	**执行程序**
	1.酒店年度工作总结报告 ☆战略规划部经理负责制定各部门的年度工作总结报告模板，明确具体的编制标准和要求 ☆酒店各部门根据本年度工作情况编制部门年度工作总结报告 ☆战略规划部经理汇总各部门的工作总结报告，并编制酒店年度工作总结报告 ☆战略规划部经理根据酒店决策权限将酒店年度工作总结报告上报战略规划总监审核、总经理审批 **2.制定下年度酒店工作计划** 战略规划部经理根据总经理对酒店年度工作总结报告的批示意见，组织召开专门会议，着手准备制定下年度工作计划 **工作重点** 酒店年度工作总结报告的编制规范、内容全面、结构清晰，无重大纰漏
	工作标准
	酒店过去年度的工作总结报告
执行规范	
"酒店发展战略草案""酒店发展战略规划书""酒店年度工作总结报告"	

2.4.1 酒店疫情防控管理流程设计

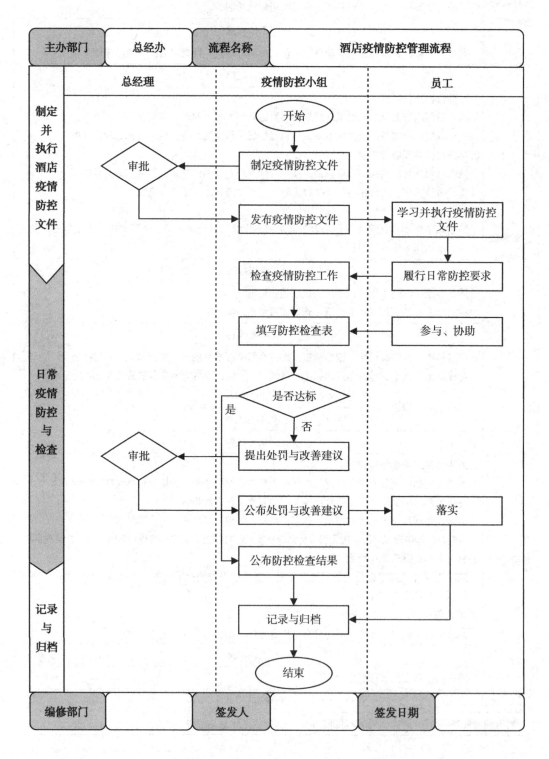

2.4.2 酒店疫情防控管理执行程序、工作标准、考核指标、执行规范

任务名称	执行程序、工作标准与考核指标
制定并执行酒店疫情防控文件	**执行程序** **1.制定疫情防控文件** ☆酒店总经理根据疫情防控管理部门的要求，组织成立酒店疫情防控小组，统一领导本酒店的疫情防控工作 ☆酒店疫情防控小组依据疫情防控部门的要求与本酒店经营的实际情况，制定疫情防控文件，包括酒店疫情防控组织机构、酒店疫情防控综合管理制度及酒店疫情防控工作指导细则等，提交总经理审批 **2.学习并执行疫情防控文件** 疫情防控文件经总经理审批通过后，由酒店疫情防控小组发布，组织员工学习并执行相关规定 **工作重点** 酒店所有人员都要接受疫情防控培训，以达成疫情防控目标 **工作标准** ☆质量标准：疫情防控文件要精确到细节，将责任落实到具体的部门和人员 ☆效率标准：疫情防控文件经过审批后要立即发布与执行 **考核指标** 疫情防控文件制定的及时性：酒店疫情防控文件应在____个工作日内制定完成，并且通过审批
日常疫情防控与检查	**执行程序** **1.履行日常防控要求** ☆酒店所有工作人员按照疫情防控要求和标准履行自己的疫情防控责任 ☆顾客到达酒店后，相关责任人员要督促顾客遵守相应的疫情防控规定 **2.检查疫情防控工作** ☆酒店疫情防控小组对酒店相关部门和人员的疫情防控工作进行检查，相关部门和人员要做好配合与协助工作 ☆酒店疫情防控小组根据检查结果填写疫情防控检查表，判断相关部门和人员的疫情防控工作是否达标 ☆对经检查达标的部门、区域和人员，直接公布检查结果 ☆对经检查未达标的部门、区域和人员，酒店疫情防控小组要提出处罚与工作改进建议，并提交总经理审批 ☆疫情防控小组要督促检查未达标的部门、区域和人员严格落实疫情防控要求与标准，及时改进防控工作 **工作重点** 疫情防控工作应作为酒店当前的重点工作来抓，要落实责任，对各部门的工作提出明确要求 **工作标准** 酒店疫情防控检查标准执行度高，检查工作科学、合理，检查结果准确

任务名称	执行程序、工作标准与考核指标
日常疫情防控与检查	**考核指标** ☆疫情防控目标完成率：用来衡量疫情防控小组的工作成效 $$疫情防控目标完成率 = \frac{实际完成的防控目标数}{计划完成的防控目标总数} \times 100\%$$ ☆疫情防控检查结果申诉的次数：目标值为 0
记录与归档	**执行程序** 　　酒店疫情防控小组要做好疫情防控检查工作记录，将相关文件及资料等进行归档保存，以备查询 **工作重点** 　　酒店疫情防控小组要做好检查结果、处罚决定、改进建议、改进工作跟踪与评估等的记录、登记及归档工作 **工作标准** ☆质量标准：全面收集与疫情防控相关的信息资料，并保存完好 ☆依据标准：依据改进跟踪与评估表、酒店疫情防控综合管理制度及档案管理制度等进行记录与归档
	执行规范
	"酒店疫情防控工作指导细则""酒店疫情防控管理标准""酒店疫情防控综合管理制度""疫情防控检查表""疫情防控检查结果通知""疫情防控处罚条例""处罚决定与改进建议""改进跟踪与评估表""档案管理制度"

3.1　酒店产品设计、定价与上市管理流程

3.1.1　流程目的说明

酒店对产品设计、定价与上市实施流程管理的目的如下：

（1）提升市场调研与预测的效果，为酒店经营管理提供有效的决策依据；

（2）加强产品定价管理工作，便于选择合理的定价策略，科学地制定产品价格；

（3）确定产品的合理价格，增强产品的竞争优势，维护并提高酒店形象。

3.1.2　流程结构设计

酒店产品设计、定价与上市管理可细分为六个事项，就每个事项分别设计流程，即酒店产品调研流程、竞争对手调研流程、市场调查问卷设计流程、超值服务设计流程、酒店产品定价管理流程、酒店产品上市管理流程。具体的结构设计如图 3-1 所示。

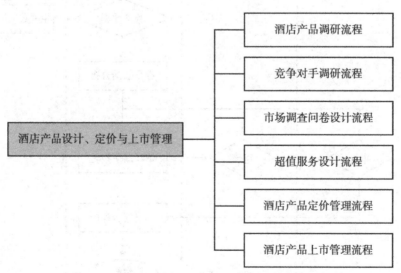

图 3-1　酒店产品设计、定价与上市管理流程设计

3.2 酒店产品调研流程设计与工作执行

3.2.1 酒店产品调研流程设计

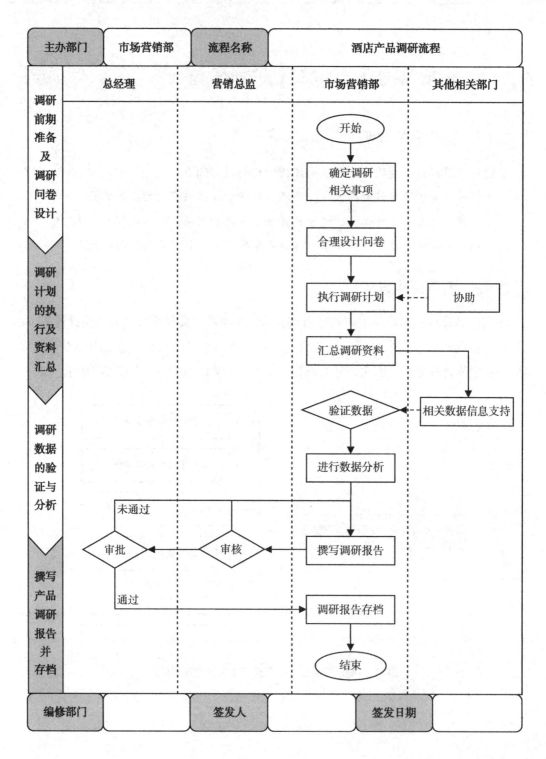

主办部门	市场营销部	流程名称	酒店产品调研流程

3.2.2　酒店产品调研执行程序、工作标准、考核指标、执行规范

任务名称	执行程序、工作标准与考核指标
调研前期准备及调研问卷设计	**执行程序** **1.确定调研相关事项** ☆市场营销部根据实际情况确定调研目的、时间、人员与地点 ☆市场营销部确定产品调研的内容，主要包括产品的价格、服务情况、竞争对手、环境等 ☆通过发放调研问卷的方式进行产品调研 **2.合理设计问卷** ☆市场营销部根据不同的调研对象设计调研问卷，主要工作包括搜集相关资料，确定问题的内容、结构、措辞、顺序及设计问卷的格式等 ☆问卷行文要浅显易懂，便于被调查者作答 **工作重点** 　问卷中的问题设置要灵活，可设计开放式问题、封闭式问题、量表应答式问题等
	工作标准 　问卷设计的内容具有针对性，能够帮助酒店获取有价值的信息
	考核指标 ☆问卷深度：通过问卷调查收集到的信息能够为决策者提供参考 ☆问题的针对性：问卷内容要紧扣主题，问题100%与调研主题相关 ☆问卷的严密性：问卷中列出的问题均有答案，问题设置不存在前后矛盾的情况
调研计划的执行及资料汇总	**执行程序** **1.执行调研计划** ☆市场营销部按照调研计划组织相关部门进行调研 ☆相关部门要注意控制时间进度，保证在规定的期限内完成调研工作，若确实需要延期，必须及时向上级汇报 **2.汇总调研资料** 　调研完成后，市场营销部负责汇总调研结果，准备做资料分析 **工作重点** 　在执行调研计划时，市场营销部及相关部门要注意计划中的一些关键场景，必须按照调研步骤与要求执行，以免造成调研活动失真
	工作标准 　调研活动要按期完成，调研过程不得影响酒店的日常服务工作
	考核指标 ☆调研执行的规范性与严谨性：调研活动的工作流程、操作步骤、检验标准等必须严格按照规定执行 ☆调研所用时间：不得超过规定调研期限的____天 ☆调研废卷率：调研信息真实、准确，废卷率不超过____% $$调研废卷率 = \frac{回收问卷中废卷的数量}{发放问卷总数量} \times 100\%$$

任务名称	执行程序、工作标准与考核指标
调研数据的验证与分析	**执行程序** **1. 验证数据** 　市场营销部在汇总调研结果的过程中，要注意鉴别真实信息与虚假信息，同时要鉴定所得数据是否存在显著偏差，对明显存在错误的数据和信息要及时剔除 **2. 进行数据分析** ☆确定数据和信息无误后，市场营销部应着手进行调研数据的分析工作 ☆根据调研的目的和对象不同，可以采用不同的分析方法，常用的有 SWOT 分析法、回归分析法、关键因素分析法等 ☆若有必要，可以使用不同的分析方法对同一问题进行解释，互相验证结论的真伪，从而进一步提升结论的真实性与准确性 **工作重点** ☆市场营销部验证数据时，对于不好把握的数据和信息，要注意寻求其他相关部门的信息支持，如有必要，工作人员要亲自到现场核实 ☆分析方法要根据酒店的经营理念及过去的经验来选择
	工作标准 　同行业其他酒店同类调研数据的验证与分析过程资料
撰写产品调研报告并存档	**执行程序** **1. 撰写调研报告** ☆调研和分析工作结束后，市场营销部根据资料分析情况撰写产品调研报告 ☆产品调研报告的论据要充分，内容包括从问题的提出到引出的结论，以及分析研究问题的方法。同时，还应当注明可供酒店决策者进行独立思考的全部调查结果和必要的市场信息，以及对这些情况和内容的分析评论 ☆市场营销部应将产品调研报告呈交营销总监审核、总经理审批。审批未通过的，由市场营销部负责修改，直至获批 **2. 调研报告存档** 　市场营销部对经过审批的产品调研报告进行建档保存，作为酒店营销活动的依据 **工作重点** 　产品调研报告的编制规范、内容全面、结构清晰，无重大纰漏
	工作标准 　产品调研报告能够为酒店的营销活动提供充实的决策依据
执行规范	
"产品调研计划""产品调研报告"	

3.3.1 竞争对手调研流程设计

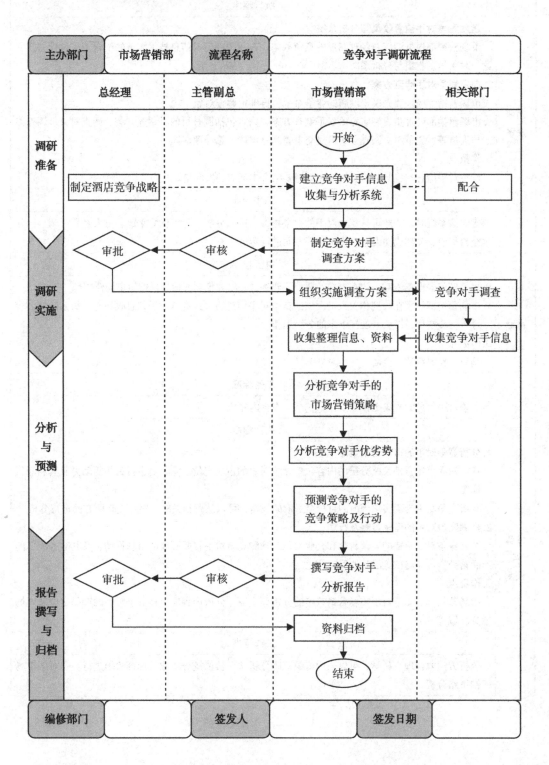

3.3.2　竞争对手调研执行程序、工作标准、考核指标、执行规范

任务名称	执行程序、工作标准与考核指标
调研准备	**执行程序** **1.建立竞争对手信息收集与分析系统** 　市场营销部根据酒店总经理制定的竞争战略，在相关部门及信息技术人员的配合下，设计并建立竞争对手信息收集与分析系统 **2.制定竞争对手调查方案** ☆市场营销部经理要先确定酒店的竞争对手，再确定调查对象 ☆市场营销部经理负责制定竞争对手调查方案，内容包括调查目的、调查方法、调查对象、调查参与人员等。竞争对手调查方案需提交主管副总审核、总经理审批 **工作重点** 　竞争对手信息收集与分析系统的建立需要结合本酒店的实际情况 **工作标准** 　建立该系统时，一般可从竞争对手的财务指标、产品分析、竞争优势来源、重大经营活动、国际化经营规模、关键成功因素、优劣势等方面进行考虑
调研实施	**执行程序** ☆相关部门根据竞争对手调查方案如期展开调查，并将收集到的信息反馈给市场营销部 ☆市场营销部经理在收到相关人员反馈的竞争对手信息后，按竞争对手信息收集与分析系统的内容进行初步整理，以便开展接下来的分析工作 **工作重点** 　调研工作要细致、全面 **工作标准** 　竞争对手信息的收集工作需要在____个工作日内完成
分析与预测	**执行程序** **1.分析竞争对手的市场营销策略** ☆竞争对手市场营销策略分析的内容包括竞争对手的市场定位、竞争对手行为的驱动力及其利润目标等 ☆分析竞争对手为了实现当前的目标会采取的战略，可以从营销战略、服务战略两方面进行分析 **2.预测竞争对手的竞争策略及行动** 　结合竞争对手独特的经营哲学和企业文化，预测竞争对手将要开展的市场行动，及其对本酒店的产品营销、市场定位等战略的反应 **工作重点** 　市场营销部对竞争对手市场营销策略的分析要全面，分析内容应包括竞争对手的产品定位及市场细分区域等 **工作标准** 　分析方法要合理、科学，可以采用组织矩阵分析法、价值链分析法及标杆法等进行竞争对手市场营销策略分析

任务 名称	执行程序、工作标准与考核指标
报告 撰写 与 归档	**执行程序** 1. 撰写竞争对手分析报告 　市场营销部经理以调查资料为依据，在上述各项分析的基础上，根据分析的过程及结果撰写竞争对手分析报告，并提交主管副总审核、总经理审批 2. 资料归档 　市场营销部经理将通过审批的竞争对手分析报告连同相关资料一并存档 **工作重点** 　资料归档按照规定程序进行，以便为后期工作提供依据
	工作标准 　分析报告的内容全面、合理，建设性强
	考核指标 ☆竞争对手分析报告的一次性通过率：目标值为100% ☆竞争对手分析报告撰写完成的时间：应在____个工作日内撰写完成
	执行规范
"竞争对手调查方案""竞争对手分析报告"	

第 3 章 —— 酒店产品设计、定价与上市管理

3.4.1 调查问卷设计流程

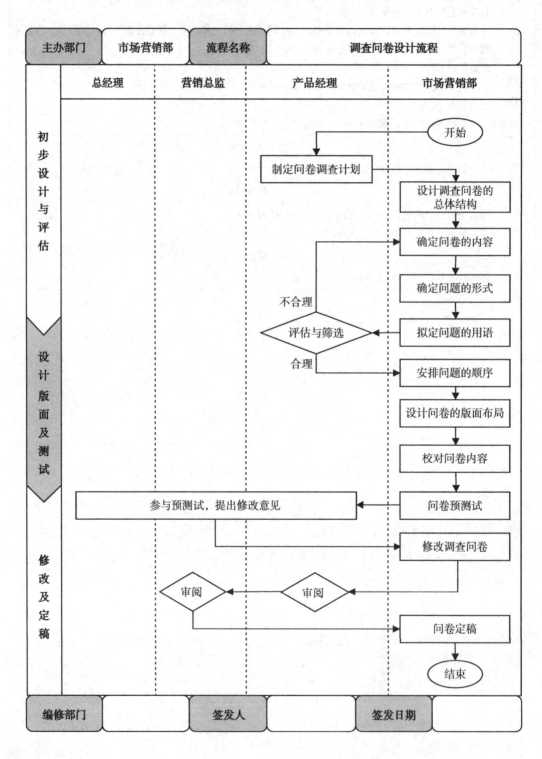

主办部门	市场营销部	流程名称	调查问卷设计流程

3.4.2 调查问卷设计执行程序、工作标准、考核指标、执行规范

任务名称	执行程序、工作标准与考核指标
初步设计与评估	**执行程序** **1.制定问卷调查计划** 　产品经理根据需要制定问卷调查计划及相关要求 **2.设计调查问卷的总体结构** ☆市场营销部负责市场调查的工作人员根据问卷调查计划及要求，研究此次调查的目标及需要获得的信息 ☆根据调查问卷设计的基本原则，初步设计调查问卷的总体结构 **3.评估与筛选** ☆初步拟订问题并呈交产品经理进行评估 ☆产品经理要评估所有问题及选项的合理性，并根据调查目的筛选问题 **工作重点** 　设计问题要注意着眼点，避免使用具有诱导性的词语、避免涉及个人隐私等 **工作标准** ☆内容标准：调查问卷的总体结构主要分为四部分，即引言、调查目的、问题的主体及被调查者的基本资料 ☆质量标准：调查信息齐全、问题简短精辟、误差较小
设计版面及测试	**执行程序** **1.设计问卷的版面布局** 　市场调查人员根据问卷的整体结构安排问题的顺序，形成问卷的文字稿，并交给排版人员进行版面设计 **2.校对问卷内容** 　市场调查人员负责校对问卷成稿，确定文字、版式等 **3.问卷预测试** 　市场调查人员负责将完成的调查问卷在小范围内进行预测试 **工作重点** 　市场调查人员在设计问卷时，要注意问题顺序是否合理、问卷长短是否合适、版面设计是否简洁大方等 **工作标准** 　问卷预测试环境能模拟实际的调查环境
修改及定稿	**执行程序** **1.修改调查问卷** 　市场调查人员根据预测试的结果和相关人员提出的意见，分析问卷存在的问题并进行修改 **2.问卷定稿** 　修改完善后的调查问卷须提交产品经理和营销总监审阅，在确认无其他问题后，即可定稿

（续）

任务名称	执行程序、工作标准与考核指标
修改及定稿	**工作标准**
	调查问卷修改及时，顺利定稿
	考核指标
	调查问卷修改及定稿工作的完成时间：应在____个工作日内完成
	执行规范
	"问卷调查计划"

酒店运营与管理全案

3.5.1 超值服务设计流程

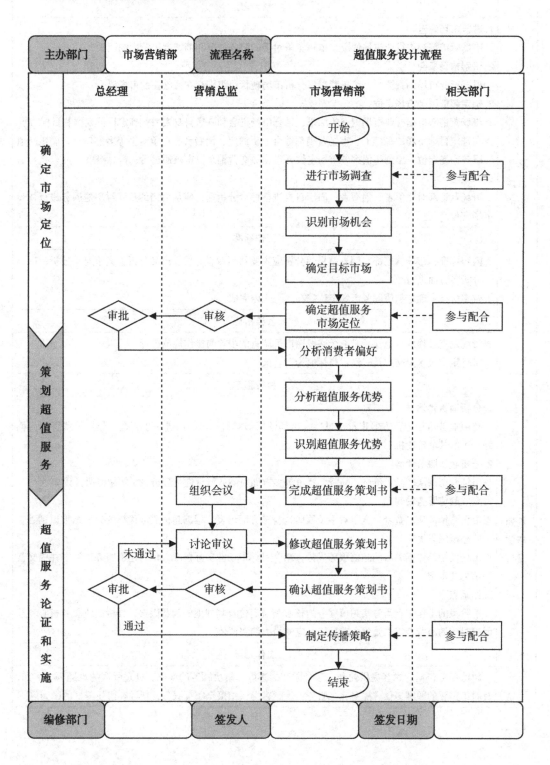

主办部门	市场营销部	流程名称	超值服务设计流程

3.5.2　超值服务设计执行程序、工作标准、考核指标、执行规范

任务 名称	执行程序、工作标准与考核指标
确定 市场 定位	**执行程序** **1. 进行市场调查** 　市场营销部调查行业市场情况，了解竞争对手的服务情况和消费者决策影响因素 **2. 识别市场机会** 　根据行业市场调查资料，市场营销部分析市场现状，辨别存在或潜在的市场机会 **3. 确定超值服务市场定位** ☆市场营销部根据行业市场调查的结果，结合市场机会和酒店自身实力，确定目标人群和目标市场 ☆在选定目标市场的基础上，市场营销部综合分析酒店、消费者、竞争对手等多方信息，确定超值 　服务市场定位，编制超值服务市场定位方案，提交营销总监审核通过后，报总经理审批 **工作重点** 　市场营销部对竞争者、消费者、酒店自身进行综合分析后，应从恰当的角度对超值服务进行初步 市场定位
	工作标准 ☆内容标准：市场营销部对调查结果的分析应主要从消费者分析、产品分析、竞争对手分析、市场 　分析等方面进行 ☆效率标准：确定超值服务市场定位需在＿＿＿天内完成
	考核指标 ☆市场调查过程的规范性：必须严格按照市场调查的步骤与操作规范进行 ☆市场定位报告上交的及时性：目标值为＿＿＿天
策划 超值 服务	**执行程序** **1. 分析消费者偏好** 　超值服务市场定位方案审批通过后，市场营销部对目标市场做进一步调查，分析消费者行为偏 好，了解其消费动机 **2. 分析超值服务优势** 　市场营销部从产品、价格、品牌、竞争等多方面对酒店特色进行分析，了解超值服务优势 **3. 完成超值服务策划书** ☆市场营销部从消费者、竞争对手及酒店自身三方面出发，根据超值服务优势的分析结果识别酒店 　的超值服务优势 ☆市场营销部依据酒店的超值服务优势，结合目标市场的实际情况，编写超值服务策划书并提交营 　销总监审阅 **工作重点** 　本阶段的工作重点为考察超值服务的核心利益定位及其周围的利益因素，分析超值服务核心利益 因素对应的消费者需求要素，选择相对应的最大消费群体
	工作标准 　超值服务包括为顾客提供便利、迎合顾客的喜好、解决顾客的问题、处理顾客的难题等。例如， 及时给需要的顾客提供"随身充"服务；为顾客提供拍摄全家福服务，帮顾客留住美好的瞬间等

任务 名称	执行程序、工作标准与考核指标
超值 服务 论证 和 实施	**执行程序** **1. 讨论审议** ☆营销总监就超值服务策划书组织相关人员召开超值服务策划讨论会，分析研究并提出修改意见 ☆市场营销部对修改意见进行讨论，并向营销总监反馈信息，达成一致意见后修改超值服务策划书 **2. 确认超值服务策划书** 　市场营销部将经过修改并确认的超值服务策划书提交营销总监审核、总经理审批。总经理审批不通过的，营销总监需要再次组织召开超值服务策划讨论会，市场营销部重新修改超值服务策划书并提交审核与审批 **3. 制定传播策略** 　市场营销部根据确定的超值服务制定传播策略，编写超值服务传播计划 **工作重点** 　市场营销部确定超值服务，并用具有创意的语言及形式对其进行诠释
	工作标准
	讨论审议工作需要在＿＿＿天内完成并产生成果
执行规范	
"消费者行为调查报告""超值服务市场定位方案""超值服务策划书"	

第3章 — 酒店产品设计、定价与上市管理

3.6.1 酒店产品定价管理流程设计

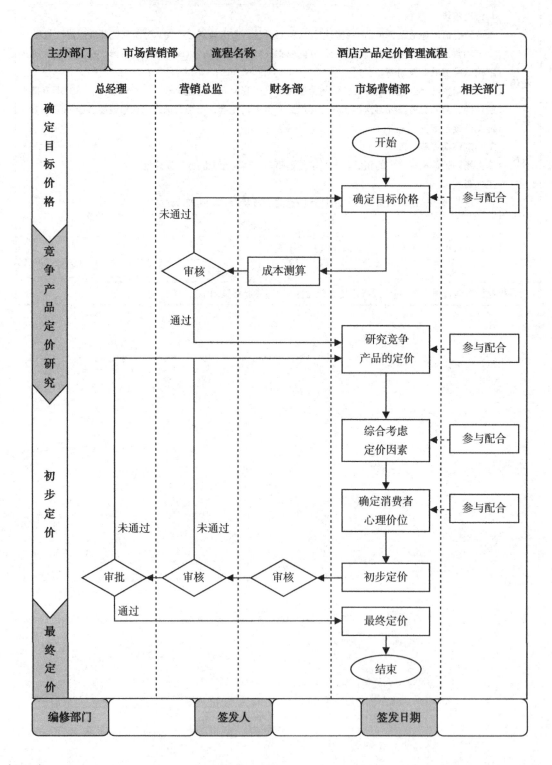

3.6.2　酒店产品定价管理执行程序、工作标准、考核指标、执行规范

任务名称	执行程序、工作标准与考核指标
确定目标价格	**执行程序** ☆市场营销部研究所在行业细分领域的市场价格层次，根据酒店产品情况选择合适的价格层次 ☆市场营销部根据酒店经营目标，结合目标利润率，在选定的价格层次中确定产品的目标价格 **工作重点** 　市场营销部对产品目标价格的确定应结合酒店自身及市场环境等实际情况 **工作标准** 　市场营销部在确定产品目标价格时，可采用的方法有成本导向定价法、需求导向定价法和竞争导向定价法
竞争产品定价研究	**执行程序** 1.成本测算 ☆财务部负责对产品进行成本测算，核算产品的单位成本，相关部门要协助做好测算工作 ☆得出单位产品成本测算结果后，连同目标价格方案一并提交营销总监审核 ☆营销总监根据目标价格情况，结合成本测算结果，判断目标价格是否符合要求。审核不通过的目标价格方案，市场营销部要重新进行价格选择，确定目标价格后再次提交 2.研究竞争产品的定价 ☆目标价格方案审核通过后，市场营销部要进一步调查、研究竞争对手，了解其定价策略、品牌与产品情况 ☆各部门协助搜集竞争对手的资料，配合市场营销部研究竞争产品的情况 **工作重点** 　市场营销部及相关部门要配合财务部做好单位产品成本测算工作 **工作标准** ☆依据标准：市场营销部主要依靠市场调查资料及所搜集的一手资料对竞争产品的定价进行研究，并得出结论 ☆内容标准：竞争产品定价研究的内容包括竞争品牌的知名度、产品性能等相关因素 **考核指标** ☆成本测算的规范性：必须严格按照成本测算的流程，运用科学的方法进行测算 ☆成本测算的准确性：成本测算的结果要与实际成本相符
初步定价	**执行程序** 1.确定消费者心理价位 ☆市场营销部将酒店产品的情况与竞争产品的定价情况相结合做出综合分析 ☆市场营销部选择合适的市场调查方法对消费者心理进行研究，确定消费者心理定价 2.初步定价 ☆市场营销部将影响产品定价的全部因素整合起来做总体分析，确定产品的初步定价，形成初步定价方案，提交财务部及营销总监审核通过后，上报总经理审批 ☆未通过审核或审批的定价方案，市场营销部要重新研究，修改后再次提交

任务名称	执行程序、工作标准与考核指标
初步定价	**工作重点** 　　对产品进行定价时，市场营销部需分析产品成本、产品自身特性、酒店自身情况、市场供求情况、竞争情况及国家政策法规等 **工作标准** ☆方法标准：产品定价可采用目标利润定价法、边际成本定价法、习惯定价法、随行就市定价法、撇脂定价法、认知价值定价法及密封投标定价法等 ☆审核标准：审核初步定价时需要预测竞争对手的反应，以避免新产品的价格损害酒店和整个行业的价值
最终定价	**执行程序** ☆产品定价方案通过审批后，市场营销部根据方案和领导的批示意见确定最终的产品价格 ☆市场营销部通知相关人员和部门最终的产品价格，并做好产品发布上市前的价格保密工作 **工作重点** 　　最终定价为综合考虑的结果，定价方案必须考虑全面

执行规范
"市场调查问卷""市场调研报告""产品成本测算报告""产品初步定价方案""产品定价方案"

酒店运营与管理全案

3.7.1 酒店产品上市管理流程设计

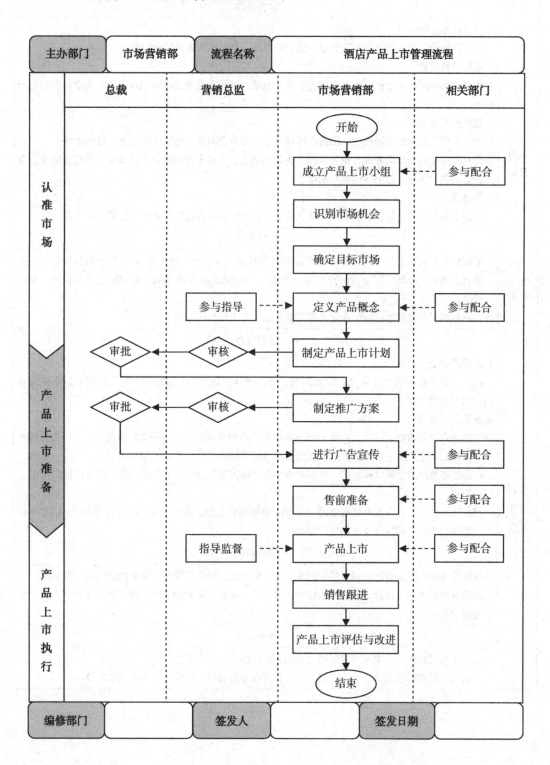

3.7.2　酒店产品上市执行程序、工作标准、考核指标、执行规范

任务名称	执行程序、工作标准与考核指标
认准市场	**执行程序** **1. 成立产品上市小组** 　酒店市场营销部组织成立产品上市小组，销售部、研发部等多部门参与配合 **2. 识别市场机会** 　产品上市小组认识宏观环境，调查分析酒店行业市场，全面考量以便识别酒店行业中存在的市场机会 **3. 定义产品概念** ☆产品上市小组识别市场机会，根据市场机会进行消费者调查，选定产品上市的目标市场 ☆在对目标市场和消费者调查意见进行分析的基础上，产品上市小组对产品做整体的概念定义，营销总监参与指导，相关部门参与配合 **工作重点** 　产品上市小组通过分析经济宏观环境、酒店行业市场及本酒店自身条件等识别市场机会 <hr>**工作标准** ☆依据标准：确定目标市场需要考虑产品自身的特点，如房间价格（成本）、服务等细分市场内的消费者特点（年龄、职业、消费习惯、性格）；细分市场内的竞争者，包括同类产品竞争者和替代品竞争者 ☆效率标准：产品目标市场的选定工作需要在＿＿＿个工作日内完成
产品上市准备	**执行程序** **1. 制定产品上市计划** 　产品上市小组根据产品定义和市场调查、选择情况制定产品上市计划，提交营销总监审核通过后，报总经理审批 **2. 制定推广方案** ☆产品上市计划审批通过后，产品上市小组根据产品特性和目标市场的实际情况，讨论研究宣传推广策略，制定产品上市推广方案，提交营销总监审核通过后，报总经理审批 ☆产品上市推广方案审批通过后，产品上市小组根据方案的批示意见开展产品上市宣传推广工作 **工作重点** 　目标市场确定后，市场营销部要进一步开展市场调研工作，深入了解当前酒店同类产品的市场状况、竞争对手的产品情况及市场推广策略等 <hr>**工作标准** ☆依据标准：产品上市计划制定的依据为产品上市策略、新产品特点、细分的目标市场需求等 ☆内容标准：产品上市计划包括产品促销方案、产品销售渠道建设方案、产品销售预测、产品上市进度安排等 <hr>**考核指标** ☆产品上市计划的制定须在规定时间内完成：目标值为＿＿＿个工作日 ☆广告宣传过程的规范性：必须严格按照广告发布步骤进行，宣传经费不得超出预算

任务 名称	执行程序、工作标准与考核指标
产品 上市 执行	**执行程序** **1.产品上市** ☆准备工作完成后，产品上市小组按计划安排产品上市 ☆营销总监负责指导、监督产品上市活动，酒店各部门协助配合 **2.销售跟进** 　产品上市后，市场营销部要及时跟进新产品的销售情况，观察市场反应，收集反馈数据 **3.产品上市评估与改进** ☆产品上市小组根据新产品的市场和销售反馈信息，撰写产品上市评估报告 ☆产品上市小组总结产品上市工作的经验，根据评估结果改进产品上市管理工作 **工作重点** 　产品上市应从酒店的实际情况出发，按照产品上市计划执行
	工作标准 ☆内容标准：产品上市评估的内容包括消费者满意度、市场占有率、广告效果跟踪等 ☆质量标准：在产品上市后，市场主管需追踪、监控产品销售情况，完成上市计划目标
	执行规范

"市场调研报告""市场机会分析报告""消费者行为分析报告""目标消费者选择报告""产品上市计划""产品上市推广方案""产品上市评估报告"

第 3 章 ──酒店产品设计、定价与上市管理

4.1　酒店品牌策划与宣传推广管理流程

4.1.1　流程目的说明

酒店对品牌策划与宣传推广实施流程管理的目的如下：

（1）规范酒店品牌策划工作程序，增强酒店品牌策划活动的计划性、有序性；

（2）为酒店更快、更好地开展宣传推广活动提供保障，促进酒店营销目标的实现。

4.1.2　流程结构设计

酒店品牌策划与宣传推广管理可细分为五个事项，就每个事项分别设计流程，即酒店文化建设流程、酒店品牌策划流程、酒店大堂设计流程、酒店宣传管理流程及酒店广告管理流程。具体的结构设计如图 4-1 所示。

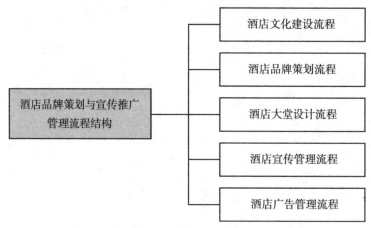

图 4-1　酒店品牌策划与宣传推广管理流程结构设计

4.2 酒店文化建设流程设计与工作执行

4.2.1 酒店文化建设流程设计

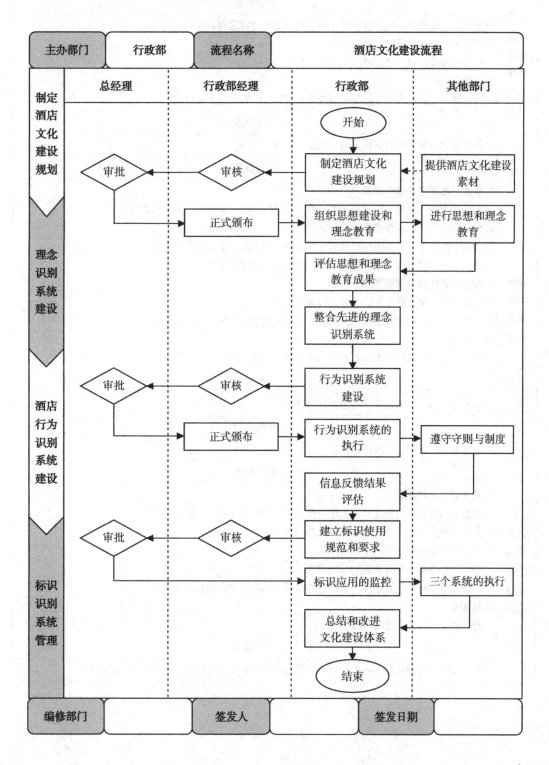

主办部门	行政部	流程名称	酒店文化建设流程

制定酒店文化建设规划

理念识别系统建设

酒店行为识别系统建设

标识识别系统管理

总经理	行政部经理	行政部	其他部门

开始

制定酒店文化建设规划 — 提供酒店文化建设素材

审核 — 审批

组织思想建设和理念教育 — 进行思想和理念教育

正式颁布

评估思想和理念教育成果

整合先进的理念识别系统

行为识别系统建设 — 审核 — 审批

行为识别系统的执行 — 遵守守则与制度

正式颁布

信息反馈结果评估

建立标识使用规范和要求 — 审核 — 审批

标识应用的监控 — 三个系统的执行

总结和改进文化建设体系

结束

编修部门		签发人		签发日期	

第 4 章 — 酒店品牌策划与宣传推广管理

4.2.2 酒店文化建设执行程序、工作标准、考核指标、执行规范

任务名称	执行程序、工作标准与考核指标
制定酒店文化建设规划	**执行程序** ☆收集、整理酒店文化建设素材，拟订酒店文化建设管理制度 ☆编写酒店文化建设的标准和要求 ☆创建学习型组织，制定酒店文化建设规划 **工作重点** 　行政部制定的酒店文化建设规划应切实可行，符合酒店实际情况
	工作标准 　酒店文化建设规划的制定及时，无拖延现象
理念识别系统建设	**执行程序** **1.组织思想建设和理念教育** 　行政部组织开展思想建设和理念教育，将目标下发，由各部门进一步执行 **2.评估思想和理念教育成果** ☆及时收集理念宣传、思想教育成果和各种反馈信息，了解员工的最新思想动态 ☆根据收集的信息与资料，对结果进行评估，编制评估报告 **3.整合先进的理念识别系统** ☆根据评估结果，整合先进的理念识别系统 ☆归纳、总结、倡导酒店的先进理念，并将这些理念梳理汇编成系统文件 **工作重点** 　对员工的思想建设和理念教育应该结合酒店文化进行
	工作标准 　评估报告准确，能够按实际情况进行评估
	考核指标 　评估频率：定期、按时评估，频率达到＿＿＿次／年
酒店行为识别系统建设	**执行程序** **1.行为识别系统建设** ☆结合酒店各项管理制度，汇总建立员工必须共同遵守的行为规范 ☆将行为识别系统建设材料提交行政部经理审核、总经理审批 **2.行为识别系统的执行** ☆确认经领导批示的行为识别系统内容 ☆行政部依据行为识别系统，组织各部门认真学习员工守则和行为规范 **工作重点** 　行为识别系统的建设材料应全面
	工作标准 　行为识别系统建设的合理性：行政部建设的行为识别系统科学、合理，具有可行性

任务 名称	执行程序、工作标准与考核指标
标识 识别 系统 管理	**执行程序**
	1.建立标识使用规范和要求 ☆行政部根据理念识别系统和行为识别系统的评估报告，建设酒店标识识别系统 ☆建立标识应用规定，确定标识使用规范和要求，并报行政部经理审核、总经理审批 **2.标识应用的监控** ☆行政部根据经过审批的酒店标识识别系统，监控系统的执行情况 ☆收集并整理酒店理念、行为、标识识别系统的建设与执行情况，评估酒店文化建设效果 ☆根据酒店文化建设效果，对酒店文化建设体系进行改进 **工作重点** 　酒店标识应体现酒店文化，同时能够成为酒店特色
	工作标准
	在酒店文化建设过程中，要及时对发现的漏洞及不完善的情况进行改进
	执行规范
	"酒店文化建设管理制度""酒店内部审批制度"

第 4 章 — 酒店品牌策划与宣传推广管理

4.3 酒店品牌策划流程设计与工作执行

4.3.1 酒店品牌策划流程设计

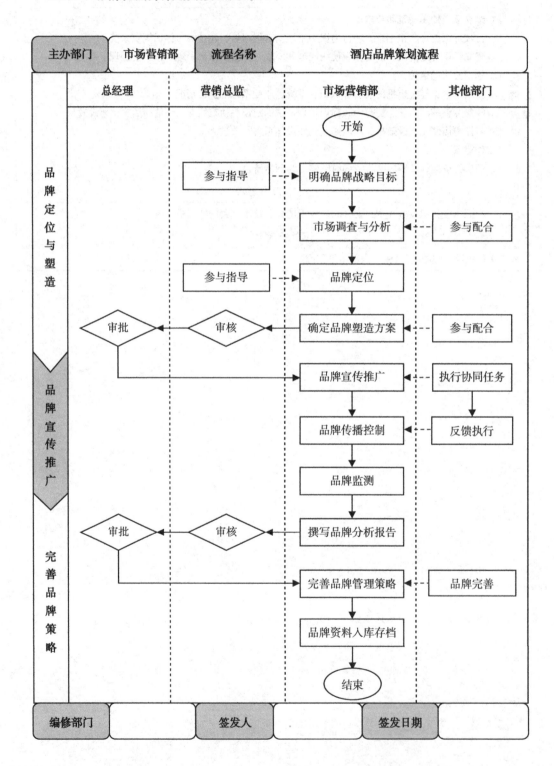

4.3.2 酒店品牌策划执行程序、工作标准、考核指标、执行规范

任务名称	执行程序、工作标准与考核指标
品牌定位与塑造	**执行程序** **1.明确品牌战略** 　市场营销部研究酒店品牌战略，营销总监参与指导，明确品牌管理的实际战略目标 **2.市场调查与分析** 　市场营销部对产品所属行业的整体市场进行调查、分析，了解不同细分市场的实际情况 **3.品牌定位** 　根据掌握的产品市场信息，市场营销部在营销总监的指导下，确定产品的品牌定位 **4.确定品牌塑造方案** 　市场营销部根据已确定的品牌定位，在各部门的参与配合下，编制品牌的塑造方案，提交营销总监审核后，报总经理审批 **工作重点** 　品牌定位应在市场细分、目标市场选择、市场定位的基础上，结合消费者需求和偏好确定 **工作标准** ☆依据标准：市场营销部应依据酒店发展战略、营销目标、市场竞争情况等制定品牌战略目标 ☆质量标准：树立独特的消费者认同的品牌个性与形象，体现品牌的独特个性、差异化优势
品牌宣传推广	**执行程序** **1.品牌宣传推广** ☆市场营销部根据品牌塑造方案的批示意见执行品牌宣传推广任务，分配协同任务到具体部门 ☆各部门执行品牌宣传协同任务，收集、整理宣传推广的相关资料，并将执行效果反馈到市场营销部 **2.品牌监测** ☆市场营销部掌握各品牌塑造活动的数据、信息，把握方向、进程，控制品牌的传播情况 ☆市场营销部监测品牌塑造各阶段的实时结果，了解品牌塑造的全貌 **工作重点** ☆各部门在执行方案的过程中，应记录方案执行的实际情况，及时收集消费者反馈及市场变化情况等信息 ☆市场营销部要选择适合宣传推广的切入点，并善于利用焦点事件快速策划推广活动，迅速出击目标市场 **工作标准** ☆内容标准：品牌监测包含消费者对品牌感知的监测、竞争品牌监测、目标市场监测和政策环境监测 ☆质量标准：保证品牌推广工作效能，有益于完成品牌推广各项工作任务，服务于品牌推广目标的最终实现
完善品牌策略	**执行程序** **1.撰写品牌分析报告** 　市场营销部依据品牌塑造的监测信息，汇总塑造任务、市场反应等方面的情况，撰写品牌分析报告，提交营销总监审核通过后，报总经理审批

任务 名称	执行程序、工作标准与考核指标
完善 品牌 策略	**2.完善品牌管理策略** ☆市场营销部根据品牌分析报告的批示意见，针对品牌市场表现制定改进计划 ☆市场营销部组织并监督相关部门实施品牌改进任务，完善品牌管理工作 **3.品牌资料入库存档** 市场营销部汇总并整理品牌管理的相关资料，对重要文件和信息等进行存档保存 **工作重点** 市场营销部根据品牌监测状况定期撰写品牌分析报告，汇报品牌的宣传推广情况，并提出相应的问题及改进措施等

工作标准
☆质量标准：品牌分析报告的内容实用，能够真实反映品牌现状 ☆效率标准：实时监控品牌情况，遇到危机事件能够及时报告并妥善处理

考核指标
☆报告提交的及时性：目标值为＿＿＿天 ☆档案建立与归档保存的规范性：市场营销部必须严格按照相关制度建立并保存档案

执行规范
"品牌战略报告""市场调研报告""消费者行为分析报告""品牌塑造方案""品牌监测报告""品牌分析报告"

酒店运营与管理全案

4.4.1 酒店大堂设计工作流程

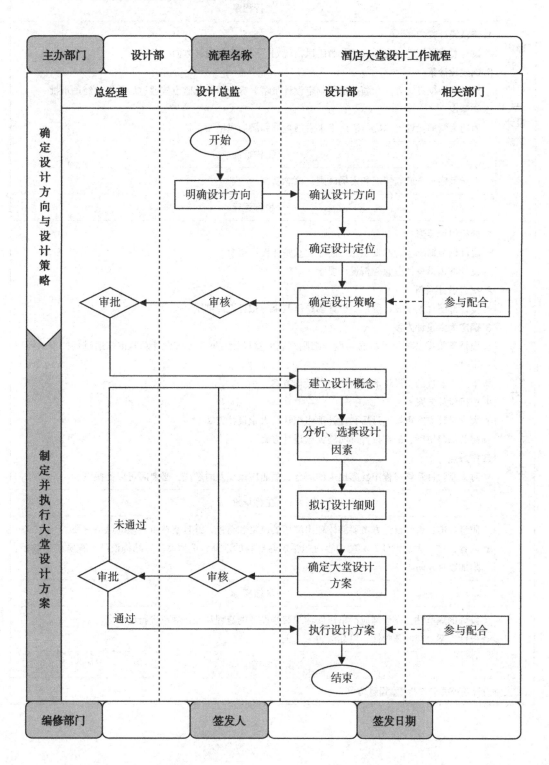

第 4 章——酒店品牌策划与宣传推广管理

4.4.2　酒店大堂设计执行程序、工作标准、考核指标、执行规范

任务名称	执行程序、工作标准与考核指标
确定设计方向与设计策略	**执行程序**
	1.确认设计方向 设计总监根据酒店发展战略及酒店风格规划，明确大堂设计方向 **2.确定设计策略** 设计部根据设计方向和酒店定位制定设计策略，提交营销总监审核通过后，报总经理审批 **工作重点** 酒店大堂的设计方向应与酒店未来发展规划和酒店风格相一致
	工作标准
	设计策略符合酒店特点和市场规则，概念新颖
制定并执行大堂设计方案	**执行程序**
	1.分析设计要素 ☆设计部根据总经理的批示意见建立大堂整体设计概念 ☆设计部依据设计概念分析设计要素 **2.拟订设计细则** 设计部围绕大堂设计费用、设计的整体效果等拟订设计细则 **3.确定大堂设计方案** ☆设计部根据整体设计概念与设计细则编制大堂设计方案，提交设计总监审核通过后，报总经理审批 ☆审批未通过的，设计部要重新制定设计方案 **4.执行设计方案** ☆大堂设计方案审批通过后，设计部组织执行大堂设计方案 ☆相关部门协助、配合设计部实施大堂设计方案 **工作重点** 对大堂设计装修过程中暴露出来的问题，酒店应组织及时解决，必要时可以更换设计
	工作标准
	☆质量标准：大堂设计方案要能体现出酒店的风格和特色，并且要尊重当地的风俗习惯 ☆内容标准：大堂设计方案的内容应包括装修材料的选择、造型设计、结构设计、视觉传达效果、附加物件及防护技术等
	考核指标
	☆设计的规范性：设计部应严格按照建筑装修设计的流程和操作规范进行设计 ☆设计方案上交的及时性：目标值为____天
	执行规范
	"大堂设计策略报告""大堂设计方案"

4.5 酒店宣传管理流程设计与工作执行

4.5.1 酒店宣传管理流程设计

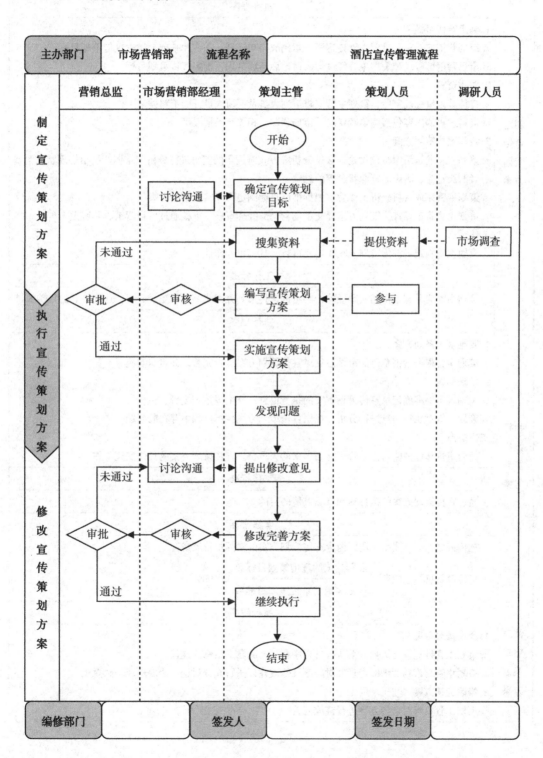

4.5.2 酒店宣传管理执行程序、工作标准、考核指标、执行规范

任务名称	执行程序、工作标准与考核指标
制定宣传策划方案	**执行程序**
	1. 确定宣传目标 ☆市场营销部经理向策划主管传达酒店营销战略与计划，并在此基础上讨论宣传策划目标 ☆市场营销部经理和策划主管经过沟通讨论后达成共识，确定宣传策划目标 **2. 搜集资料** ☆宣传策划目标确定后，策划主管安排策划人员及调研人员开展资料搜集工作 ☆资料搜集的内容包括竞争者状况、市场状况、相关产品情况等 **3. 编写宣传策划方案** ☆策划主管通过组织会议讨论、数据分析等方式对搜集的资料进行分析，掌握产品市场现状、消费者购买行为、酒店的资源状况等信息 ☆策划主管完成资料分析工作后，根据推广目标制定市场宣传策划方案 ☆策划主管将市场宣传策划方案提交市场营销部经理审核，审核通过后报营销总监审批 **工作重点** 策划主管制定的宣传策划方案要切实可行，具有可操作性
	工作标准
	策划主管应具有丰富的实践经验，制定的宣传策划方案能够紧扣受众心理，达到良好的宣传效果
执行推广策划方案	**执行程序**
	1. 实施宣传策划方案 策划主管根据营销总监的审批意见对宣传策划方案进行完善，并组织实施 **2. 发现问题** ☆策划人员要准确记录宣传策划方案的执行信息，并上报策划主管 ☆策划主管对执行信息进行分析，找出宣传策划方案执行过程中存在的问题 **工作重点** 酒店应选择业务能力强、管理能力出众的人员负责宣传策划方案的具体实施工作
	工作标准
	通过宣传策划方案的执行达到市场宣传的目的
	考核指标
	宣传策划目标达成率：用以衡量宣传策划方案的实际执行质量 $$宣传策划目标达成率 = \frac{实际达成的宣传策划目标数}{计划完成的宣传策划目标数} \times 100\%$$
修改宣传策划方案	**执行程序**
	1. 提出修改意见 ☆策划主管针对宣传策划方案执行过程中存在的问题提出修改建议 ☆策划主管与市场营销部经理针对问题及修改建议进行充分讨论，争取达成一致意见 **2. 修改完善方案** ☆策划主管负责对宣传方案进行修改完善

任务 名称	执行程序、工作标准与考核指标
修改 宣传 策划 方案	☆策划主管将修改完善后的方案呈递市场营销部经理审核、营销总监审批 ☆若审批未通过，策划主管要对修改方案进行重新研究，并与有关人员充分讨论，直至修改方案通过审批 **3.继续执行** ☆修改方案通过审批后，策划主管组织相关人员继续执行宣传策划任务 ☆市场营销部经理负责对修改方案的执行情况进行监督、指导 **工作重点** 　宣传策划方案的修改要严格按照规定程序执行，履行逐级审核与审批手续
	工作标准
	宣传策划方案经过修改后更加完善，可操作性更强
	执行规范
"酒店市场宣传策划方案""竞争者调研报告""市场宣传策划方案修改细则"	

第 4 章 —— 酒店品牌策划与宣传推广管理

4.6 酒店广告管理流程设计与工作执行

4.6.1 酒店广告管理流程设计

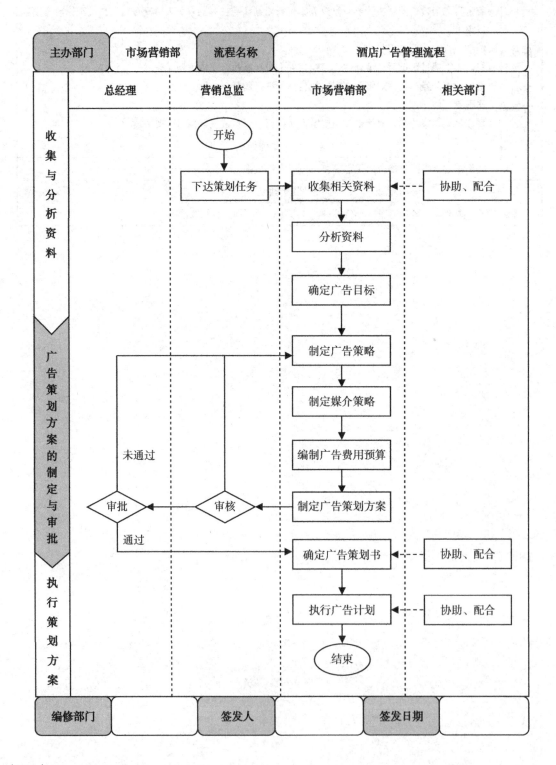

主办部门	市场营销部	流程名称	酒店广告管理流程

总经理	营销总监	市场营销部	相关部门

收集与分析资料

开始 → 下达策划任务 → 收集相关资料 ← 协助、配合

分析资料

确定广告目标

广告策划方案的制定与审批

制定广告策略

制定媒介策略

编制广告费用预算

审批 ← 审核 ← 制定广告策划方案

未通过

通过 → 确定广告策划书 ← 协助、配合

执行策划方案

执行广告计划 ← 协助、配合

结束

编修部门		签发人		签发日期	

酒店运营与管理全案

4.6.2　酒店广告管理执行程序、工作标准、考核指标、执行规范

任务 名称	执行程序、工作标准与考核指标
收集 与 分析 资料	**执行程序** **1. 下达策划任务** 　营销总监根据酒店战略目标、营销计划及促销战略确定广告需求，并向市场营销部下达广告策划任务 **2. 收集相关资料** ☆市场营销部接到广告策划任务后组织开展资料搜集工作，主要包括一手资料和二手资料的搜集 ☆一手资料主要通过市场调查获取，二手资料主要通过查询资料库等方式获取 **3. 分析资料** 　市场营销部对搜集的资料进行汇总、整理，并从营销环境、消费者行为与偏好、产品生命周期、品牌形象、竞争者的广告策略等方面展开分析 **工作重点** 　市场营销部要认真做好资料分析工作，必要情况下可以到现场感受一下，这样更容易找到策划灵感 **工作标准** 　酒店过去年度及业内其他酒店的广告策划方案与资料 **考核指标** 　市场调研的规范性：市场营销部应严格按照流程与注意事项进行市场调研
广告 策划 方案 的制 定与 审批	**执行程序** **1. 确定广告目标** 　市场营销部根据酒店面临的市场机会、目标消费群体、产品生命周期、广告效果指标等因素确定广告目标 **2. 制定广告策略** 　市场营销部根据确定的广告目标制定广告策略，包括广告诉求策略、广告定位策略、广告表现策略等，主要内容涉及广告主题、对象、创意、媒介等 **3. 编制广告费用预算** 　市场营销部根据广告目标和策略编制广告费用预算。广告费用预算应根据实际需要编制，市场营销部应与财务部沟通，将预算控制在合理范围内 **4. 制定广告策划方案** ☆市场营销部根据广告目标、广告策略及广告费用预算制定广告策划方案 ☆广告策划方案制定完成后，市场营销部应先组织相关部门召开会议，评估策划方案的可行性，预测策划方案的实际执行效果 **5. 提交审批** 　市场营销部将评估可行的广告策划方案提交营销总监审核、总经理审批，并根据审批意见进行修改完善 **工作重点** 　市场营销部在制定广告策划方案的过程中要做好与相关部门的沟通协调工作

任务名称	执行程序、工作标准与考核指标
广告策划方案的制定与审批	**工作标准** 市场营销部要及时编制广告策划方案，并通过营销总监审核、总经理审批 **考核指标** ☆广告费用预算编制的规范性：市场营销部与财务部必须严格按照管理流程及操作规范编制广告费用预算 ☆广告策划方案提交的及时性：目标值为____天
执行策划方案	**执行程序** ☆广告策划方案审批通过后，市场营销部负责组织相关人员执行该方案 ☆相关人员对方案执行过程中发现的问题要及时上报，市场营销部应结合实际情况修改完善方案 **工作重点** 　由于执行广告策划方案是一项综合性很强的工作，要求执行人员具有很强的协调能力，因此市场营销部在安排该项工作时，要注意量才而用 **工作标准** 通过执行广告策划方案，酒店宣传能达到预期效果 **考核指标** 广告策划目标达成率：用以衡量广告策划方案的执行质量 $$广告策划目标达成率 = \frac{实际达成的广告策划目标数}{计划达成的广告策划目标数} \times 100\%$$
	执行规范
	"市场调研报告" "广告策划方案"

5.1　酒店营销与促销管理流程

5.1.1　流程目的说明

酒店对营销与促销实施流程管理的目的如下：

（1）确保酒店产品和服务的营销与促销各项工作安排妥当，职责分工明确，并然有序地推进；

（2）提高酒店营销与促销水平，促进经营收入的增长，保证业绩目标的达成；

（3）不断改进并完善酒店产品和服务的营销与促销体系，增强顾客消费体验，为酒店的发展提供保障。

5.1.2　流程结构设计

酒店营销与促销管理可细分为七个事项，就每个事项分别设计流程，具体的结构设计如图 5-1 所示。

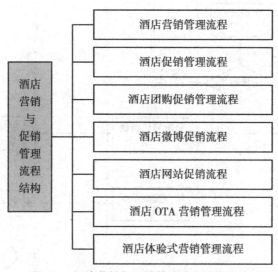

图 5-1　酒店营销与促销管理流程结构设计

5.2.1 酒店营销管理流程设计

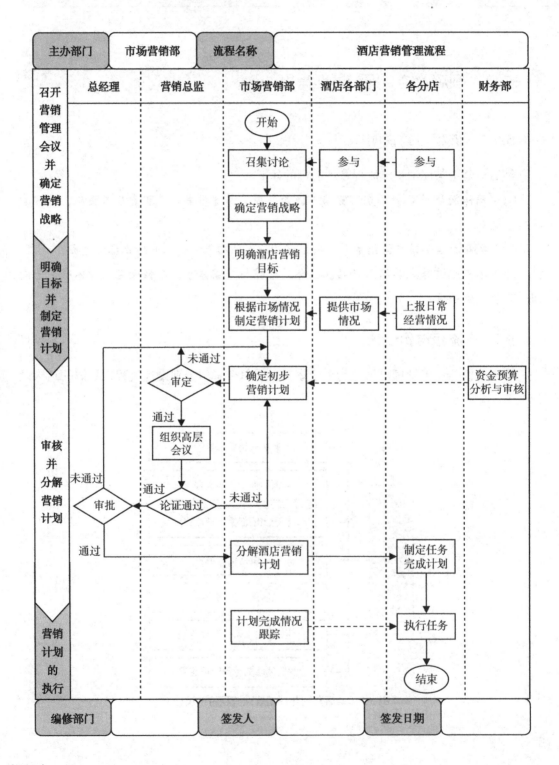

主办部门	市场营销部	流程名称		酒店营销管理流程		
	总经理	营销总监	市场营销部	酒店各部门	各分店	财务部

召开营销管理会议并确定营销战略

开始 → 召集讨论 ← 参与 ← 参与

确定营销战略

明确酒店营销目标

根据市场情况制定营销计划 ← 提供市场情况 ← 上报日常经营情况

明确目标并制定营销计划

审定（未通过 / 通过）

确定初步营销计划 ← 资金预算分析与审核

组织高层会议

审核并分解营销计划

审批（未通过 / 通过） ← 论证通过（未通过 / 通过）

分解酒店营销计划 → 制定任务完成计划

营销计划的执行

计划完成情况跟踪 → 执行任务 → 结束

编修部门		签发人		签发日期	

酒店运营与管理全案

5.2.2 酒店营销管理执行程序、工作标准、考核指标、执行规范

任务名称	执行程序、工作标准与考核指标
召开营销管理会议并确定营销战略	**执行程序** **1.召集讨论** 　市场营销部组织酒店各部门、各分店召开营销管理会议,共同商讨、研究酒店下年度的营销管理工作 **2.确定营销战略** 　市场营销部分析、研究酒店发展战略目标和规划,在此基础上确定酒店营销战略,并结合实际情况对营销战略进行适当调整 **工作重点** 　营销战略是酒店营销管理工作的指导性文件,营销战略确定的目标必须与酒店的经营理念相符 **工作标准** ☆质量标准:会议讨论有效,各部门能够公平发表意见,并且提出的意见具有建设性 ☆频次标准:市场营销部按年度根据酒店实际情况对营销战略进行适当调整
明确目标并制定营销计划	**执行程序** **1.明确酒店营销目标** 　市场营销部根据酒店营销战略组织酒店各部门、各分店负责人进行讨论与研究,明确酒店营销工作的目标 **2.根据市场情况制定营销计划** ☆酒店各部门向市场营销部提供关于市场情况的最新信息,帮助市场营销部了解、把握市场动向 ☆酒店各分店、下属单位向市场营销部上报酒店产品和服务的日常营收情况 ☆市场营销部根据酒店各部门和各分店提供的信息,结合真实市场情况制定酒店营销计划 **工作重点** 　市场营销部应该在明确经营收入目标的基础上确立酒店营销目标,并科学制定市场开发策略,尽量通过量化体现目标市场规模、市场占有率、产品和服务购买率等 **工作标准** ☆内容标准:酒店各部门及分店向市场营销部提供酒店产品和服务在各区域市场上的占有率、客户分布及竞争者情况等 ☆质量标准:酒店营销计划应包括详细的产品和服务计划、渠道计划、组织执行计划、促销计划、成本费用预算等,计划要合理可行
审核并分解营销计划	**执行程序** **1.确定初步营销计划** ☆市场营销部根据酒店营销计划撰写营销计划书,财务部就营销计划书进行资金预算分析与审核 ☆市场营销部将营销计划书及财务部的资金预算分析与审核意见一并提交营销总监审定 ☆营销总监审定不通过的,市场营销部要及时修改、完善营销计划并重新提交 **2.组织高层会议** ☆审定通过后,营销总监组织高层会议进行分析与论证 ☆高层会议论证不通过的,市场营销部要重新修改并制定新的营销计划书,再次提交营销总监审定 ☆会议论证通过后,营销总监要将营销计划书上报总经理审批

任务名称	执行程序、工作标准与考核指标
审核并分解营销计划	**3.分解酒店营销计划** ☆营销计划书经总经理审批通过后，市场营销部根据高层会议论证及总经理的批示意见对酒店营销计划进行分解，并下发到对应的分店和相关部门 ☆酒店各分店根据与自身相关的酒店营销计划制定营销任务完成计划，保证任务完成进度 **工作重点** 　酒店营销计划书通过审批后，酒店各分店与相关部门必须严格执行，不得随意修改。若确因客观原因难以完成，在有利于调动员工完成工作任务的前提下，市场营销部可对营销计划书进行相应的调整，但必须履行审批手续
	工作标准
	☆依据标准：市场营销部分解酒店营销目标任务的依据主要是市场调查结果、现状和背景分析、问题和机会分析、目标市场分析、损益分析和营销计划等。其中，最为重要的是市场调查，调查项目主要包括酒店行业的市场情况、产品和服务状况、各地区营收情况、竞争态势、经济形式等。通过市场调查这一环节，可以为酒店市场营销目标任务的分解提供重要的参考依据 ☆效率目标：酒店营销计划制定完成后，需要在____天内完成营销计划的审核与分解工作
	考核指标
	☆高层会议出席率：出席会议的高层不得低于____% ☆论证的有效性：论证过程必须公平、透明、客观
营销计划的执行	**执行程序**
	☆酒店各分店和相关部门按照营销任务完成计划执行酒店营销工作，量化控制任务进度 ☆市场营销部对酒店各分店、各部门的营销任务执行情况进行跟踪检查与监督 **工作重点** 　在执行过程中，相关负责人要注意营销方式和时间进度，可以通过目标分解来检验目标的合理性与挑战性
	工作标准
	☆质量标准：酒店营销计划须严格按照分解到各分店和相关部门的营销指标及任务期限执行 ☆审核标准：相关负责人要以分配的营销计划指标为依据对营销任务的执行情况进行严格审核
	考核指标
	☆酒店营销计划完成率：每月（季）不得低于____% ☆问题反馈的及时性：营销计划在执行过程中如出现问题，相关负责人应在____个工作日内向市场营销部反映
	执行规范
	"酒店发展战略规则""酒店营销战略""酒店市场研究报告""各区域营收统计报表""酒店营收统计报表""各分店营销计划进度安排表"

酒店运营与管理全案

5.3.1 酒店促销管理流程设计

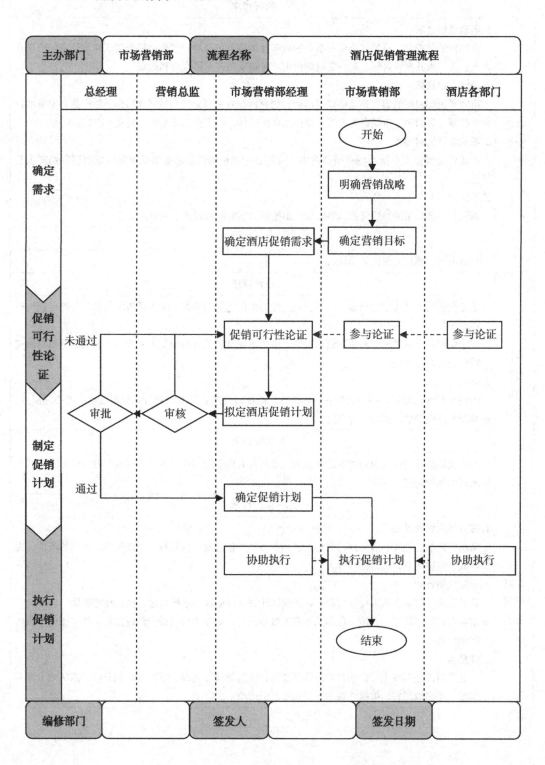

5.3.2 酒店促销管理执行程序、工作标准、考核指标、执行规范

任务名称	执行程序、工作标准与考核指标
确定需求	**执行程序** **1. 明确营销战略** 　市场营销部根据酒店发展战略分析并明确年度酒店营销战略。营销战略是酒店在现代市场营销观念下，为实现其经营目标，对一定时期内市场营销发展的总体设想和规划 **2. 确定营销目标** 　市场营销部根据酒店营销战略确定酒店营销目标。营销目标既包括量化目标，如产品和服务的计划营收额、利润额、市场占有率等；也包括质化目标，如提高酒店形象、提高酒店知名度等 **3. 确定酒店促销需求** 　市场营销部经理根据市场营销部的年度营销目标及市场信息、竞争状况等确定酒店促销需求与思路 **工作重点** 　市场营销部在明确酒店营销战略时要牢牢把握酒店的经营理念、经营方针等 **工作标准** 　行业内知名酒店的促销活动资料
促销可行性论证	**执行程序** ☆确定促销活动的大致思路后，市场营销部经理组织市场营销部、财务部等相关部门开展促销可行性论证 ☆由于促销的目的是提升酒店的营收业绩，因此市场营销部可以组织相关部门根据酒店营销目标进行促销可行性论证 **工作重点** 　促销可行性论证可以围绕消费者心理进行，论证时要精心推演消费者在促销活动中的心理反应，以判断酒店促销活动安排的合理性 **工作标准** 　酒店促销活动要能吸引消费者的注意力，给消费者留下深刻的印象，促使其在发生住宿需求时产生酒店的品牌记忆
制定促销计划	**执行程序** **1. 拟订酒店促销计划** 　市场营销部经理在酒店各部门的配合下初步拟订促销计划，内容包括刺激程度、参与的条件、促销时间、传递的方式和途径等 **2. 确定促销计划** ☆营销总监对市场营销部经理初步拟订的促销计划进行审核，审核通过后报总经理审批 ☆市场营销部经理根据营销总监和总经理的批示意见，对促销计划进行修改完善，确定最终的酒店促销计划 **工作重点** 　市场营销部经理在拟订促销计划时要注意结合酒店的实际情况，不同地区的分店促销活动方案不能照搬，要因地制宜，根据终端的区别安排促销活动

任务 名称	执行程序、工作标准与考核指标
制定 促销 计划	**工作标准**
	酒店促销计划内容完整，具有较强的可操作性，能对消费者的心理产生强烈刺激
	考核指标
	☆促销计划的匹配性：促销计划应与酒店营销战略和年度业绩目标相匹配 ☆促销计划拟订的及时性：促销计划应在可行性论证结束后____个工作日内拟订完成
执行 促销 计划	**执行程序**
	市场营销部根据酒店促销计划安排促销执行人员，并做好分工 **工作重点** 酒店促销活动结束后，市场营销部要及时运用各种方式收集有关信息，进行促销效果分析，总结问题，为下次制定促销计划提供参考
	工作标准
	通过酒店促销计划的执行，有效推动酒店产品和服务营收业绩的提升
执行规范	
"酒店营销战略""酒店促销可行性论证报告""酒店促销计划书"	

第 5 章 —— 酒店营销与促销管理

5.4 酒店团购促销管理流程设计与工作执行

5.4.1 酒店团购促销管理流程设计

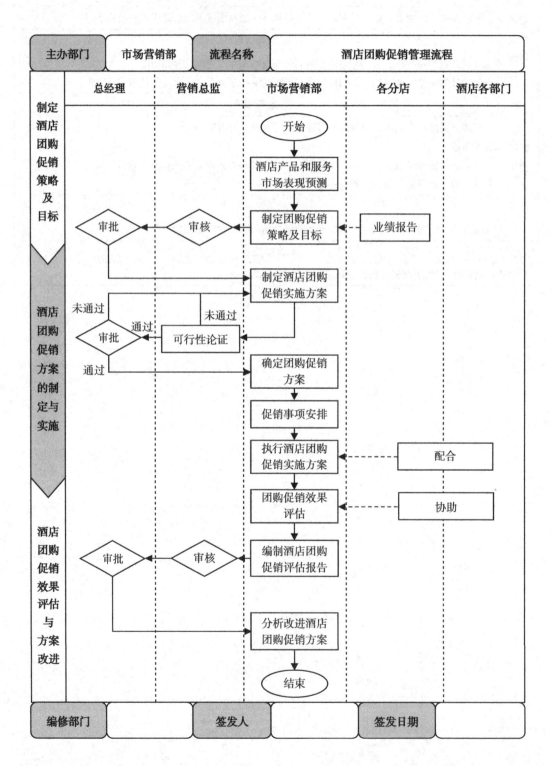

酒店运营与管理全案

5.4.2 酒店团购促销管理执行程序、工作标准、考核指标、执行规范

任务 名称	执行程序、工作标准与考核指标
制定酒店团购促销策略及目标	**执行程序** **1.酒店产品和服务市场表现预测** 　　市场营销部根据酒店行业市场分析和目标消费者调查结果，预测酒店产品和服务的市场表现 **2.确定团购促销策略及目标** 　　市场营销部根据预测结果，结合酒店产品和服务营销推广策略，制定团购促销策略及目标，上报营销总监审核通过后，报总经理审批 **工作重点** 　　酒店团购促销策略及目标要根据酒店行业的淡旺季特点来确定 **工作标准** ☆依据标准：酒店产品和服务团购促销策略及目标的确定要遵循市场规律 ☆目标标准：通过确定酒店团购促销策略及目标，为酒店整体业绩提升提供方向和指导 **考核指标** ☆酒店团购促销策略首次审批通过率：用于考核团购促销策略的编制质量 $$酒店团购促销策略首次审批通过率 = \frac{首次审批通过的促销策略数}{提请审批的促销策略总数} \times 100\%$$ ☆酒店团购促销策略确定的及时性：市场营销部应在＿＿＿＿天内确定团购促销策略及目标
酒店团购促销方案的制定与实施	**执行程序** **1.制定酒店团购促销实施方案** ☆酒店团购促销策略及目标确定后，市场营销部据此制定酒店各时段的团购促销实施方案 ☆酒店团购促销实施方案的内容主要包括促销活动的目的、活动对象、活动主题、活动方式、活动时间和地点、广告实施、活动准备等 **2.可行性论证** 　　营销总监组织相关部门负责人对酒店团购促销实施方案进行可行性论证，若可行，即报总经理审批；若方案存在问题，则返回市场营销部修改 **3.执行酒店团购促销实施方案** ☆酒店团购促销实施方案经过批准后，市场营销部按照方案中的要求做好促销活动准备工作 ☆酒店各部门、各分店配合市场营销部开展具体的团购促销活动 ☆市场营销部对团购促销活动进行控制，包括线上和现场的情况，及时解决酒店团购促销活动中出现的问题，并做好记录 **工作重点** 　　市场营销部在实施酒店团购促销方案时要注意灵活性，遇到问题要及时处理 **工作标准** ☆质量标准：市场营销部制定的酒店团购促销实施方案能够全面诠释团购促销策略，符合营销规律 ☆目标标准：通过具体的酒店团购促销活动，能够实现酒店产品和服务的业绩提升目标

任务名称	执行程序、工作标准与考核指标
酒店团购促销方案的制定与实施	**考核指标** ☆团购促销实施方案项目完备率：用来衡量实施方案的完备程度 $$团购促销实施方案项目完备率 = \frac{实施方案中具备的项目数}{需要涵盖的项目总数} \times 100\%$$ ☆团购促销方案执行失误率：用来衡量团购促销方案的执行质量 $$团购促销方案执行失误率 = \frac{失误的执行方案数}{执行方案总数} \times 100\%$$
酒店团购促销效果评估与方案改进	**执行程序** **1.团购促销效果评估** ☆市场营销部根据市场反馈情况、竞争对手的反应、团购促销活动需要改善之处等进行酒店团购促销效果评估 ☆酒店各部门、各分店协助市场营销部做好团购促销效果评估工作 **2.编制酒店团购促销评估报告** 　市场营销部负责编制酒店团购促销评估报告，提交营销总监审核通过后，报总经理审批 **3.分析改进酒店团购促销方案** 　酒店团购促销评估报告经领导核批后返回，市场营销部根据领导的批示意见进一步分析酒店团购促销管理工作，并及时改进酒店团购促销方案 **工作重点** ☆酒店团购促销效果的评估应客观、真实，确保能够切实反映团购促销成果 ☆团购促销评估报告的编制要符合酒店的报告编制规范 **工作标准** ☆内容标准：团购促销效果评估包括酒店内部评估和外部评估两个方面 ☆目标标准：通过团购促销评估与团购促销方案改进，进一步提高酒店产品和服务团购促销的质量，提升顾客满意度 ☆质量标准：团购促销评估与方案改进严格按照相关规范进行，能够有效提升酒店的团购促销服务与管理水平 **考核指标** ☆团购促销项目评估完备率：用来衡量团购促销项目评估范围的覆盖程度 $$团购促销项目评估完备率 = \frac{评估完成的项目数}{待评估总项目数} \times 100\%$$ ☆评估报告完成的效率：市场营销部应在____个工作日内完成酒店团购促销评估报告的编制与审批工作
	执行规范
	"酒店产品和服务团购促销策略""酒店产品和服务团购促销方案""酒店产品和服务团购促销评估报告"

酒店运营与管理全案

5.5.1 酒店微博促销流程设计

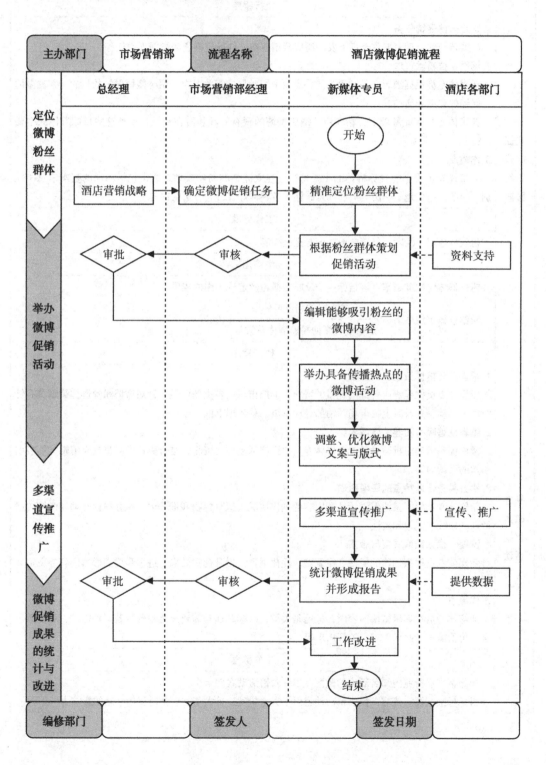

5.5.2 酒店微博促销执行程序、工作标准、考核指标、执行规范

任务名称	执行程序、工作标准与考核指标
定位微博粉丝群体	**执行程序** **1. 确定微博促销任务** 市场营销部经理根据总经理下发的酒店营销战略文件确定酒店的微博促销任务 **2. 精准定位粉丝群体** ☆新媒体专员根据酒店产品和服务的特点及上级领导的相关要求，明确微博促销的目的，掌握微博促销的类型和活动方式 ☆新媒体专员在此基础上，精准定位酒店微博的现有粉丝和潜在粉丝，了解这些目标群体的主要特征 **工作重点** 新媒体专员要了解目标群体的主要特征，建立完整的粉丝模型，通常包括粉丝的基本信息（性别、年龄、居住地、学历等）和动态属性（各种偏好等行为分析的内容） **工作标准** 粉丝群体定位清晰、分析全面、偏好把握准确 **考核指标** 粉丝群体定位准确率：该指标用于反映微博粉丝定位工作的成果 $$粉丝群体定位准确率 = \frac{定位准确的粉丝群体数}{待定位微博粉丝群体总数} \times 100\%$$
举办微博促销活动	**执行程序** **1. 根据粉丝群体策划促销活动** 新媒体专员根据酒店各部门提供的资料，参照市场上各类新资讯，针对微博粉丝群体策划具有针对性的活动，并及时上报市场营销部经理审核、总经理审批 **2. 编辑能够吸引粉丝的微博内容** 微博促销活动审批通过后，新媒体专员要围绕活动搜集资料，结合舆论的时事热点编辑能够吸引粉丝的微博内容 **3. 举办具备传播热点的微博活动** 新媒体专员根据微博促销活动和内容的创作情况，拟写标题和推荐语，举办粉丝互动和微博传播活动，以吸引流量和关注 **4. 调整、优化微博文案与版式** 新媒体专员根据创作的微博文案调整、优化栏目，提升视觉效果，进一步增强微博内容的视觉冲击力 **工作重点** 新媒体专员在编辑微博内容时，标题是关键，好标题通常需要满足粉丝的若干种需求，如情感需求、价值需求、娱乐需求、关怀需求等 **工作标准** ☆参照标准：行业内知名酒店的微博促销和营销活动案例 ☆目标标准：酒店依靠微博促销活动吸引了大量粉丝，扩大了酒店微博促销活动的影响力

任务名称	执行程序、工作标准与考核指标
举办微博促销活动	**考核指标** 粉丝满意度：以接受随机调查的粉丝和微博用户对微博内容和活动满意度评分的算术平均值来衡量微博促销活动的质量
多渠道宣传推广	**执行程序** 新媒体专员通过各种渠道、各种方法推广酒店微博促销活动，不断增加粉丝数量，提升酒店品牌的知名度与影响力。酒店各部门、各分店要积极宣传与推广微博促销活动 **工作重点** 通过各种方式引流，如传统广告宣传，在新媒体网络平台与微信等社交平台进行宣传等 **工作标准** 通过广泛的宣传推广，进一步提升酒店微博促销活动的业绩 **考核指标** 推广目标达成率，用来衡量酒店微博促销活动推广的效果 $$推广目标达成率 = \frac{实际完成的推广目标数}{计划完成的推广目标数} \times 100\%$$
微博促销成果的统计与改进	**执行程序** 1.统计微博促销成果并形成报告 　酒店微博促销活动结束后，新媒体专员负责整理微博促销活动的销售业绩，统计微博促销期间的酒店营收数据，编制统计报告，提交市场营销部经理审核通过后报总经理审批 2.工作改进 　新媒体专员根据领导对酒店促销成果统计报告的批示意见改进酒店微博促销管理工作 **工作重点** 　在统计酒店微博促销成果时，相关负责人要全面考量活动期间酒店业绩的变化，客观且真实地反映酒店微博促销活动的效果 **工作标准** ☆质量标准：酒店微博促销活动成果统计的数据准确、发放科学、项目正确、结果客观 ☆效率标准：微博促销业绩与成果统计工作在规定期限内完成，无拖延 **考核指标** 统计报告一次性通过率：用于衡量新媒体专员的工作能力和工作水平 $$统计报告一次性通过率 = \frac{首次审批通过的报告数}{提交审批的统计报告总数} \times 100\%$$

执行规范
"酒店营销战略""酒店微博促销活动说明书""酒店微博促销成果统计报告"

第 5 章 — 酒店营销与促销管理

5.6 酒店网站促销流程设计与工作执行

5.6.1 酒店网站促销流程设计

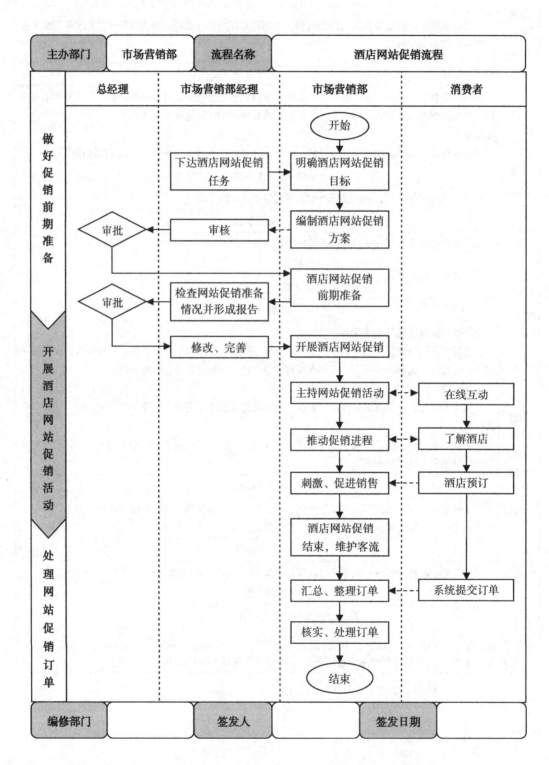

主办部门	市场营销部	流程名称	酒店网站促销流程
	总经理	市场营销部经理	市场营销部	消费者

做好促销前期准备

开始

下达酒店网站促销任务 → 明确酒店网站促销目标

审批 ← 审核 ← 编制酒店网站促销方案

酒店网站促销前期准备

审批 ← 检查网站促销准备情况并形成报告

开展酒店网站促销活动

修改、完善 → 开展酒店网站促销

主持网站促销活动 ← 在线互动

推动促销进程 ← 了解酒店

刺激、促进销售 ← 酒店预订

酒店网站促销结束，维护客流

处理网站促销订单

汇总、整理订单 ← 系统提交订单

核实、处理订单

结束

| 编修部门 | | 签发人 | | 签发日期 | |

酒店运营与管理全案

5.6.2　酒店网站促销执行程序、工作标准、考核指标、执行规范

任务名称	执行程序、工作标准与考核指标
	执行程序
做好促销前期准备	**1.明确酒店网站促销目标** 　　市场营销部经理根据酒店营销战略确定酒店网站促销的方向和业绩目标，分解酒店网站促销任务 **2.编制酒店网站促销方案** 　　市场营销部相关负责人编制酒店网站促销方案，提交市场营销部经理审核、总经理审批 **3.酒店网站促销前期准备** ☆促销方案审批通过后，市场营销部对酒店网站促销活动进行线上与线下宣传预热，做好促销前期准备工作 ☆市场营销部经理对酒店网站促销活动的准备情况进行检查，形成检查报告并提交总经理审批 **工作重点** ☆市场营销部应严格控制新媒体、传统媒体等多渠道的酒店网站促销活动宣传进度，确保酒店网站促销活动顺利开展 ☆市场营销部经理要认真检查网站促销活动的准备情况，以确保网站促销活动如期开展
	工作标准
	☆质量标准：媒体系统、网络平台、线下推广三个维度上的酒店网站促销宣传准备工作应同步完成，相互呼应 ☆考核标准：市场营销部经理应在活动开始前____天完成初检和复检工作
	考核指标
	酒店网站促销方案首次审批通过率：该指标能够直观地反映出网站促销方案的编写质量 $$酒店网站促销方案首次审批通过率 = \frac{首次审批通过的促销方案数}{提交审批的网站促销方案总数} \times 100\%$$
	执行程序
开展酒店网站促销活动	**1.主持网站促销活动** ☆市场营销部按计划开展酒店网站促销活动 ☆市场营销部负责主持酒店网站促销活动，营造酒店服务和产品的消费场景，与消费者进行网络互动 **2.刺激、促进销售** 　　在营造消费场景、与消费者互动的过程中，市场营销部应向消费者介绍酒店品牌和历史故事，宣传酒店品牌和产品服务，刺激消费者预订下单 **工作重点** 　　市场营销部按计划如期开展酒店网站促销活动，并充分利用网络促销向消费者传递酒店品牌和产品服务理念，促进消费者预订酒店产品和服务
	工作标准
	☆目标标准：通过酒店网站促销活动的开展，促进酒店促销业务目标的达成 ☆考核标准：酒店促销预订金额达到预期值的____%

任务 名称	执行程序、工作标准与考核指标
开展 酒店 网站 促销 活动	**考核指标** 网站促销预订率：该指标能够反映出酒店网站促销工作的成果 $$网站促销预订率 = \frac{促销活动单位时间内达成的预订数}{常规单位时间内的预订数} \times 100\%$$
处理 网站 促销 订单	**执行程序** **1.酒店网站促销活动结束，维护客流** 　酒店网站促销活动结束后，市场营销部要继续推进酒店宣传工作，维护消费者关注度，提升酒店网站的用户访问量 **2.汇总、整理订单** ☆消费者预订下单后，酒店预订系统将自动进行汇总和整理 ☆市场营销部负责核实订单内容详情，确认后处理订单 **工作重点** 　市场营销部应持续保持酒店网站促销活动的热度，避免网站大型促销活动结束后的客流断崖式下跌 **工作标准** 市场营销部应在接到预订的____个小时内处理房间预订和相关服务订单 **考核指标** 　预订处理超时率：该指标用于考核市场营销部处理预订订单的及时性，这是影响顾客满意度的重要因素 $$预订处理超时率 = \frac{预订超时未处理数}{预订总数} \times 100\%$$
执行规范	
"酒店营销战略""酒店网站促销方案""酒店网站促销管理制度""酒店网站促销活动执行管理规定"	

5.7 酒店 OTA 营销管理流程设计与工作执行

5.7.1 酒店 OTA 营销管理流程设计

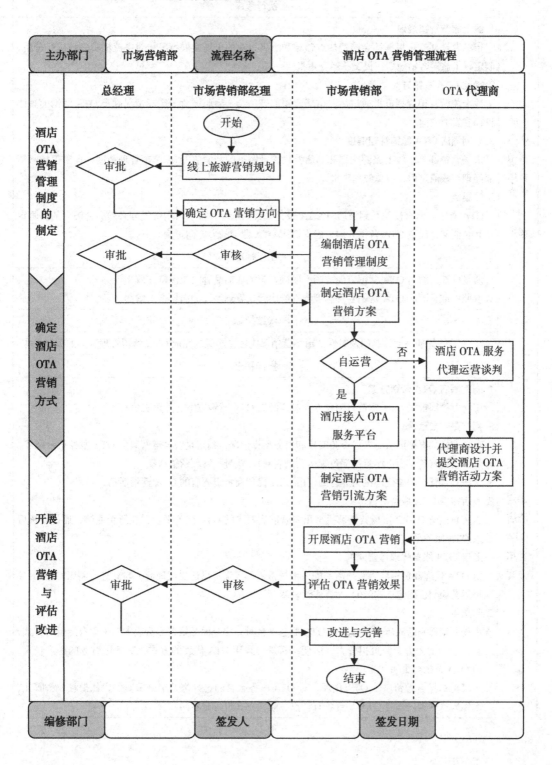

第 5 章 酒店营销与促销管理

5.7.2 酒店 OTA 营销管理执行程序、工作标准、考核指标、执行规范

任务 名称	执行程序、工作标准与考核指标
酒店 OTA 营销 管理 制度 的 制定	**执行程序** **1. 线上旅游营销规划** 　市场营销部经理根据社会消费热点领域和酒店行业的市场发展情况，对主流消费领域进行分析，制定线上旅游营销规划，提交总经理审批 **2. 确定 OTA 营销方向** 　线上旅游营销规划审批通过后，市场营销部经理结合酒店经营的实际情况确定 OTA 营销的具体目标和发力方向 **3. 编制酒店 OTA 营销管理制度** 　市场营销部基于线上旅游规划和酒店营销管理制度编制酒店 OTA 营销管理制度，提交市场营销部经理审核通过后，报总经理审批 **工作重点** 　OTA 营销方向直接关系到酒店对 OTA 服务平台的选择，市场营销部经理必须结合酒店的品牌定位和企业文化确定 OTA 营销方向，确保酒店 OTA 营销的大方向正确 **工作标准** ☆质量标准：酒店 OTA 营销方向清晰、明确，与酒店的品牌定位保持一致 ☆参照标准：酒店 OTA 营销管理制度要在酒店营销管理制度的框架之下编制 **考核指标** OTA 营销管理制度编制的及时性：市场营销部应在＿＿天内完成 OTA 营销管理制度的编制工作
确定 酒店 OTA 营销 方式	**执行程序** **1. 制定酒店 OTA 营销方案** 　市场营销部根据 OTA 营销目标和方向制定酒店 OTA 营销方案，并负责执行 **2. 判定是否自运营** ☆市场营销部根据酒店的人力资源安排和财务预算情况，判定是否自运营酒店 OTA 服务平台账号 ☆需要自运营的，由市场营销部负责运营酒店 OTA 账号，管理营销活动 ☆无法自运营，需要代理机构运营的，由 OTA 代理商负责酒店的 OTA 营销活动 **3. 酒店接入 OTA 服务平台** 　酒店自运营 OTA，市场营销部挑选出符合酒店要求的 OTA 服务平台，注册企业端，通过审核后接入 OTA 服务平台 **4. 酒店 OTA 服务代理运营谈判** 　由 OTA 代理商负责酒店营销活动的，市场营销部要筛选出优质代理商，与其进行酒店 OTA 服务代理运营谈判，确定正式的 OTA 合作代理商 **工作重点** ☆市场营销部判断酒店是否自运营 OTA 服务平台时，应全面考量自运营成本。采用自运营的方式，会使酒店的人力资源负担较大，但便于管理；采用 OTA 代理的方式，对酒店财务的压力较大，但 OTA 营销会更加专业 ☆不管是选择自运营还是 OTA 代理，对 OTA 服务平台的选择都是十分重要的，如携程、去哪儿、途牛等这些国内知名 OTA 平台各有特点，收费方式也各有不同

任务名称	执行程序、工作标准与考核指标
确定酒店OTA营销方式	**工作标准** ☆质量标准：市场营销部判定自运营结果准确，符合酒店实际，能够快速推动酒店OTA营销进入轨道 ☆考核标准：市场营销部在规定时间内完成不少于＿＿个OTA平台的接入工作
开展酒店OTA营销与评估改进	**执行程序** **1.制定酒店OTA营销引流方案** 　　酒店自运营OTA平台，市场营销部要先对接入OTA平台的方式进行分析研究，了解OTA平台的运营规律，再结合酒店的产品和服务制定酒店OTA营销引流方案 **2.代理商设计并提交酒店OTA营销活动方案** 　　在OTA代理商运营情况下，由代理商根据酒店的要求，结合特定的主题和内容，设计并提交酒店OTA营销活动方案 **3.开展酒店OTA营销** ☆酒店自运营OTA平台，市场营销部按照OTA营销引流方案开展酒店OTA营销活动 ☆OTA代理商运营，代理商按照酒店审核通过的OTA营销活动方案筹备并开展酒店OTA营销活动 **4.评估OTA营销效果** 　　酒店OTA营销活动结束后，市场营销部负责对OTA营销结果进行调查，评估OTA营销效果，编制评估报告，提交市场营销部经理审核通过后，报总经理审批 **5.改进与完善** 　　市场营销部根据总经理的审批意见对酒店OTA营销引流方案及活动方案进行改进与完善 **工作重点** 　　不管是酒店自运营还是OTA代理商运营，酒店OTA营销的基础都是OTA平台提供的流量，而如何最大化地向消费者推介酒店的产品和服务，就成了酒店OTA营销活动的首要目的 **工作标准** ☆质量标准：酒店OTA营销引流方案与酒店OTA营销活动方案的制定科学合理、程序严谨、营销宣传作用明显、变现转化率高 ☆目标标准：通过OTA营销评估，可以全面掌握酒店OTA营销的具体情况，借此进一步改进酒店OTA营销工作 **考核指标** OTA营销评估报告准确率：该指标用于评价酒店OTA营销评估工作的全面性和科学性 $$OTA营销评估报告准确率 = \frac{评估正确的OTA营销活动项目数}{酒店OTA营销活动项目总数} \times 100\%$$

执行规范
"酒店线上旅游营销规划""酒店营销管理制度""酒店OTA营销管理制度""酒店OTA营销方案""酒店OTA营销引流方案""酒店OTA营销评估报告"

第5章｜酒店营销与促销管理

5.8.1　酒店体验式营销管理流程设计

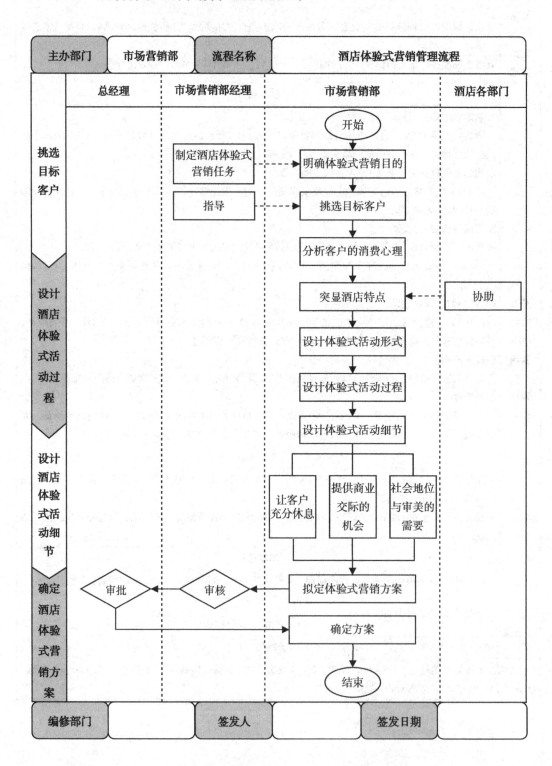

5.8.2　酒店体验式营销管理执行程序、工作标准、考核指标、执行规范

任务名称	执行程序、工作标准与考核指标
挑选目标客户	**执行程序** **1. 明确体验式营销目的** ☆市场营销部经理根据酒店营销战略制定并分配酒店体验式营销任务 ☆市场营销部相关人员接到任务后，要明确酒店体验式营销任务的目的 **2. 挑选目标客户** ☆市场营销部组织人员开展市场调研，调研对象主要是适合体验式营销的高价值客户 ☆市场营销部要根据此次计划涉及的酒店营销产品和服务内容，对客户进行筛选，过滤掉与体验式营销相关性不大的客户群体，挑选出合适的目标客户 **3. 分析客户的消费心理** ☆目标客户群体确定后，市场营销部要分析研究这些客户的消费心理 ☆通过分析客户的消费心理，找出客户的消费习惯、购买偏好及影响客户消费行为的具体因素，了解客户的期望点 **工作重点** 在分析目标客户时，工作人员要抓住除价格以外的客户关注要素 **工作标准** 通过挑选目标客户了解客户期望，为设计酒店体验式活动搜集资料 **考核指标** 挑选目标客户准确率：目标值为100%，该指标可以反映出市场营销部对客户的了解程度 $$挑选目标客户准确率 = \frac{合适的客户数}{挑选体验的客户数} \times 100\%$$
设计酒店体验式活动过程	**执行程序** **1. 突显酒店特点** 市场营销部围绕酒店的品牌和企业文化，结合体验式营销的产品和服务设定活动主题，使体验式活动能够突显酒店的特点 **2. 确定体验式活动形式** 市场营销部根据客户期望调查结果和酒店特点，确定能够使客户满意的体验式活动形式 **3. 设计体验式活动过程** 市场营销部根据体验式活动的形式设计体验式活动的具体过程，包括活动现场前期准备、活动开展流程、活动结束事宜等内容 **工作重点** 体验式活动一定要与酒店产品和服务紧密相关 **工作标准** 体验式活动的形式和过程设计可参考酒店往期案例或其他知名酒店的相关案例 **考核指标** ☆体验形式的多样式：设想的体验形式不少于＿＿种 ☆体验式活动过程设计的期限：应在＿＿个工作日内设计完成

任务名称	执行程序、工作标准与考核指标
	执行程序
设计酒店体验式活动细节	☆市场营销部在设计体验式活动时，需要把握几个细节，即让客户充分休息、提供商业交际的机会及满足社会地位与审美的需要 ☆让客户充分休息：酒店最重要的功能就是为客户提供舒适的休息环境，让客户充分休息，这也是酒店体验式营销设计的核心 ☆提供商业交际的机会：酒店不仅是一个提供住宿休息的场所，也可以为客户提供商业交际的机会，帮助客户达到商业活动的目的，因此体验式营销活动设计要充分考虑到这一点 ☆满足社会地位与审美的需要：为高价值客户设计酒店体验式活动时，要考虑其社会地位与审美品位 **工作重点** 市场营销部设计的体验式活动细节要具有针对性，要找准客户的需求点
	工作标准
	通过仔细研究和调查，找出十分重要但却容易让人忽视的服务细节进行活动设计
	考核指标
	体验式活动细节的设计期限：应在____个工作日内设计完成
	执行程序
确定酒店体验式营销方案	**1. 拟订体验式营销方案** ☆市场营销部根据体验过程和细节设计拟订酒店体验式营销方案 ☆酒店体验式营销方案的内容应该以客户、体验、产品为主，囊括准备、实施、改进、总结全过程，同时要明确方案所需的人力、物力、财力，做好预算，划好权责 **2. 确定方案** ☆市场营销部相关人员将拟订的酒店体验式营销方案提交市场营销部经理审核通过后，报总经理审批 ☆若市场营销部经理和总经理对方案有意见或建议，市场营销部要按照批示进行修改与完善，直至通过审批，确定最终的活动方案 **工作重点** 财务预算是支持整个体验式活动的基础，市场营销部在拟订酒店体验式营销方案时，一定要与财务部紧密配合，编制好费用预算
	工作标准
	酒店体验式营销方案的内容完整，活动流程清晰，权责分明
	考核指标
	体验式营销方案一次性通过率：要求不低于____% 体验式营销方案一次性通过率 $= \dfrac{-次性通过的方案数}{提交的方案总数} \times 100\%$
	执行规范
	"酒店体验式营销任务说明""酒店营销战略""目标客户期望调查表""酒店体验式活动设计方案""酒店体验式营销方案"

6.1 酒店前厅管理流程

6.1.1 流程目的说明

酒店对前厅实施流程管理的目的如下：

（1）确保酒店前厅部各项工作的全过程可控，保证酒店前厅部的服务水平和服务质量；

（2）增强酒店前厅部的管理能力和协调能力，提升酒店前厅部的工作效率。

6.1.2 流程结构设计

酒店前厅管理可细分为 10 个事项，就每个事项分别设计流程，具体的结构设计如图 6-1 所示。

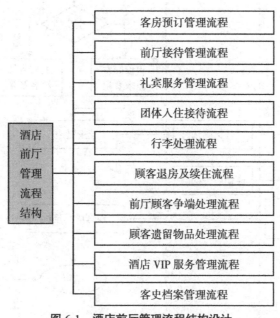

图 6-1 酒店前厅管理流程结构设计

6.2　客房预订管理流程设计与工作执行

6.2.1　客房预订管理流程设计

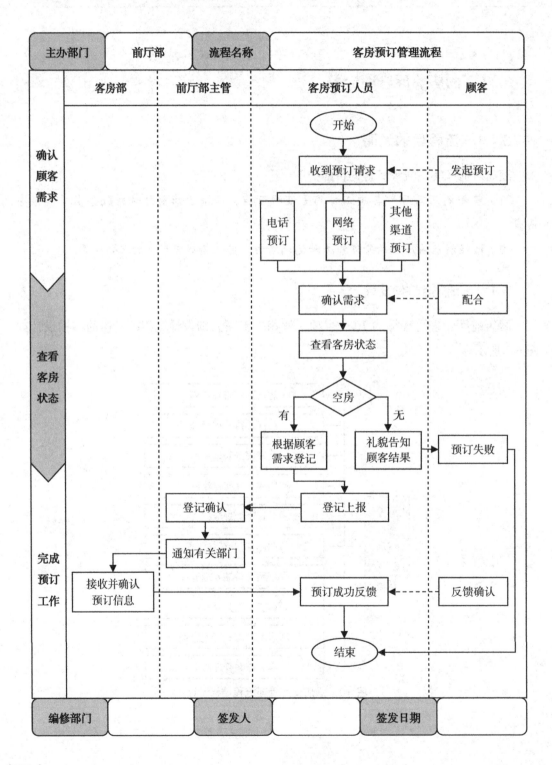

| 主办部门 | 前厅部 | 流程名称 | 客房预订管理流程 |

| 客房部 | 前厅部主管 | 客房预订人员 | 顾客 |

确认顾客需求

开始 → 收到预订请求 ← ← 发起预订

电话预订　网络预订　其他渠道预订

确认需求 ← ← 配合

查看客房状态

查看客房状态 → 空房

有 → 根据顾客需求登记　　无 → 礼貌告知顾客结果 → 预订失败

完成预订工作

登记确认 ← 登记上报

通知有关部门

接收并确认预订信息 → 预订成功反馈 ← ← 反馈确认 → 结束

| 编修部门 | | 签发人 | | 签发日期 | |

6.2.2 客房预订管理执行程序、工作标准、考核指标、执行规范

任务名称	执行程序、工作标准与考核指标
确认顾客需求	**执行程序** **1. 收到预订请求** ☆客房预订人员接收顾客通过不同渠道发来的预订请求 ☆预订分为电话预订、网络预订、其他渠道预订等，客房预订人员要时刻留意接听电话，以及接收预订网站上的信息 **2. 确认需求** 　客房预订人员要确认顾客的预订信息，包括预订的客房类型、日期、到达时间等，同时需要确认顾客的身份信息、联系方式等 **工作重点** 　确认顾客的预订信息与要求 **工作标准** ☆参照标准：前厅部工作规范及相关工作制度 ☆质量标准：客房预订人员要耐心回复顾客提出的问题 **考核指标** ☆网络预订信息确认的及时性：网络预订信息的确认时间不得超过____分钟 ☆预订信息确认率：用来衡量客房预订工作的质量 $$预订信息确认率 = \frac{已确认信息}{所有预订信息}$$
查看客房状态	**执行程序** ☆客房预订人员在酒店系统中查看是否有满足顾客预订要求的客房 ☆如有空房，则根据顾客要求进行预订登记 ☆如没有空房，则礼貌地告知顾客相关情况，并表示歉意 **工作重点** 　已入住顾客可能存在续房的情况，因此客房预订人员应对未来房间空余量有一个合理的预估，一般需要留出少量空房以备不时之需 **工作标准** 　及时确认客房状态
完成预订工作	**执行程序** **1. 登记上报** ☆客房预订人员在确认顾客信息并进行系统登记后，要将登记信息通过系统上报给前厅部主管 ☆前厅部主管核对登记信息后，将预订信息分发至客房部 **2. 接收并确认预订信息** 　客房部接收并确认酒店系统中的预订信息，做好客房服务准备工作 **3. 预订成功反馈** 　客房部确认预订信息后，客房预订人员要将预订成功的信息通过邮件、短信等方式告知顾客

任务 名称	执行程序、工作标准与考核指标
完成 预订 工作	**工作重点** 　客房预订人员要做好预订信息的系统登记工作
	工作标准
	预订信息的系统登记与反馈必须及时
	考核指标
	预订信息的反馈时间：必须在____分钟内向顾客反馈
执行规范	
"前厅部工作规范""客房部工作规范""酒店预订登记表"	

6.3.1 前厅接待管理流程设计

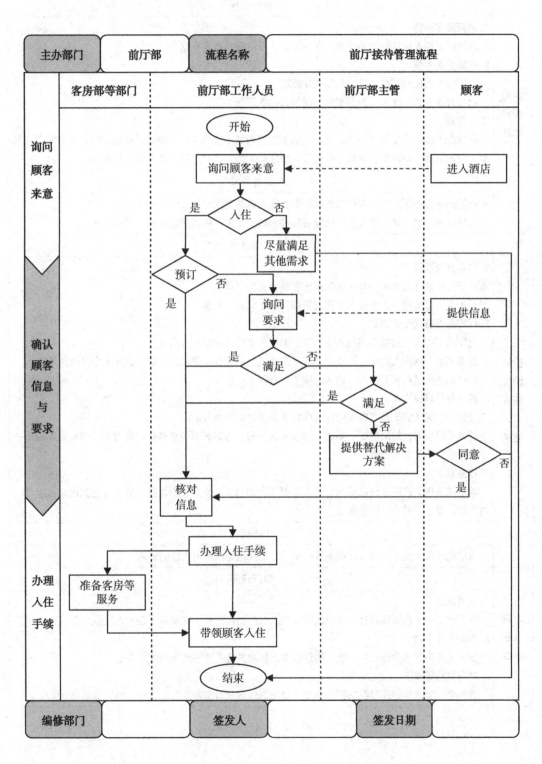

6.3.2 前厅接待管理执行程序、工作标准、考核指标、执行规范

任务名称	执行程序、工作标准与考核指标
询问顾客来意	**执行程序** **1.询问顾客来意** 　前厅部工作人员要时刻关注前厅来访人员，及时询问顾客来意 **2.判定是否入住** ☆对于前来入住的顾客，进入后续工作流程 ☆对于其他来意的顾客，根据实际情况为其提供服务 **工作重点** 　前厅部工作人员要问清顾客来意，酒店的主要服务是提供住宿、餐饮及娱乐场所，但有时会有其他来意的人员，如推销、维修、投诉等，前厅部工作人员对这些人员也要礼貌接待
	工作标准 ☆参照标准：前厅部工作人员参照前厅部工作规范与制度开展工作 ☆质量标准：前厅部工作人员要保持高标准的服务质量，做到热情有礼、耐心细致
确认顾客信息与要求	**执行程序** **1.判定是否预订** ☆对于已经预订的顾客，前厅部工作人员核实其预订信息 ☆对于未预订的顾客，前厅部工作人员询问顾客的入住要求 **2.判定是否满足顾客要求** ☆前厅部工作人员与顾客沟通入住细节，根据顾客要求判断能否满足 ☆若能满足，则进入后续工作流程；若不能满足，或无权限满足，可请求前厅部主管协调处理 ☆经协调能满足顾客要求的，进入后续工作流程 **3.提供替代解决方案** ☆经协调也无法满足顾客要求的，可向顾客提供替代解决方案 ☆若顾客同意替代解决方案，则进入后续入住流程；若顾客不同意替代解决方案，则向顾客表示遗憾，欢迎顾客下次光临 **工作重点** 　前厅部工作人员应尽量满足顾客的入住要求，如房型、设备、附加服务等，若遇到困难，应及时向主管反馈，不能直接拒绝顾客
	工作标准 　通过前厅部工作人员及前厅部主管的努力，尽量满足顾客对入住的要求
办理入住手续	**执行程序** **1.核对信息** 　前厅部工作人员要按照有关规定核对入住人员的身份信息，确保顾客是本人入住 **2.办理入住手续** 　前台人员为顾客办理入住手续，提供房卡、收取押金，并在酒店系统中登记 **3.准备客房等服务** 　客房部、餐饮部等部门根据酒店系统中登记的信息及时准备客房、设备、餐饮等服务

酒店运营与管理全案

任务名称	执行程序、工作标准与考核指标
办理入住手续	**4. 带领顾客入住** 　　前厅部派专人带领顾客入住，并为顾客提供行李搬运等服务 **工作重点** ☆前厅部工作人员要认真核实顾客的身份信息，若有多名顾客，要核实所有入住人员的身份信息 ☆前厅部工作人员要向顾客说明退房时间、押金返还方式、无线网络密码及酒店周边信息等
	工作标准
	☆参照标准：顾客入住登记工作参照酒店前厅部工作制度执行 ☆质量标准：顾客身份信息核查无差错，入住信息登记无差错，相关服务符合酒店标准
	考核指标
	入住信息登记失误率：目标值为 0 $$入住信息登记失误率 = \frac{入住信息登记失误的次数}{总登记次数} \times 100\%$$
执行规范	
"前厅部工作制度""顾客入住登记表""客房部工作制度"	

第 6 章 — 酒店前厅管理

6.4 礼宾服务管理流程设计与工作执行

6.4.1 礼宾服务管理流程设计

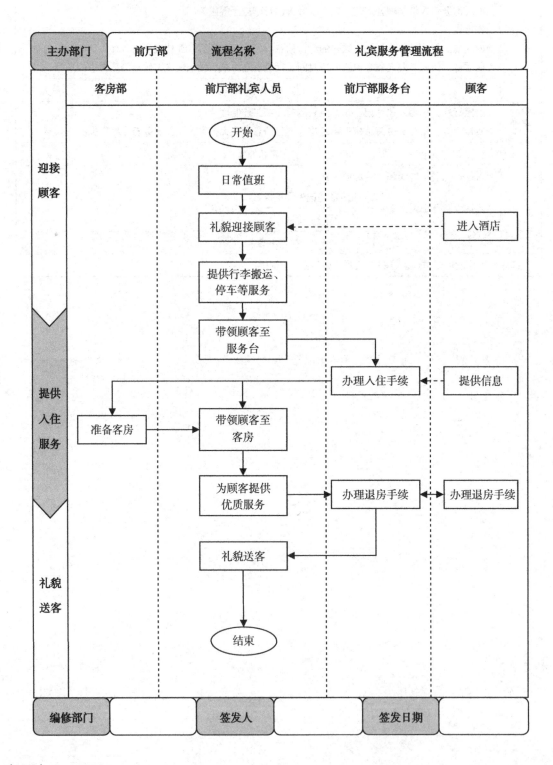

6.4.2　礼宾服务管理执行程序、工作标准、考核指标、执行规范

任务名称	执行程序、工作标准与考核指标
迎接顾客	**执行程序** **1.日常值班** 礼宾人员在指定工作岗位开展日常工作，时刻留意顾客是否有服务需求 **2.礼貌迎接顾客** 对于进入酒店的顾客，无论顾客是何种目的，都要礼貌迎接，询问顾客来意，为顾客提供周到的服务 **3.提供行李搬运、停车等服务** 根据顾客实际情况，礼宾人员为其提供行李搬运、停车等服务 **工作重点** ☆顾客行李要妥善保管，顾客入住后，礼宾人员应将顾客行李送至客房或指定的保管场所 ☆为顾客停车时，礼宾人员要注意遵守交通规则，妥善将车停好，严禁出现剐蹭、碰撞等事故 **工作标准** ☆参照标准：礼宾人员参照前厅部礼宾人员工作规范与制度开展工作 ☆质量标准：礼宾人员要保持高标准的服务质量，做到热情有礼、耐心细致 **考核指标** 顾客投诉率：用以衡量顾客对礼宾人员服务的满意度 $$顾客投诉率 = \frac{投诉人数}{总入住人数} \times 100\%$$
提供入住服务	**执行程序** **1.带领顾客至服务台** 对于前来入住的顾客，礼宾人员将其带领至服务台 **2.办理入住手续** 服务台工作人员确认顾客信息，根据顾客要求为其办理入住手续，并在酒店系统中登记，将入住信息传达至客房部 **3.带领顾客至客房** 礼宾人员带领顾客至客房，并告知顾客酒店相关事宜，视顾客需求为其提供相应服务 **工作重点** 礼宾人员要视顾客需求为其提供引领服务，尽量在职责范围内满足顾客的要求 **工作标准** 顾客需求得到满足，成功入住酒店
礼貌送客	**执行程序** **1.为顾客提供优质服务** 顾客入住酒店期间，礼宾人员应为顾客提供优质服务，时刻待命为顾客解决各种问题 **2.办理退房手续** 顾客离开酒店时，服务台为其办理退房手续，包括退还押金、开具发票等

任务 名称	执行程序、工作标准与考核指标
礼貌 送客	**3.礼貌送客** 　礼宾人员礼貌送客，为顾客提供行李搬运、打车等服务 **工作重点** 　顾客退房时，礼宾人员要视顾客需求提供行李搬运、打车等服务
	工作标准
	礼宾人员服务耐心，能够帮助顾客及时解决问题
	执行规范
	"前厅部工作制度"

酒店运营与管理全案

6.5 团体入住接待流程设计与工作执行

6.5.1 团体入住接待流程设计

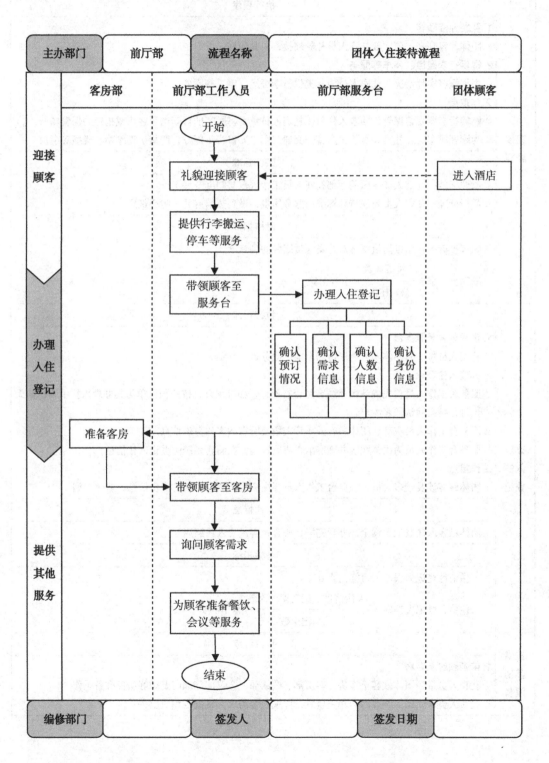

第 6 章 —— 酒店前厅管理

6.5.2 团体入住接待执行程序、工作标准、考核指标、执行规范

任务名称	执行程序、工作标准与考核指标
迎接顾客	**执行程序** **1.礼貌迎接顾客** 团体顾客到来，前厅部礼宾人员礼貌迎接，向其问好 **2.提供行李搬运、停车等服务** 根据顾客实际情况，礼宾人员为其提供行李搬运、停车等服务 **工作重点** ☆顾客行李要妥善保管，顾客入住后，礼宾人员负责将顾客的行李送至客房或指定的保管场所 ☆为顾客停车时，礼宾人员要注意遵守交通规则，妥善将车停好，严禁出现刮蹭、碰撞等事故 **工作标准** ☆参照标准：礼宾人员参照前厅部礼宾人员工作规范与制度开展工作 ☆质量标准：礼宾人员要保持高标准的服务质量，做到热情有礼、耐心细致 **考核指标** 顾客投诉率：用以衡量顾客对礼宾人员服务的满意度 $$顾客投诉率 = \frac{投诉人数}{总入住人数} \times 100\%$$
办理入住登记	**执行程序** **1.带领顾客至服务台** 礼宾人员将所有团体顾客有序带领至前厅服务台 **2.办理入住登记** ☆服务台工作人员首先确认团体顾客是否有预订，如有预订，按照预订单为其办理入住手续；如无预订，则需确认顾客需求 ☆服务台工作人员应确认团体顾客的入住人数及所有顾客的身份信息 ☆服务台工作人员为团体顾客办理房卡，收取押金，在酒店系统中登记入住信息 **工作重点** 团体顾客涉及较多人员，服务台工作人员要注意确认所有人员的身份信息，避免遗漏 **工作标准** 团体顾客入住登记手续全部办理完毕，所有顾客成功入住酒店 **考核指标** 入住信息登记失误率：目标值为0 $$入住信息登记失误率 = \frac{入住信息登记失误的次数}{总登记次数} \times 100\%$$
提供其他服务	**执行程序** **1.带领顾客至客房** ☆礼宾人员带领团体顾客至客房，客房部、餐饮部、会议部等部门要做好服务准备工作 ☆礼宾人员告知团体顾客酒店相关事宜，并视顾客需求为其提供相应服务

任务 名称	执行程序、工作标准与考核指标
提供 其他 服务	**2. 为顾客准备餐饮、会议等服务** 　前厅部工作人员在团体顾客入住酒店期间，时刻待命为顾客提供相应服务，帮助其解决餐饮、会议等方面的问题 **工作重点** 　团体顾客入住的目的往往很明确，如团体旅游、商务会议等，因此前厅部工作人员要根据顾客的出行目的，尽可能为其提供会议、餐饮、租车等服务
	工作标准
	☆参照标准：前厅部所有类型工作均参照酒店前厅部工作制度执行 ☆质量标准：在团体顾客入住酒店期间，前厅部所有工作人员都要热情服务、态度端正
	执行规范
	"酒店前厅部工作制度""客房部工作制度"

第6章　酒店前厅管理

6.6 行李处理流程设计与工作执行

6.6.1 行李处理流程设计

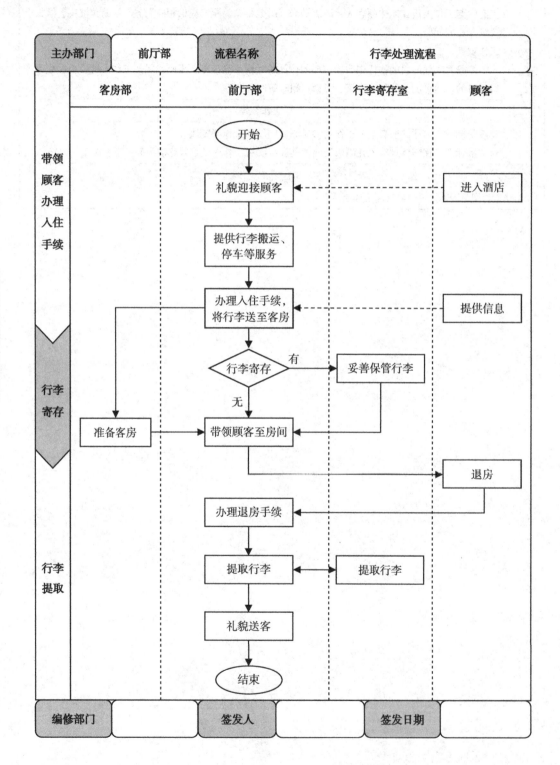

主办部门	前厅部	流程名称	行李处理流程

带领顾客办理入住手续

行李寄存

行李提取

- 开始
- 礼貌迎接顾客 ← 进入酒店
- 提供行李搬运、停车等服务
- 办理入住手续，将行李送至客房 ← 提供信息
- 行李寄存 — 有 → 妥善保管行李
- 无
- 准备客房 → 带领顾客至房间
- 退房
- 办理退房手续
- 提取行李 ↔ 提取行李
- 礼貌送客
- 结束

客房部	前厅部	行李寄存室	顾客

编修部门		签发人		签发日期	

酒店运营与管理全案

6.6.2 行李处理执行程序、工作标准、考核指标、执行规范

任务名称	执行程序、工作标准与考核指标
带领顾客办理入住手续	**执行程序** **1. 礼貌迎接顾客** 　顾客来临，前厅部礼宾人员礼貌迎接，向其问好 **2. 提供行李搬运、停车等服务** 　根据顾客实际情况，礼宾人员为其提供行李搬运、停车等服务 **3. 将行李送至客房** 　顾客办理完入住手续后，礼宾人员视顾客需求将其行李送至客房 **工作重点** 　顾客行李要轻拿轻放，避免损坏 **工作标准** ☆参照标准：礼宾人员参照前厅部工作规范与制度开展工作 ☆质量标准：礼宾人员要保持高标准的服务质量，做到热情有礼、耐心细致 **考核指标** 顾客投诉率：用以衡量顾客对礼宾人员服务的满意度 $$顾客投诉率 = \frac{投诉人数}{总入住人数} \times 100\%$$
行李寄存	**执行程序** 　前厅部工作人员询问顾客是否有需要寄存而不送入客房的行李，若有，则将行李妥善寄存至酒店行李寄存室 **工作重点** 　前厅部工作人员要明确告知顾客行李寄存注意事项，并按规定请顾客填写寄存单，向顾客开具寄存凭证 **工作标准** 行李寄存手续的办理符合规定 **考核指标** 顾客寄存行李丢失损坏率：用来考核行李寄存室的服务质量 $$顾客寄存行李丢失损坏率 = \frac{顾客寄存行李丢失损坏的数量}{总寄存数量} \times 100\%$$
行李提取	**执行程序** 　顾客退房后，如有行李寄存，前厅部工作人员要先确认寄存凭证，确认无误后为其办理行李提取手续

任务名称	执行程序、工作标准与考核指标
行李提取	**工作重点** 　顾客提取行李时，前厅部工作人员要请顾客当场确认寄存的行李是否完好，并请顾客在寄存单上签字，以免后续引发纠纷
	工作标准
	☆参照标准：前厅部所有类型工作均参照酒店前厅部工作制度执行 ☆质量标准：顾客寄存的行李无丢失、无损坏
	执行规范
	"酒店前厅部工作制度" "行李寄存室使用规范"

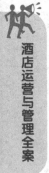

酒店运营与管理全案

6.7.1 顾客退房及续住流程设计

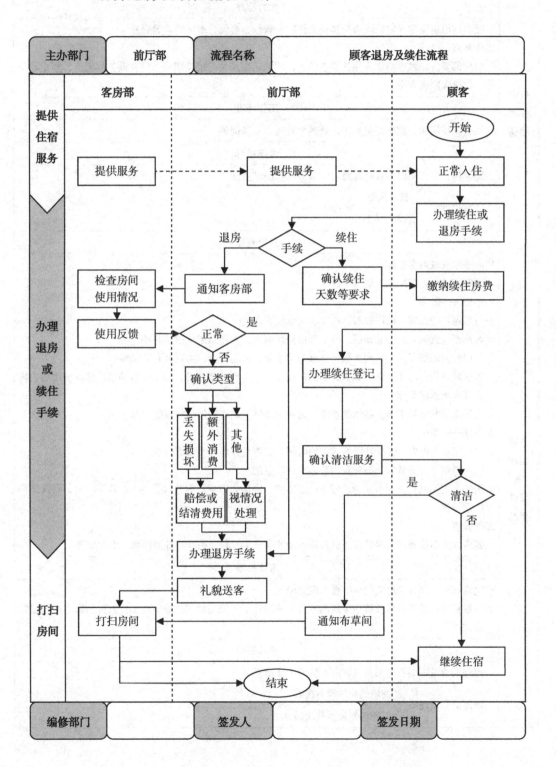

6.7.2 顾客退房及续住执行程序、工作标准、考核指标、执行规范

任务名称	执行程序、工作标准与考核指标
提供住宿服务	**执行程序** 　　顾客在酒店正常入住，酒店为其提供住宿、餐饮、会议、康体娱乐等服务 **工作重点** 　　前厅部要告知顾客酒店入住注意事项，说明酒店紧急情况逃生路线、安全设备放置点、禁止事项等，以确保顾客安全 **工作标准** 　　顾客入住期间，酒店相关工作人员热情有礼，服务周到 **考核指标** 　　顾客投诉率：用以衡量顾客对前厅服务工作的满意度 $$顾客投诉率 = \frac{投诉人数}{总入住人数} \times 100\%$$
办理退房或续住手续	**执行程序** **1. 办理续住或退房手续** 　　顾客到前厅办理续住或退房手续 **2. 手续——退房** ☆对于退房的顾客，前厅服务台通知客房部检查房间 ☆客房部收到服务台的通知后，确认客房使用情况，并将结果反馈给服务台 ☆若房间使用情况正常，则为顾客办理退房手续，退还押金，为顾客开具发票 ☆若房间使用情况不正常，如丢失、损坏设备及发生额外消费等，则请顾客补偿或结清费用后，再为其办理退房手续 ☆若发现房间有从事非法活动的迹象，则视具体情况通知安保部或报警处理 **3. 手续——续住** ☆对于续住的顾客，先确认顾客续住的时间、是否更换房间类型等事项 ☆顾客缴纳续住房费后，服务台为其办理续住登记 ☆服务台询问顾客是否需要清洁服务。若需要，则通知布草间为其打扫卫生；若不需要，则祝顾客住宿愉快 **工作重点** 　　客房人员在检查房间时要注意顾客是否额外消费了饮料、茶叶、洗漱用品、小食品等 **工作标准** ☆完成标准：顾客退房或续住手续办理完成 ☆质量标准：顾客退房或续住手续的办理严格遵守酒店相关规定，服务台工作人员热情有礼，服务周到 **考核指标** 　　额外消费发现率：用来考核客房人员的工作质量 $$额外消费发现率 = \frac{发现的额外消费次数}{额外消费发生总次数} \times 100\%$$

酒店运营与管理全案

任务名称	执行程序、工作标准与考核指标
打扫房间	**执行程序** ☆顾客退房后，布草间要及时打扫房间，清理垃圾，更换床单、被褥、洗漱用品等，为下一位顾客入住做好准备 ☆顾客续住时若要求打扫房间，同样提供此项服务 **工作重点** 　布草间工作人员在顾客入住期间打扫房间，要注意征得顾客同意，并且在顾客指定时间打扫，不得损坏、盗窃顾客私人物品 **工作标准** ☆参照标准：房间打扫要参照酒店布草间工作规范进行 ☆质量标准：房间打扫仔细，打扫完成后干净整洁，设备摆放合理，符合酒店有关规定 **考核指标** 　房间卫生投诉率：用以衡量布草间工作人员的工作质量 $$房间卫生投诉率 = \frac{房间卫生被投诉的次数}{总打扫次数} \times 100\%$$
执行规范	
"酒店前厅部工作制度""客房部工作制度""布草间工作规范""收费物品一览表"	

第 6 章——酒店前厅管理

6.8.1　前厅顾客争端处理流程设计

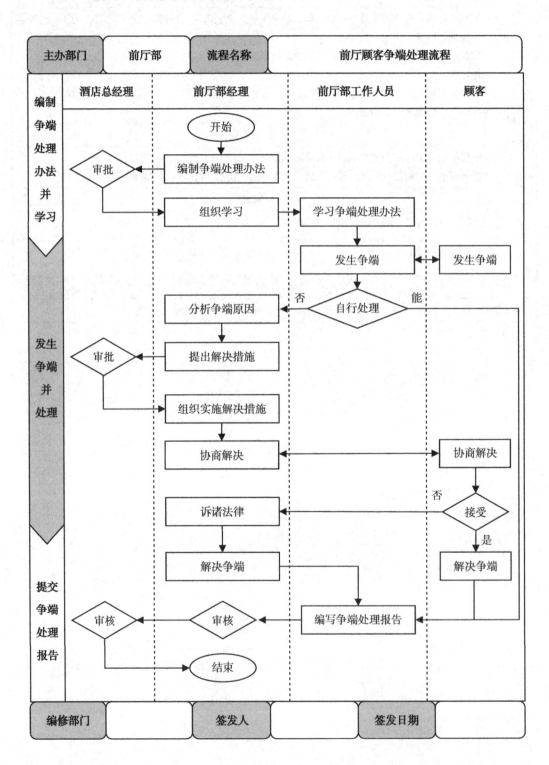

6.8.2　前厅顾客争端处理执行程序、工作标准、考核指标、执行规范

任务名称	执行程序、工作标准与考核指标
编制争端处理办法并学习	**执行程序** **1. 编制争端处理办法** ☆前厅部经理负责编制酒店前厅顾客争端处理办法 ☆前厅部经理将处理办法报总经理审批，审批通过后方可执行 **2. 组织学习** 　前厅部经理组织前厅部所有工作人员学习争端处理办法，确保争端发生后能够及时处理 **工作重点** 　前厅部经理要注意争端处理办法的完整性和有效性，切忌流于形式，无实际作用 **工作标准** ☆参照标准：前厅顾客争端处理办法的编制参照酒店文书写作要求进行 ☆质量标准：前厅顾客争端处理办法内容完整、可行性强 **考核指标** ☆前厅顾客争端处理办法的完成时间：应在＿＿＿个工作日内编制完成 ☆前厅顾客争端处理办法的一次性通过率：用以衡量前厅顾客争端处理办法的编制质量
发生争端并处理	**执行程序** **1. 发生争端** 　顾客因各种原因与前厅部工作人员发生争端 **2. 判定能否自行处理** 　根据前厅顾客争端处理办法，前厅部工作人员先考虑能否自行解决问题。若能解决，则及时处理，并提交争端处理报告；若不能解决，则向前厅部经理报告 **3. 分析争端原因** 　前厅部经理针对争端事件向前厅部工作人员了解情况，分析争端出现的原因，确认责任归属 **4. 提出解决措施** ☆前厅部经理根据争端处理办法的有关规定和争端实际情况，提出争端解决措施 ☆前厅部经理将争端解决措施报总经理审批，审批通过后方可执行 **5. 协商解决** 　前厅部经理根据争端解决措施的有关内容与顾客协商，告知顾客解决办法，开出解决条件，尽量达成一致意见 **6. 协商无果的处理** 　若顾客不接受解决办法且进一步协商无果，则考虑运用法律手段 **工作重点** ☆相关人员与顾客谈判时要注意技巧，既要保护己方利益，又要维护顾客感情，避免争端升级 ☆法律手段是最后的解决手段，尽量不要使用 **工作标准** 争端问题的解决参照前厅顾客争端处理办法执行

任务名称	执行程序、工作标准与考核指标
发生争端并处理	**考核指标** 争端事件解决成功率：用来考核前厅部工作人员的工作质量 $$争端事件解决成功率 = \frac{争端事件成功解决的次数}{总争端次数} \times 100\%$$
提交争端处理报告	**执行程序** ☆争端问题解决后，前厅部工作人员编写争端处理报告，详细记录争端事件始末，总结经验，吸取教训 ☆前厅部工作人员将争端处理报告报前厅部经理与总经理审核，审核通过后归档保存 **工作重点** 争端处理报告审核通过后要及时存档，妥善保管 **工作标准** ☆参照标准：争端处理报告的编写参照酒店文书写作要求进行 ☆质量标准：争端处理报告内容完整，总结深刻 **考核指标** 争端处理报告编制完成的时间：应在_____个工作日内编制完成
	执行规范
	"酒店前厅部工作制度""前厅顾客争端处理办法""争端处理报告"

酒店运营与管理全案

6.9 顾客遗留物品处理流程设计与工作执行

6.9.1 顾客遗留物品处理流程设计

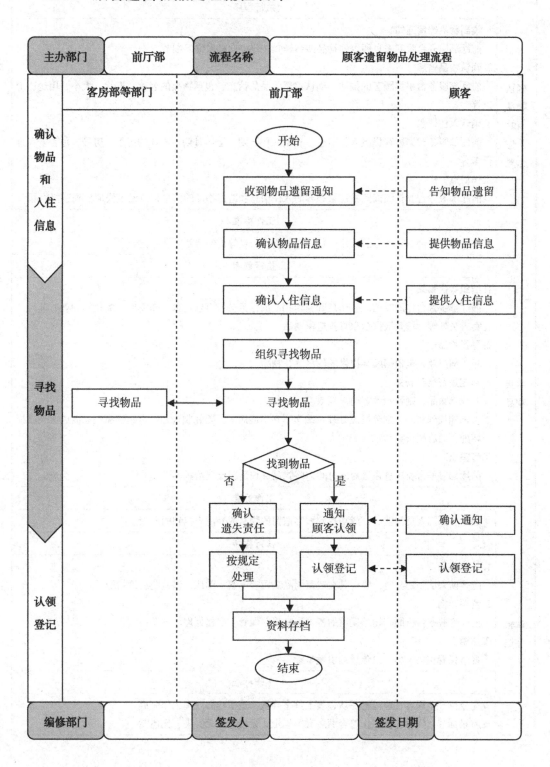

主办部门	前厅部	流程名称	顾客遗留物品处理流程

6.9.2　顾客遗留物品处理执行程序、工作标准、考核指标、执行规范

任务 名称	执行程序、工作标准与考核指标
确认 物品 和 入住 信息	**执行程序** **1. 收到物品遗留通知** 　前厅部服务台收到来自顾客的物品遗留通知，仔细向顾客询问细节 **2. 确认物品信息** 　前厅部服务台根据顾客的描述，确认遗留物品的信息，包括物品的名称、形状、大小、用途、价值等 **3. 确认入住信息** 　前厅部服务台请顾客提供入住信息，包括入住日期，退房日期，入住的房型、房号，是否寄存过行李等 **工作重点** 　前厅部服务台要仔细询问并记录顾客的入住信息和遗留物品的信息，以便更快地找到遗留物品 **工作标准** 　前厅部服务台要将顾客的入住信息、遗留物品信息等询问清楚并做好记录
寻找 物品	**执行程序** **1. 组织寻找物品** 　前厅部服务台将顾客的入住信息和遗留物品的信息分发至客房部、布草间、失物招领处、前厅部礼宾人员处等，请其根据信息寻找遗留物品 **2. 寻找物品** 　相关部门及人员根据顾客提供的信息寻找物品 **3. 判定是否找到物品** ☆若找到物品，则通知顾客前来领取 ☆若未能找到物品，则分情况处理：确实不在本酒店的，要礼貌告知顾客；物品在本酒店丢失或损坏的，酒店照价赔偿 **工作重点** 　前厅部服务台要尽量在最短的时间内将物品寻找情况反馈给顾客 **工作标准** 　通过各部门人员的搜寻，成功找到顾客遗留的物品或弄清未找到的原因
认领 登记	**执行程序** **1. 认领登记** 　顾客前来认领物品时，要请其在遗留物品认领表上签字确认，以避免后续纠纷 **2. 资料存档** 　前厅部服务台将顾客物品遗留的各项资料妥善保管，存档处理 **工作重点** 　妥善保管相关资料，以免后续引发争端 **工作标准** ☆完成标准：顾客在遗留物品认领表上签字确认，遗留物品处理工作完成 ☆质量标准：资料存档工作符合酒店有关规定，无损坏、无丢失、无遗漏

酒店运营与管理全案

任务 名称	执行程序、工作标准与考核指标
认领 登记	**考核指标** 资料存档失误率：用以衡量前厅部工作人员资料存档工作的质量 $$资料存档失误率 = \frac{资料存档失误次数}{资料存档总次数} \times 100\%$$
	执行规范
	"酒店前厅部工作制度" "遗留物品认领表"

6.10 酒店 VIP 服务管理流程设计与工作执行

6.10.1 酒店 VIP 服务管理流程设计

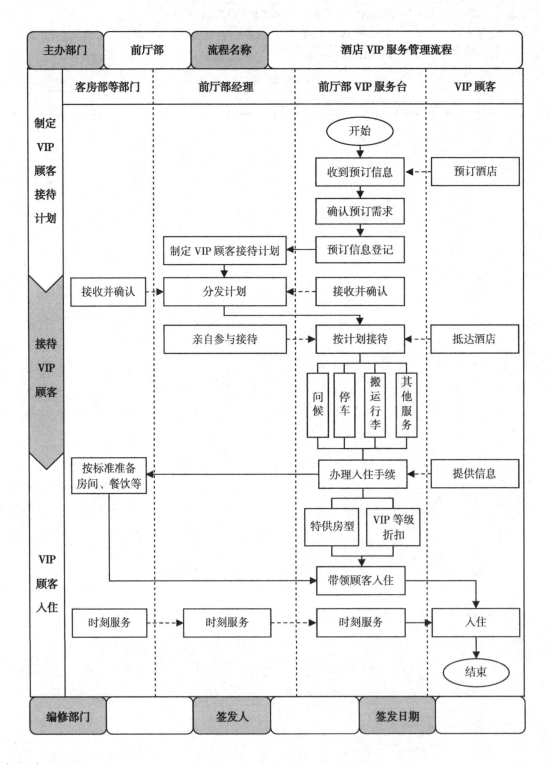

6.10.2　酒店 VIP 服务管理执行程序、工作标准、考核指标、执行规范

任务 名称	执行程序、工作标准与考核指标
制定 VIP 顾客 接待 计划	**执行程序** **1. 收到预订信息** 　前厅部 VIP 服务台收到酒店 VIP 顾客的预订信息 **2. 确认预订需求** 　前厅部 VIP 服务台确认 VIP 顾客的预订信息，包括客房类型、预订日期、到达时间等，同时要确认顾客的身份信息及联系方式等 **3. 预订信息登记** 　前厅部 VIP 服务台将经过确认的 VIP 顾客的预订信息登入酒店系统，并将信息上报前厅部经理 **4. 制定 VIP 顾客接待计划** 　前厅部经理根据 VIP 顾客的身份信息和入住习惯制定 VIP 顾客接待计划 **5. 分发计划** 　前厅部经理将 VIP 顾客接待计划分发给客房部、前厅部 VIP 服务台等，请相关部门按计划做好接待准备 **工作重点** 　酒店要重视 VIP 顾客，将 VIP 顾客信息登记成册，详细记录每一位 VIP 顾客的消费习惯和入住偏好，以便为其量身定制接待计划
	工作标准 ☆参照标准：VIP 顾客接待计划参照酒店文书写作的有关规定编制 ☆完成标准：VIP 顾客接待计划落实到位，各相关部门准备妥当
	考核指标 　VIP 顾客接待计划制定完成的时间：应在接到预订后＿＿＿小时内制定完成
接待 VIP 顾客	**执行程序** ☆ VIP 顾客到访，前厅部 VIP 服务台按计划接待 ☆前厅部经理亲自参与接待 ☆前厅部 VIP 服务台为 VIP 顾客提供停车、行李搬运等服务 **工作重点** 　前厅部经理要亲自参与接待，以体现出对 VIP 顾客的重视
	工作标准 　VIP 顾客接待工作顺利完成，双方接洽愉快
VIP 顾客 入住	**执行程序** **1. 办理入住手续** ☆前厅部 VIP 服务台确认 VIP 顾客信息，为其办理入住手续 ☆前厅部 VIP 服务台在酒店系统中登记 VIP 顾客入住信息，并传达至客房部等部门，请其做好接 　待准备 **2. 带领顾客入住** ☆前厅部 VIP 服务台工作人员带领 VIP 顾客至客房 ☆前厅部 VIP 服务台工作人员告知 VIP 顾客酒店相关事宜，并视 VIP 顾客需求为其提供相应服务

任务名称	执行程序、工作标准与考核指标
VIP 顾客入住	**3.时刻服务** 　　在 VIP 顾客入住酒店期间，酒店工作人员要时刻待命为 VIP 顾客提供优质服务，帮助其解决问题 **工作重点** 　　为 VIP 顾客办理入住手续时，除常规手续外，还要为其提供特供房型并视其 VIP 等级给予优惠
	工作标准
	☆参照标准：VIP 顾客接待工作参照 VIP 顾客接待计划执行 ☆完成标准：VIP 顾客接待工作顺利完成
	考核指标
	VIP 顾客投诉率：用于衡量 VIP 顾客对酒店服务的满意度 $$VIP 顾客投诉率 = \frac{投诉人数}{总入住人数} \times 100\%$$
执行规范	
"VIP 顾客接待计划" "客房部工作制度"	

酒店运营与管理全案

6.11.1 客史档案管理流程设计

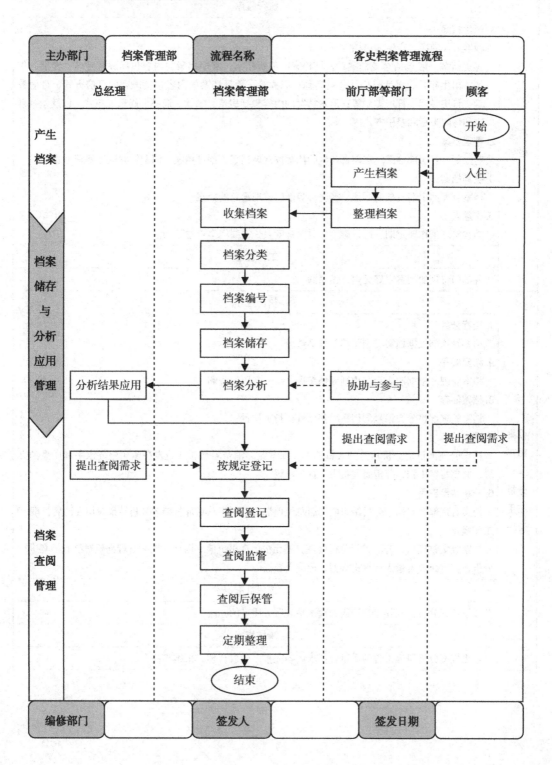

6.11.2　客史档案管理执行程序、工作标准、考核指标、执行规范

任务 名称	执行程序、工作标准与考核指标
产生 档案	**执行程序** **1.产生档案** ☆顾客入住酒店，产生客史档案 ☆客史档案一般包括常规档案、预订档案、消费档案。常规档案的内容包括顾客姓名、性别、年龄、出生年月、电话号码、公司名称、职务等；预订档案的内容包括顾客的订房方式、订房数量、订房时间、订房类型等；消费档案的内容包括房费、餐饮、商品、娱乐等花费，以及顾客喜欢的房间类型和娱乐方式等 **2.整理档案** 前厅部、客房部等部门定期将产生的档案按常规档案、预订档案、消费档案进行整理汇总 **3.收集档案** 档案管理部定期收集前厅部、客房部等部门整理汇总的档案 **工作重点** 档案整理工作要定期进行，避免因时间跨度太长遗漏档案或过于杂乱 **工作标准** 各部门整理的档案完好无损、无遗漏
档案 储存 与 分析 应用 管理	**执行程序** **1.档案分类** 档案管理部根据档案类型将档案分类整理 **2.档案编号** 档案管理部根据酒店命名规则对档案进行编号，以便查阅 **3.档案储存** 档案管理部将分类编号的档案妥善保管在指定位置 **4.档案分析** 档案管理部负责分析累计的大量档案，探索顾客消费习惯，寻找提高酒店服务水平和质量的办法，并撰写客史档案分析研究报告，提出建议 **5.分析结果应用** 档案管理部针对档案分析结果向酒店总经理汇报，酒店总经理将档案分析结果应用在酒店管理上 **工作重点** 档案收集整理后，若不进行分析处理，就无法体现出价值。因此，档案管理部要对已有档案进行分析，如有必要可录入计算机模型，形成大数据 **工作标准** 通过档案分析，找到提升酒店管理水平和服务质量的办法 **考核指标** 客史档案分析研究报告的质量：要求内容完整，建议合理，采纳率高

任务名称	执行程序、工作标准与考核指标
档案查阅管理	**执行程序**
	1. 按规定登记 当顾客或酒店有关部门需要查阅档案时，必须按规定进行登记 **2. 查阅监督** 当相关人员查阅档案时，档案管理部有关人员要进行监督，以确保客史档案的安全性 **3. 定期整理** 档案管理部要定期检查并整理客史档案，确保档案没有丢失或损坏 **工作重点** 相关人员查阅档案时必须签字登记，以便档案损坏或丢失后查找责任人
	工作标准
	客史档案的查阅按照酒店档案查阅管理规定执行
	考核指标
	客史档案丢失损坏率：用以衡量档案管理部的工作质量 $$客史档案丢失损坏率 = \frac{客史档案丢失损坏的数量}{档案总数量} \times 100\%$$

执行规范
"档案管理部工作制度""客史档案分析研究报告"

第6章 酒店前厅管理

7.1 酒店采购与仓储管理流程

7.1.1 流程目的说明

酒店对采购与仓储实施流程管理的目的如下：

（1）设计合理的采购工作流程，规范各相关部门及人员的职责，以利于采购各项工作的推行与开展；

（2）确定重大采购决策与计划，使采购工作能够更有效地作用于酒店的经营目标和战略，同时尽可能地防范采购风险；

（3）指导仓储工作的开展，使仓储管理有章可循。

7.1.2 流程结构设计

酒店采购与仓储管理可细分为六个事项，就每个事项分别设计流程，具体的结构设计如图 7-1 所示。

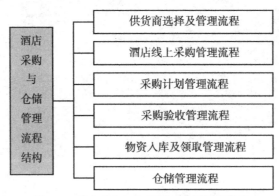

图 7-1 酒店采购与仓储管理流程结构设计

7.2.1 供货商选择及管理流程设计

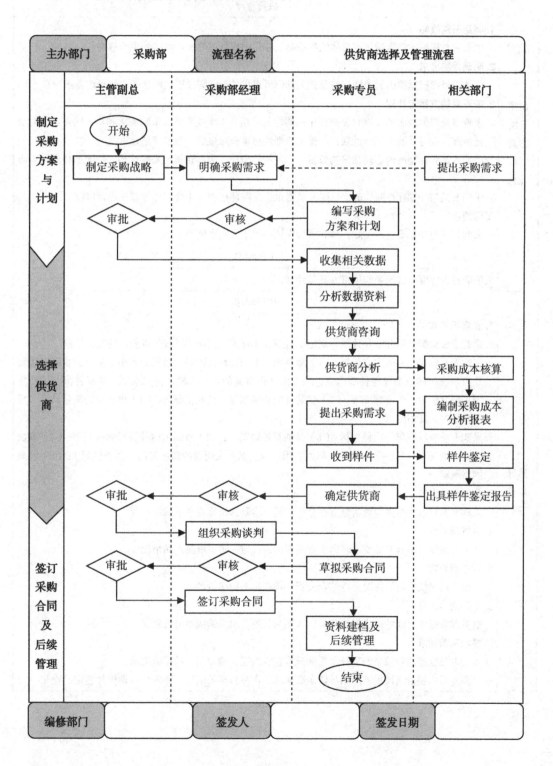

7.2.2 供货商选择及管理执行程序、工作标准、考核指标、执行规范

任务名称	执行程序、工作标准与考核指标
制定采购方案与计划	**执行程序** **1.制定采购战略** 　主管副总根据本酒店的年度总体销售战略、往年销售数据等制定酒店的采购战略 **2.明确采购需求** 　采购部经理根据酒店的采购战略及相关部门所提出的采购需求明确酒店的总体采购需求 **3.编写采购方案与计划** ☆采购专员根据酒店的发展状况及往年采购情况，结合本年度酒店的采购需求和相关物资市场的变化情况，编写采购方案与计划，上报采购部经理审核通过后，报主管副总审批 ☆采购方案和计划的内容包括采购数量、采购货物价位、采购预算、采购途径、物流选择及风险防控等 ☆采购方案与计划存在问题的，采购专员需根据采购部经理、主管副总的意见进行修改 **工作重点** 　采购方案与计划要立足实际，具有可操作性，便于后期实施和操作 **工作标准** 　酒店过去年度类似的采购项目方案与计划
选择供货商	**执行程序** **1.收集相关数据** ☆采购专员根据采购方案与计划，制定供货商合作标准，同时广泛收集供货商的数据信息 ☆采购专员资料收集的内容包括：（1）潜在供货商所在地区的相关政策，如果是海外供货商，还要注意所在国的政治稳定性等因素；（2）潜在供货商的生产规模、技术水平、货品种类、生产能力、研发能力、质量标准等；（3）供货商的负债情况、盈利情况等；（4）供货商的质量认证、环境认证等认证情况 ☆采购专员资料收集的途径包括：（1）参加贸易展览会；（2）查阅国内外的行业报刊等；（3）参加政府、商会、贸易协会安排的内部代表团；（4）联系大使馆的商业部门（海外供货）；（5）收集网络资料 **2.分析数据资料** 　采购专员对收集的供货商信息进行分析，进一步筛选出符合要求的供货商 **3.供货商咨询** 　如果有疑问，采购专员要及时向供货商咨询，以进一步了解其产品情况 **4.供货商分析** 　采购专员对供货商的情况进行综合分析，挑选出意向供货商 **5.采购成本核算** 　财务部根据供货商的初步报价及采购方案与计划，对采购成本进行核算 **6.提出采购需求** ☆采购专员根据酒店的采购预算及采购成本核算情况，确定具体的采购需求 ☆采购专员向供货商通报酒店的具体采购需求、产品标准等信息，并发出限期样件鉴定的通知

任务名称	执行程序、工作标准与考核指标
选择供货商	**7. 样件鉴定** 采购专员组织酒店相关人员对供货商产品的样件进行鉴定，并出具"样件鉴定报告" **8. 确定供货商** ☆采购专员根据筛选的供货商信息、样件检测信息及现场评审结果，按照供货商评审标准进行综合评审，对各项指标进行评分，并加权汇总、排定位次 ☆采购专员编写供货商评审报告，并提交采购部经理审核、主管副总审批，以确定合格供货商 ☆确定供货商后，采购专员新增或更新供货商档案信息 **工作重点** ☆供货商的筛选标准包括产品价格、质量保证、技术水平、财务情况等 ☆在采购物资金额较大或数量较多时，酒店可以组织采购调查小组对供货商进行实地考察。采购调查小组主要对供货商的管理体系及合约执行能力，设计开发与质量控制的稳定性、可靠性等方面进行现场评审和评分
	工作标准
	☆完成标准：最终供货商必须经综合评审，并且经采购部经理审核、主管副总审批通过后方可确定 ☆质量标准：供货商选择标准科学，过程公开、透明、公正，产品能够满足酒店采购的要求
	考核指标
	供货商评审的规范性：供货商评审工作要按照酒店规定的程序与标准进行
签订采购合同及后续管理	**执行程序**
	1. 组织采购谈判 确定供货商后，采购专员应不断与之联系、接洽、谈判，以确定双方交易的条件、交易货品价格及各方面合作的细节，以保证酒店利益最大化，降低采购成本 **2. 草拟采购合同** ☆经过采购谈判后，采购专员应根据采购物资情况和谈判结果起草采购合同 ☆拟订采购合同时，应确保条款内容明确具体、文字表达严谨、书写工整。如果是海外供货商，应使用汉语和供货商所在国两种语言作为文本合同书写语言 **3. 签订采购合同** ☆草拟的采购合同经采购部经理审核、主管副总审批通过后，由采购部经理代表酒店与供货商签订正式的采购合同 ☆合同签订完成后，采购专员应与供货商不断沟通，保持良好的合作关系，这也是维持本酒店竞争优势的重要因素 **4. 资料建档及后续管理** 采购部要做好合格供货商的资料建档工作，并在酒店后续的采购过程中与其保持联系与合作 **工作重点** 采购部要注意采购合同的合规性。通常，合同初稿拟订完成后，酒店法务人员应对合同初稿进行全面审查，重点审查合同价款的形成依据、款项收取及支付条件等条款，并提出意见，对合同条款的合规性及相关风险做出评估

第 7 章 酒店采购与仓储管理

任务名称	执行程序、工作标准与考核指标
签订采购合同及后续管理	**工作标准**
	双方正式签订采购合同并保持沟通
	考核指标
	合同中不利于本酒店利益的条款数为 0
	执行规范
"酒店采购供货商选择制度""酒店采购管理制度""酒店采购计划书"	

7.3.1 酒店线上采购管理流程设计

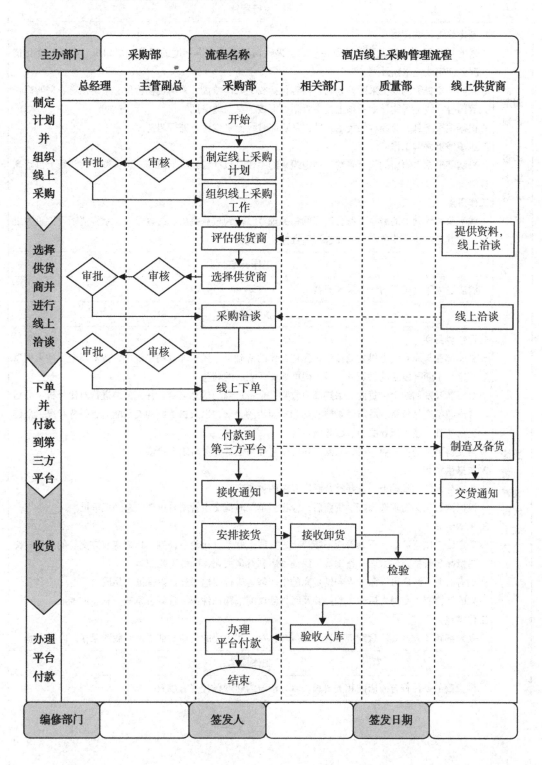

主办部门	采购部		流程名称		酒店线上采购管理流程	
	总经理	主管副总	采购部	相关部门	质量部	线上供货商

制定计划并组织线上采购

开始 → 制定线上采购计划 → 审核 → 审批

组织线上采购工作

评估供货商 ← 提供资料，线上洽谈

选择供货商并进行线上洽谈

选择供货商 → 审核 → 审批

采购洽谈 ← 线上洽谈

审核 → 审批

下单并付款到第三方平台

线上下单

付款到第三方平台 → 制造及备货

接收通知 ← 交货通知

收货

安排接货 → 接收卸货 → 检验

办理平台付款

办理平台付款 ← 验收入库

结束

编修部门		签发人		签发日期	

7.3.2 酒店线上采购管理执行程序、工作标准、考核指标、执行规范

任务名称	执行程序、工作标准与考核指标
制定计划并组织线上采购	**执行程序** **1.制定线上采购计划** ☆采购部根据酒店的发展状况及往年线上采购情况，结合本年度的经营计划和线上市场的变化情况，制定线上采购计划 ☆采购部负责编制线上采购计划书，内容包括线上采购数量、采购货物价位、采购预算、采购途径等内容。线上采购计划书须上报主管副总审核、总经理审批 ☆根据主管副总、总经理的批示意见，采购部对线上采购计划进行调整 **2.组织线上采购工作** 采购部根据本酒店的线上采购计划组织采购工作，包括考察线上市场、进行询价、与线上供货商接洽等 **工作重点** 线上采购计划书的编写要符合酒店的相关规范，做到重点突出、内容全面、结构清晰且无重大纰漏，尤其对酒店特色产品，要进行重点标注和说明 **工作标准** 酒店过去年度类似的线上采购资料
选择供货商并进行线上洽谈	**执行程序** **1.评估供货商** ☆采购部在与原有线上供货商接洽、保持合作的基础上，还应通过网络媒体、线上展会、搜索引擎等途径不断开发新的供货商，最大限度地保证酒店的利益 ☆对于新开发的线上供货商，采购部应收集齐全各厂商的信息资料，并充分地进行对比分析。分析要点包括产品价格、品质是否能够达到本酒店的要求，以及供货商的交货能力、财务状况、采购交易条件、技术指导能力、服务质量等 ☆为获得更多的供货商资料，采购部还可以直接与供货商进行线上洽谈 **2.选择供货商** ☆在充分评估的基础上，选择符合酒店要求的供货商 ☆根据酒店相关需求选择好供货商后，应将名单及时提交主管副总审核、总经理审批 **3.采购洽谈** ☆选定线上供货商后，采购部应不断与之进行线上联系、接洽、谈判，以确定双方交易的条件、交易货品的价格及各方面合作细节，保证酒店利益最大化，降低采购成本 ☆如有必要，酒店可以派专人到供货商的生产基地进行实地考察，以保证产品质量 ☆采购洽谈有了结果之后，采购部要及时将洽谈的采购条件报主管副总审核、总经理审批 **工作重点** 采购部相关人员要注意线上洽谈的规范性，对一些重要的洽谈对话要及时截图保存，以备查验 **工作标准** 供货商的条件符合酒店的相关要求，双方洽谈沟通顺畅且富有成效

任务 名称	执行程序、工作标准与考核指标
选择 供货 商并 进行 线上 洽谈	**考核指标** ☆采购洽谈的时间：用来衡量采购部的工作效率，通常应在＿＿＿个工作日内完成洽谈工作 ☆洽谈条件中不利于公司利益的条款数：目标值为0

下单
并
付款
到第
三方
平台
	执行程序
	
	1.线上下单
	☆洽谈条件经审批通过后，采购部根据酒店生产、经营的需要，按照约定及时向线上供货商下采购
	  订单，清楚地说明采购数量、价格、交货日期等内容
	☆采购部对采购商品的其他相关要求应备注清楚
	2.付款到第三方平台
	☆为保证酒店的利益，使买卖双方处于同等地位，采购部可协同财务部，先付款到第三方平台
	☆第三方平台自动将相关信息传递给供货商，供货商收到信息后组织生产、备货，保证按时交货
	工作重点
	  为不影响采购计划的正常进行，酒店要及时付款到第三方平台
	
	工作标准
	
	  线上下单流程规范，付款及时

收货	**执行程序**
	
	1.接收通知
	☆采购部应要求供货商按照线上订单约定日期发货，并向本酒店发送发货通知
	☆采购部接到发货通知后，组织相关人员接货
	2.安排接货
	☆根据订单约定，由本酒店自行运输的，采购部及时安排货物运输；由供货商负责运输的，采购部
	  要及时确认货物到达日期，并安排酒店物流部接货、提货
	☆本酒店自行运输的，采购部要与物流部联络，就货物运输制定方案，包括运输方式及路线等
	3.接收卸货
	☆货物运达酒店后，采购部、仓储部要及时核对，如果发现货物短缺，要及时填制"短缺单"，并
	  与供货商联系确认
	☆质量部要及时对货物进行检验，以保证采购货物的质量。检验过程中如发现问题，本酒店有权拒
	  收货物，甚至要求赔偿
	工作重点
	  由于线上采购供货商多采用第三方物流公司进行货物运输，因此采购部要注意及时与其沟通
	
	工作标准
	
	  物流沟通顺畅、运输方案合理，酒店接货及时、准确

第 7 章 酒店采购与仓储管理

任务名称	执行程序、工作标准与考核指标		
办理平台付款	**执行程序**		
	确定货物无误后，采购部可通知财务部办理第三方平台的付款手续		
	工作重点		
	采购部要注意保持采购单据的完整性，如发生索赔，有关单证、发票、装箱单、重量明细单、品质说明书、溢短单、商务记录、使用说明书、产品图纸等资料均可作为重要索赔依据		
	工作标准		
	酒店过去类似采购工作的付款政策		
	执行规范		
	"酒店线上采购管理制度""线上采购计划书"		

酒店运营与管理全案

7.4 采购计划管理流程设计与工作执行

7.4.1 采购计划管理流程设计

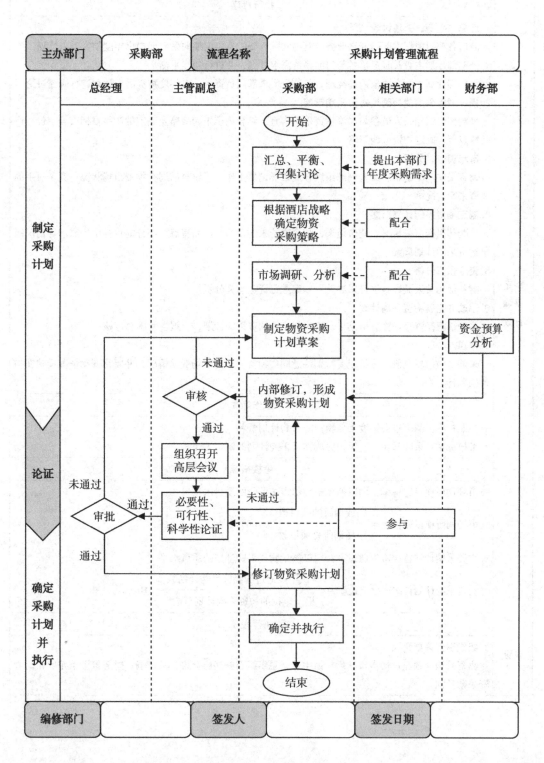

第 7 章 酒店采购与仓储管理

7.4.2　采购计划管理执行程序、工作标准、考核指标、执行规范

任务 名称	执行程序、工作标准与考核指标
制定 采购 计划	**执行程序** **1.汇总、平衡、召集讨论** ☆酒店各部门根据本部门开展业务经营的实际需要，每年定期向采购部提出年度物资需求计划 ☆采购部计划主管及时汇总各部门的物资需求计划，并进行初步平衡 ☆采购部计划主管会同采购部经理、各物资需求部门负责人，对年度物资需求计划进行研究讨论 **2.根据酒店采购战略确定物资采购策略** 　采购部组织相关人员参与讨论物资采购事宜，结合酒店采购战略及确定的产品目标市场定位、产品特点等，确定物资采购策略 **3.市场调研、分析** 　物资采购策略确定后，采购部组织开展市场调研工作，了解当前同类物资市场状况、竞争对手的物资采购情况等 **4.制定物资采购计划草案** 　采购部根据市场情况、调研结果，结合物资采购策略、产品特点、细分的目标市场需求等情况制定物资采购计划草案 **5.资金预算分析** 　财务部相关人员针对物资采购计划草案进行资金预算分析 **6.修改并完善物资采购计划** 　采购部根据资金预算分析结果，修改并完善物资采购计划，上报主管副总审核 **工作重点** 　采购部做市场调研、分析时要特别注意同类物资的未来市场变动情况，并要将变动情况反映在物资采购计划中 **工作标准** ☆参照标准：酒店过去年度类似物资的采购计划资料 ☆考核标准：采购部在＿＿＿天内完成物资采购计划的制定工作 **考核指标** ☆市场调研项目完备率：用以衡量采购部市场调研的质量水平 $$市场调研项目完备率 = \frac{完成调研的项目数}{市场调研总项目数} \times 100\%$$ ☆物资采购计划首次审批通过率：用以衡量物资采购计划的质量水平 $$物资采购计划首次审批通过率 = \frac{首次审批通过的物资采购计划数}{提交审批的物资采购计划总数} \times 100\%$$
论证	**执行程序** **1.组织召开高层会议** 　物资采购计划经过初步审核后，由主管副总组织召开高层会议，从市场、财务等多个角度讨论物资采购计划

任务名称	执行程序、工作标准与考核指标
论证	**2.必要性、可行性、科学性论证** ☆酒店高层会议论证物资采购计划的必要性、可行性、科学性 ☆若论证通过，则将物资采购计划上报总经理审批；若物资采购计划存在问题，未通过论证，则返回采购部进行修改 **工作重点** 　高层会议对物资采购计划的必要性、可行性、科学性的论证要周密
	工作标准
	☆质量标准：物资采购计划遵循市场规律，科学、可行 ☆考核标准：物资采购计划的修订不得超过____次
	考核指标
	物资采购计划的完整性、可行性：物资采购计划中所有重要决策都有论据支撑，确保计划切实可行
确定采购计划并执行	**执行程序**
	1.修订物资采购计划 　若总经理对物资采购计划提出异议，则返回采购部重新制定或修订 **2.确定并执行** ☆经多方论证审核，最终确定物资采购计划 ☆采购部根据物资采购计划积极联系、筛选相关供货商（既包括线上也包括线下）进行采购 **工作重点** ☆物资采购计划的确定要及时 ☆物资采购计划要具有可操作性，也要保持一定的灵活性
	工作标准
	☆质量标准：物资采购计划的修订要根据酒店相关规定进行，符合市场规律 ☆考核标准：采购部在____天内确定物资采购计划，并公布正式文件
	执行规范
	"酒店物资采购计划""待购买物资调研报告"

第 7 章　酒店采购与仓储管理

7.5.1 采购验收管理流程设计

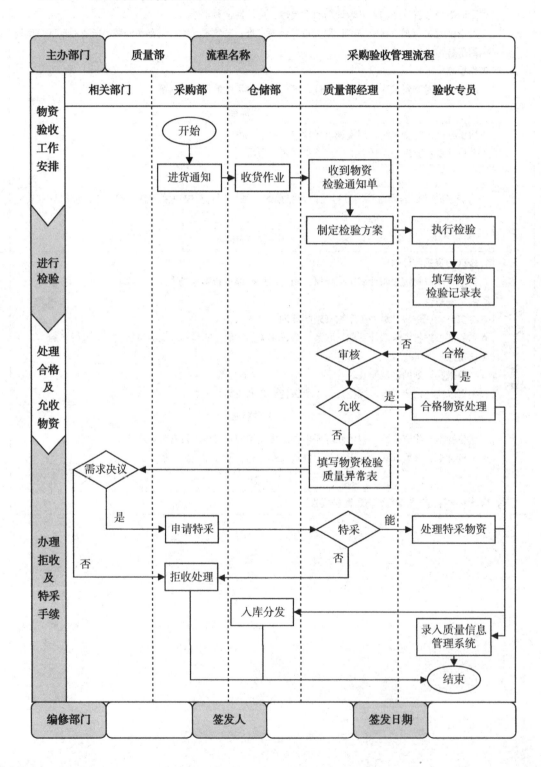

主办部门	质量部	流程名称	采购验收管理流程

7.5.2 采购验收管理执行程序、工作标准、考核指标、执行规范

任务名称	执行程序、工作标准与考核指标
物资验收工作安排	**执行程序** ☆酒店采购部将供货商的发货时间、物资数量等情况通知仓储部 ☆仓储部在接到进货通知后，及时开具由质量部接收的物资检验通知单 ☆质量部经理在收到物资检验通知单后，根据进料先后顺序和生产需求情况安排质检专员进行检验 **工作重点** 质量部要做好与采购部、供货商、仓储部之间的沟通工作 **工作标准** 质量部经理安排质检专员对物资进行检验 **考核指标** 物资检验通知单开具及时率，目标值为100% $$物资检验通知单开具及时率 = \frac{及时开具的通知单数}{应开具的通知单总数} \times 100\%$$
进行检验	**执行程序** **1. 制定检验方案** 质量部经理要提前做好相关准备工作，包括查找采购物资的样件及其质量检验报告，确定物资检验标准、检验指导书、抽样检验规定，制定该批物资的检验方案 **2. 执行检验** 质检专员根据质量部经理的安排，按物资抽样检验规定和检验方案，到仓储部的待检区执行酒店采购物资检验工作 **3. 填写物资检验记录表** 质检专员将检验结果填入物资检验记录表，合格的物资填"合格"，不合格的物资应开具不合格品通知单 **工作重点** 检验方案不能一成不变，要根据现实的变化进行灵活调整 **工作标准** ☆参照标准：其他类似规模的酒店最新的物资检验方法与程序、标准等资料 ☆完成标准：质检专员填写物资检验记录表 **考核指标** ☆检验方案的规范性：检验方案符合质量管理制度、物资检验管理制度、进料抽样检验规定等 ☆检验安排的合理性：物资检验顺序的安排符合生产需求
处理合格及允收物资	**执行程序** ☆对于合格的物资，质检专员应贴上绿色的"允收"标记，交给仓储部相关人员办理入库手续 ☆对于不合格的物资，质检专员应开具不合格品通知单，连同物资检验记录表一并提交质量部经理审核 ☆质量部经理审核不合格品通知单和物资检验记录表，并根据酒店规定的质量允收水平，做出允收决定

任务名称	执行程序、工作标准与考核指标
处理合格及允收物资	☆若允收，质检专员应贴上绿色的"允收"标记 **工作重点** 合格及允收物资的处理应严格根据程序、标准办理 **工作标准** 其他同类酒店企业处理合格及允收物资的程序
办理拒收及特采手续	**执行程序** **1. 填写物资检验质量异常表** 对于不可允收的物资，质量部经理应填写物资检验质量异常表，并与后厨等部门召开物资需求决议会议 **2. 申请特采** ☆若为紧急需求物资，则由采购部提出特采申请，并填写特采申请书 ☆质量部经理组织相关人员（质量管理人员等）根据物资的不合格程度和质量要求，审定能否特采使用。对于能特采使用的物资，应确定特采方式（如对某些菜品进行特殊处理等） **3. 拒收处理** ☆若非紧急需求物资，由采购部做出拒收处理 ☆根据特采申请的审定结果，对于不可特采使用的物资，质检专员应及时通知采购部，做拒收处理 **4. 处理特采物资** 根据审定结果，对于特采使用的物资，质检专员要按特采方式的不同，按照规定的方式分别予以处理 **5. 入库分发** ☆若需"全检"，则所有物资经全检，并且确认不存在质量问题后，交仓储部办理正常入库手续 ☆若需"加工"或"试用"的物资，暂交由仓储部办理临时入库手续，存放于临时仓库中，以便与质量无问题的物资相区分 **6. 录入质量信息管理系统** 质检专员将检验结果录入本酒店的质量信息管理系统，以便进行供应质量的考核和管理，并将物资检验记录及相关文件分类存档 **工作重点** 相关人员办理物资拒收及特采手续时，要严格执行工作流程 **工作标准** 检验结果要录入酒店质量信息管理系统 **考核指标** 特采物资标识处理及时率：目标值为100%，确保标识处理及时、清晰、准确 $$特采物资标识处理及时率 = \frac{及时处理的特采物资标识数}{特采物资标识总数} \times 100\%$$

执行规范

"酒店采购物资质量检验报告""检验指导书""酒店采购物资抽样检验规定""酒店采购物资检验方案"

酒店运营与管理全案

7.6.1 物资入库及领取管理流程设计

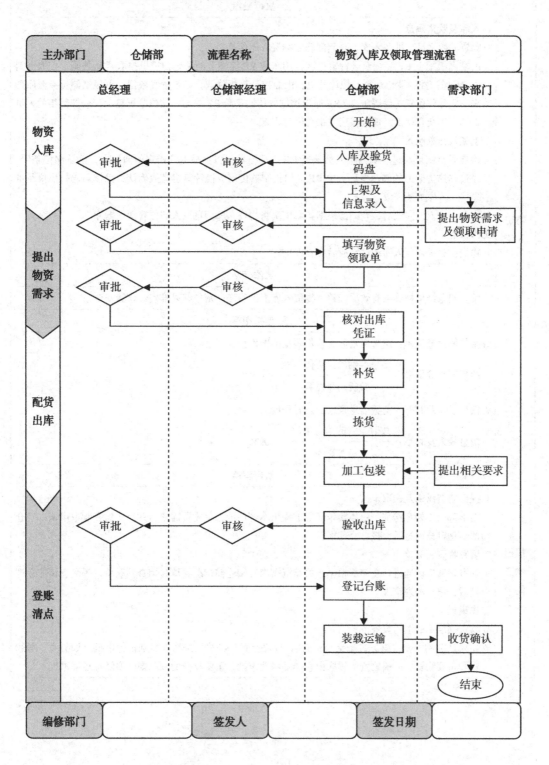

第 7 章 ｜酒店采购与仓储管理

7.6.2　物资入库及领取管理执行程序、工作标准、考核指标、执行规范

任务名称	执行程序、工作标准与考核指标
物资入库	**执行程序** **1. 入库及验货码盘** ☆物资验收之后，准备入库，仓储部确定物资入库信息 ☆由堆高机配上 RF 终端至进货暂存区，用车载 RF 终端上的条码扫描机扫取货品条码，扫取资料由 RF 通信控制器传送至监控计算机，由监控计算机确认，记录物资数据，再根据储位指派原则来决定储位位置（编码），经 RF 通信控制器传回车载 RF 终端，储位分析显示，仓储部相关人员将结果提交仓储部经理审核后，报总经理审批 **2. 上架及信息录入** ☆验货码盘结果通过，堆高机人员根据 RF 终端指示，将货品上到指定的储位上，确认储位条码，通过扫描货架上的储位条码，由 RF 通信控制器传回监控计算机完成确认，操作条码扫描仪及堆高机，入库上架完成 ☆物资入库上架完成后，仓储部根据实际情况将物资入库信息录入储位管理数据库 **工作重点** 物资信息录入在入库动作完成后应立即进行 **工作标准** 验货码盘结果精确、有效、细致，物资入库上架程序严密、结果准确、仓储安全 **考核指标** ☆验货码盘准确率：用来衡量酒店验货码盘的准确程度 $$验货码盘准确率 = \frac{结果准确的验货码盘数}{验货码盘总数} \times 100\%$$ ☆信息录入及时率：衡量信息录入的及时程度 $$信息录入及时率 = \frac{按时录入的信息条数}{录入信息总条数} \times 100\%$$
提出物资需求	**执行程序** **1. 提出物资需求及领取申请** 　　需求部门（如客房部、康体娱乐部等）提出本部门的相关物资需求，并提交物资领取申请，经仓储部经理审核通过后，报总经理审批 **2. 填写物资领取单** 　　物资领取申请通过，仓储部根据相关物资需求查阅仓储情况，填写物资领取单，提交仓储部经理审核后，报总经理审批 **工作重点** ☆物资领取单的填写要规范 ☆如果认为物资领取事务过于繁杂，酒店可以酌情"放权"，按物资类别进行审批，如分为一般物资和重要物资，一般物资的领取由仓储部经理审批，重要物资的领取则必须经总经理审批

任务名称	执行程序、工作标准与考核指标
提出物资需求	**工作标准**
	物资领取单项目填写清楚、数据核对准确
	考核指标
	物资领取单审批通过率：衡量领取单填写的规范程度 $$物资领取单审批通过率 = \frac{审批通过的物资领取单数}{提交审批的物资领取单总教} \times 100\%$$
配货出库	**执行程序**
	1.核对出库凭证 仓库管理员根据物资领取单，核对出库凭证，凭证核对无误后安排物资出库 **2.补货与拣货** 仓储部按照物资领取单准备物资，根据品类数量拣货，对所缺货品进行补货 **3.加工包装** 物资拣货与补货完成后，仓储部对出库物品进行简易的加工包装，并做好标记 **工作重点** 出库凭证的核对要仔细、规范
	工作标准
	☆内容标准：出库凭证核对项目包括出库物品的品名、规格和编号，以及物品所处的货区和库位编号 ☆质量标准：出库凭证核对严格、认真、准确
	考核指标
	配货出库失误率：衡量仓储管理的质量水平 $$配货出库失误率 = \frac{配货出错的次数}{配货出库总次数} \times 100\%$$
登账清点	**执行程序**
	1.验收出库 物资加工打包完成，仓储部填写有关的出库单据、办理好出库手续，提交仓储部经理审核后，报总经理审批 **2.登记台账** 出库审批通过后，仓储部详细记录仓库发货信息和数据，登记台账，并做好物资清点工作 **3.装载运输** 出库手续完成，相关人员安排物资装载，按照规范进行物资运输 **4.收货确认** 物资需求部门接到物资后，应及时确认 **工作重点** 仓储部及相关部门要注意登账清点的规范性，最好按固定的模板来编写，以免出现差错

第7章——酒店采购与仓储管理

任务 名称	执行程序、工作标准与考核指标
登账 清点	**工作标准**
	物资出库清点项目及数量与出库凭证上的记录一致
	考核指标
	清点出错率：衡量仓储管理人员的仓库管理水平 $$清点出错率 = \frac{结果出错的清点次数}{清点总次数} \times 100\%$$
	执行规范
	"物资需求申请""物资领取管理办法""物资出库明细表""物资领取单"

酒店运营与管理全案

7.7.1 仓储管理流程设计

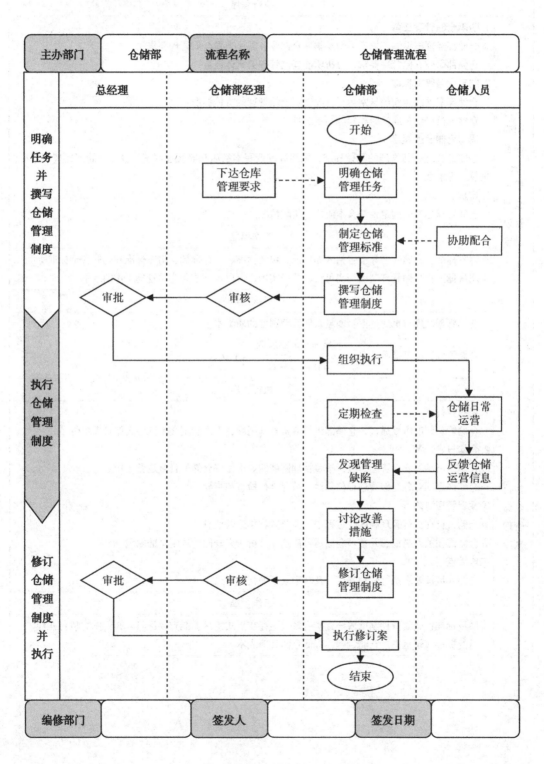

7.7.2 仓储管理执行程序、工作标准、考核指标、执行规范

任务名称	执行程序、工作标准与考核指标
明确任务并撰写仓储管理制度	**执行程序** **1. 明确仓储管理任务** ☆仓储部经理根据酒店物资采购及物流仓储业务需要下发仓储管理要求 ☆仓储部研究仓储管理要求，分析明确仓储管理的具体任务 **2. 制定仓储管理标准** ☆仓储部根据酒店仓储日常运行情况制定仓储管理的具体标准 ☆仓储人员提供一线经验和标准制定意见 **3. 撰写仓储管理制度** 　仓储部整理仓储管理的具体标准，围绕标准撰写本酒店仓储管理制度，提交仓储部经理审核后，报总经理审批 **工作重点** 　仓储管理标准的制定要符合本酒店的实际情况 **工作标准** ☆内容标准：仓储管理标准包括入库标准、包装标准、库存标准、出库标准和仓储安全标准等 ☆质量标准：仓储管理制度切实可行、严谨实用，可以显著改善仓储管理工作的水平 **考核指标** 　仓储管理制度审批通过率：衡量仓储管理制度的质量水平 $$仓储管理制度审批通过率 = \frac{审核通过的制度数}{审核制度总数} \times 100\%$$
执行仓储管理制度	**执行程序** **1. 组织执行** 　仓储管理制度审批通过，仓储部组织落实管理制度，下发制度文本到各仓储管理单位 **2. 仓储日常运营** ☆仓储人员学习仓储管理制度，按照管理制度的要求做好仓储的日常运营工作 ☆仓储部定期对各仓储管理单位的运营情况进行检查和指导 **3. 发现管理缺陷** ☆仓储人员在执行管理制度的过程中，要及时收集运营信息 ☆仓储部相关人员汇总并整理仓储运营信息，分析研究仓储管理制度的缺陷 **工作重点** 　仓储人员按要求执行管理制度，及时记录各种仓储信息 **工作标准** ☆质量标准：仓储管理制度落地真实有效，不存在形式主义，能有效保障采购工作的顺利进行 ☆目的标准：规范酒店仓储管理，降低仓储管理成本

任务名称	执行程序、工作标准与考核指标
修订仓储管理制度并执行	**执行程序**
	1. 讨论改善措施 仓储部针对发现的仓储管理制度缺陷，组织专业人员讨论并研究改善措施 **2. 修订仓储管理制度** 仓储部根据研究结果，就具体问题修订仓储管理制度，经仓储部经理审核通过后，报总经理审批 **3. 执行** 仓储部将经过总经理审批的仓储管理制度修订方案下发至各相关单位执行 **工作重点** 仓储部在制定仓储管理制度缺陷的解决办法时，要注意与酒店的仓储实践相结合
	工作标准
	完善酒店仓储管理制度，进一步提升仓储管理水平
	考核指标
	修订方案首次审批通过的情况：修订方案制定及时，可操作性强，能够一次性通过审批
执行规范	
"酒店物流仓储业务经营计划""酒店仓储管理标准""酒店仓储管理制度""仓储日常运营管理记录""酒店仓储管理制度修订方案"	

第 7 章 — 酒店采购与仓储管理

第**8**章　客房管理

8.1　客房管理流程

8.1.1　流程目的说明

酒店对客房实施流程管理的目的如下：

（1）设计合理的客房工作流程，规范各相关岗位的职责，以利于客房部各项工作的推行与开展；

（2）指导客房工作的开展，使客房管理有章可循。

8.1.2　流程结构设计

酒店客房管理可细分为五个事项，就每个事项分别设计流程，具体的结构设计如图8-1所示。

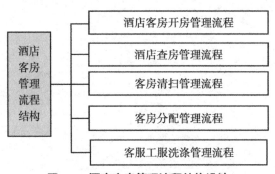

图8-1　酒店客房管理流程结构设计

8.2.1 酒店客房开房管理流程设计

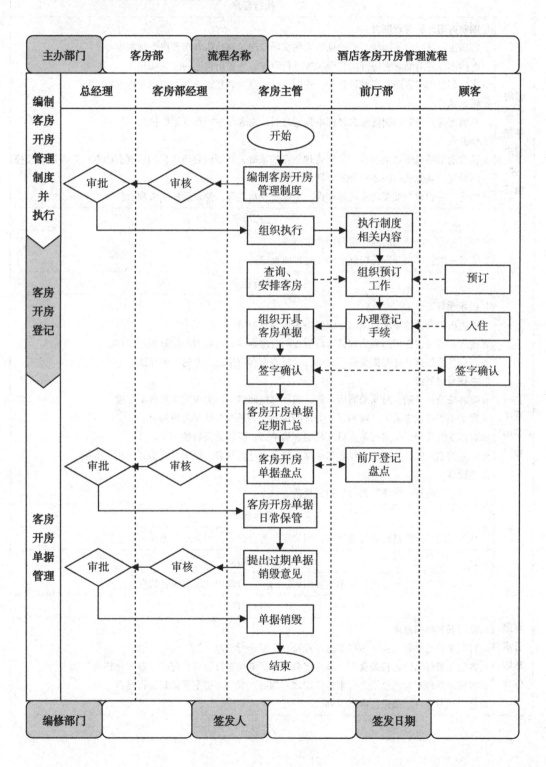

主办部门	客房部	流程名称		酒店客房开房管理流程

8.2.2　酒店客房开房管理执行程序、工作标准、考核指标、执行规范

任务名称	执行程序、工作标准与考核指标
编制客房开房管理制度并执行	**执行程序** **1.编制客房开房管理制度** ☆客房主管进行市场调研，并根据酒店的实际情况编制酒店客房开房管理制度 ☆客房部经理对酒店客房开房管理制度进行审核，并提出自己的意见和建议 ☆客房部经理将客房开房管理制度，连同自己的意见和建议一并上报总经理审批 **2.组织执行** 　酒店客房开房管理制度经总经理审批通过后，由客房主管负责组织执行 **工作重点** ☆精细的市场调研是编制客房开房管理制度的基础，调研内容应包括酒店现有的客房开房流程及控制情况，其他酒店的客房开房管理情况等 ☆客房开房管理制度要具有可操作性，制度要立足实际，便于后期实施和操作 **工作标准** ☆参照标准：其他酒店的客房开房管理制度 ☆完成标准：客房开房管理制度经总经理审批后通过
客房开房登记	**执行程序** **1.组织预订工作** ☆顾客根据自己的需求，向前厅部提出客房预订申请 ☆前厅部接待主管根据酒店预订管理流程与管理标准，及时组织做好预订工作 ☆客房主管根据前厅部提交的预订单，及时查询客房情况，并通知前厅部 **2.办理登记手续** ☆顾客按预订日期、时间来酒店入住，前厅部按照酒店相关规定办理登记手续 ☆客房主管组织有关人员按照事先安排的房间，为顾客开具客房单据 ☆客房主管检查、核实有关人员开具的客房单据，确认无误后签字 ☆顾客按酒店的相关规定，在客房单据上签署自己的姓名，以确认客房开房相关事项 **工作重点** 　开房登记的每一个环节都力争做到规范 **工作标准** 　客房开房登记严格按照规范执行，相关服务符合要求，服务成本也在可控范围内 **考核指标** 　客房开房登记的及时性：应于顾客到店后的____分钟内完成客房开房登记工作
客房开房单据管理	**执行程序** **1.客房开房单据盘点** ☆客房主管及时收集各种客房单据，并每月定期进行汇总 ☆客房主管根据酒店相关规定，每月定期对客房单据进行盘点，与前厅登记相核对 ☆客房部经理对盘点结果进行审核，发现问题后，责令客房主管重新进行盘点 ☆总经理对盘点结果进行审批、确认

任务 名称	执行程序、工作标准与考核指标
客房 开房 单据 管理	**2. 客房开房单据保管** ☆客房主管根据酒店相关管理制度，及时收存酒店客房开房单据 ☆客房主管负责对酒店客房开房单据进行日常保管，确保无丢失、损毁现象 ☆酒店客房开房单据一旦发生丢失、损毁，要及时报告有关领导，并妥善处理 **3. 单据销毁** ☆客房主管根据酒店相关管理制度，定期检查客房开房单据，提出对过期单据进行销毁的意见 ☆客房部经理对客房主管提出的客房开房单据销毁意见进行审核，并提出自己的意见和建议 ☆客房部经理负责将客房开房单据销毁意见，连同自己的意见和建议一并上报总经理审批 ☆客房主管按照领导的审批意见，及时销毁过期客房开房单据，确保无遗留 ☆客房主管及时将单据销毁情况上报有关领导 **工作重点** 客房开房单据管理工作要规范，应严格按照规定的程序与标准进行盘点、保管和销毁
	工作标准
	☆参照标准：其他同行业酒店的客房开房单据管理情况 ☆质量标准：客房开房单据盘点、保管、销毁过程规范，各项操作符合相关制度的要求
	执行规范
	"酒店客房开房管理制度""酒店客房开房单据管理办法"

第 8 章 客房管理

8.3 酒店查房管理流程设计与工作执行

8.3.1 酒店查房管理流程设计

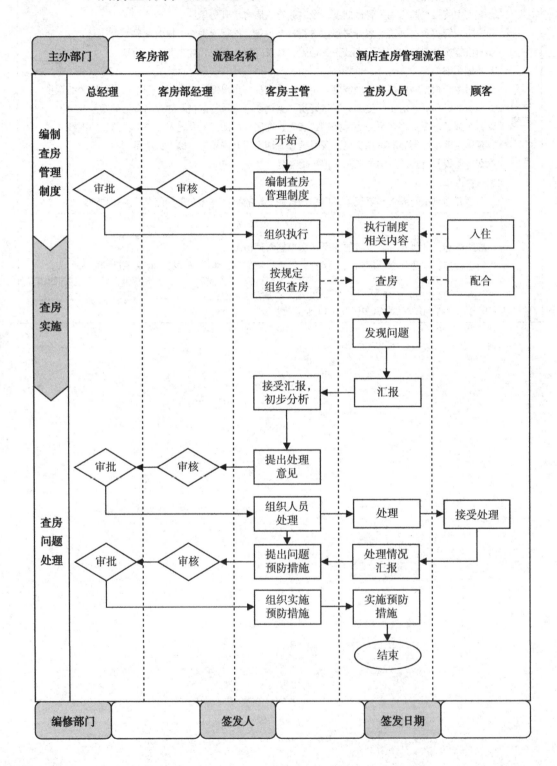

8.3.2　酒店查房管理执行程序、工作标准、考核指标、执行规范

任务名称	执行程序、工作标准与考核指标
编制查房管理制度	**执行程序** **1. 编制查房管理制度** ☆客房主管进行市场调研，并根据酒店实际情况编制酒店客房查房管理制度 ☆客房部经理对酒店客房查房管理制度进行审核，并提出自己的意见和建议 ☆客房部经理将查房管理制度，连同自己的意见和建议，一并上报总经理审批 **2. 组织执行** 　客房主管组织客房人员执行经过审批的酒店客房查房管理制度 **工作重点** ☆精细的市场调研是编制查房管理制度的基础，调研内容包括酒店现有的查房流程及标准情况，其他酒店的查房管理情况等 ☆查房管理制度要具有可操作性，制度要立足实际，便于后期实施和操作 **工作标准** ☆参照标准：其他酒店的查房管理制度 ☆完成标准：酒店查房管理制度经总经理审批通过
查房实施	**执行程序** **1. 查房** ☆客房部查房人员根据主管安排进行查房 ☆检查客房内各种设施是否完好，若发现损坏，要及时处理，并上报有关领导 ☆在查房过程中，若发现顾客损坏酒店设施，要及时予以制止，并上报酒店有关领导和安保部 ☆如遇当地公安机关临时检查，由客房主管负责接待并积极配合 ☆客房主管负责检查并监督客房人员的工作，确保查房工作按制度进行 **2. 发现问题** ☆客房人员将查房情况向客房主管汇报 ☆客房主管接受汇报，并对存在的问题进行初步分析 ☆客房主管根据查房管理制度，及时提出问题处理意见 ☆处理意见按酒店规定权限进行审批 **工作重点** 　查房过程中的每一个环节和层面都力争做到规范、有序 **工作标准** 　查房实施严格按照规范进行，相关过程符合要求，实施成本在可控范围内 **考核指标** 　客房主管及相关工作人员发现问题的敏感度：月（季）度提出关于查房问题的意见（具有建设性）超过____次
查房问题处理	**执行程序** **1. 处理** ☆客房主管按照领导的批示意见，及时组织客房人员处理问题 ☆如需移交外部有关单位处理，则由客房主管配合移交

任务 名称	执行程序、工作标准与考核指标
查房 问题 处理	**2.实施预防措施** ☆客房人员及时将问题处理情况向客房主管汇报，客房主管据此提出预防措施 ☆预防措施按酒店相关规定，报客房部经理审核通过后，由总经理负责审批 ☆客房主管组织客房人员执行经过领导审批的预防措施，避免此类问题再次发生 ☆客房人员积极学习预防措施 **工作重点** ☆客房人员将相关方法、经验记录存档，作为以后工作的参考 ☆预防措施要立足实际，具有可操作性，便于后期实施和操作
	工作标准
	☆参照标准：其他同行业酒店的查房管理情况 ☆质量标准：查房问题处理规范，各项操作符合相关制度的要求
执行规范	
"酒店客房查房管理制度""酒店客房查房问题预防措施"	

8.4.1 客房清扫管理流程设计

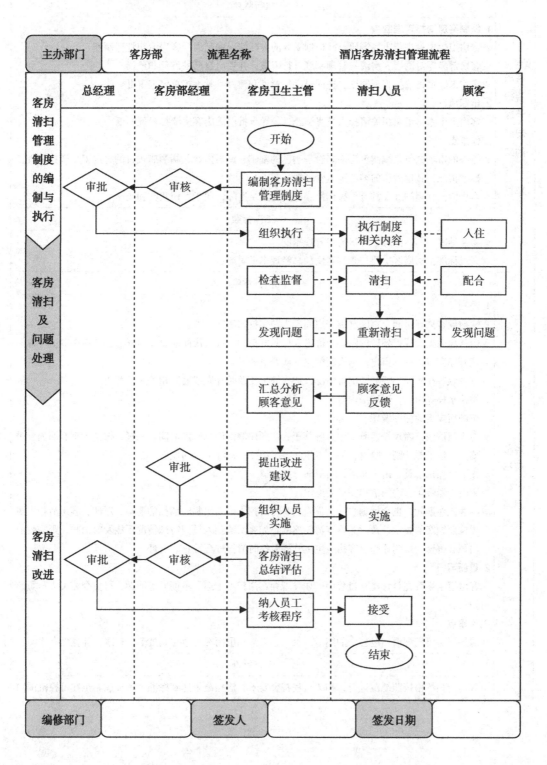

| 主办部门 | 客房部 | 流程名称 | 酒店客房清扫管理流程 |

第8章 客房管理

8.4.2 客房清扫管理执行程序、工作标准、考核指标、执行规范

任务名称	执行程序、工作标准与考核指标
客房清扫管理制度的编制与执行	**执行程序** **1.编制客房清扫管理制度** ☆客房卫生主管进行市场调研，并根据酒店的实际情况编制酒店客房清扫管理制度 ☆客房部经理对酒店客房清扫管理制度进行审核，并提出自己的意见和建议 ☆客房部经理将清扫管理制度，连同自己的意见和建议一并上报总经理审批 **2.组织执行** 客房卫生主管组织相关清扫人员实施经过领导审批的酒店客房清扫管理制度 **工作重点** ☆精细的市场调研是编制客房清扫管理制度的基础，调研内容包括酒店现有的客房卫生清扫流程及标准情况，其他酒店的客房卫生管理情况等 ☆客房清扫管理制度要具有可操作性，制度要立足实际，便于后期实施和操作 **工作标准** ☆参照标准：其他酒店的客房清扫管理制度 ☆完成标准：酒店客房清扫管理制度经总经理审批后通过

客房清扫及问题处理	**执行程序**
	
	1.清扫
	☆掌握顾客离房时间，在顾客离开房间后为顾客打扫房间
	☆确认房内无人或得到房内顾客允许进入房间打扫的，进入房间前要在门框上挂"正在清洁"牌
	☆拉开厚窗帘，打开窗户，透进新鲜空气或开空调
	☆查看顾客在房间小酒吧的消费情况，如有缺货要及时补充或通知相关人员补货
	☆撤换水杯等用具，清理房内垃圾
	☆按酒店规定的标准做床
	☆卫生间清洁：撤垃圾、脏毛巾、脏杯子，按顺序涮洗浴缸、淋浴间、马桶，擦洗大理石墙面、玻璃门、镜子等，刷洗脸盆，补充卫生间各类用品，擦洗卫生间地面
	☆按顺序擦拭家具，由上至下，由里向外擦一遍
	☆用吸尘器吸尘，房间清扫完毕后退出
	☆顾客入住期间，也会根据自己的需求向客房清扫人员提出临时清扫的要求。对此，客房清扫人员要按照顾客的要求，及时为顾客清扫房间；如客房清扫人员因特殊情况不能及时清扫，则需耐心向顾客解释，说明原因。客房卫生主管要对临时清扫进行检查、监督
	2.重新清扫
	  客房卫生主管在日常检查过程中，如发现存在清扫不干净、不彻底等问题，可责令相关人员重新清扫
	工作重点
	  清扫人员要把握清扫过程中的细节，每一个环节和层面都力争做到规范、有序，并且没有遗漏
	
	工作标准
	
	  客房清扫严格按照规范进行，相关过程符合要求，清扫结果达到标准，实施成本也在可控范围内

任务名称	执行程序、工作标准与考核指标
客房清扫及问题处理	**考核指标** 卫生清扫目标完成率：目标值为____%，用以衡量清扫人员的工作完成情况 $$卫生清扫目标完成率 = \frac{实际完成的卫生清扫事项}{计划完成的卫生清扫事项} \times 100\%$$
客房清扫改进	**执行程序** **1.提出改进建议** 客房卫生主管汇总顾客针对房间卫生提出的意见，总结相关问题，提出改进建议，上报客房部经理审批 **2.组织人员实施** 客房清扫改进意见经客房部经理审批通过后，由客房卫生主管组织实施 **3.客房清扫总结评估** ☆客房卫生主管根据阶段内清扫工作的实际情况编写总结报告 ☆客房卫生主管负责对阶段内各清扫人员的工作业绩进行评估 ☆客房卫生主管将报告和评估结果上报客房部经理审核、总经理审批 **4.纳入员工考核程序** 客房卫生主管根据领导的批示意见，及时将各清扫人员的评定结果纳入考核程序 **工作重点** ☆清扫人员要及时将相关方法、经验记录存档，作为以后工作的参考 ☆总结报告的编写要符合规范 **工作标准** 通过客房清扫改进，进一步提升了客房清扫工作的水平 **考核指标** ☆建议采纳率：目标值为____%，用以衡量相关人员所提建议的质量水平 $$建议采纳率 = \frac{建议被采纳的次数}{提出建议总次数} \times 100\%$$ ☆总结报告提交及时率：目标值为____% $$总结报告提交及时率 = \frac{按时提交的总结报告数}{应提交的总结报告数} \times 100\%$$
执行规范	
"客房清扫管理制度" "客房清扫工作总结报告"	

第8章 客房管理

8.5 客房分配管理流程设计与工作执行

8.5.1 客房分配管理流程设计

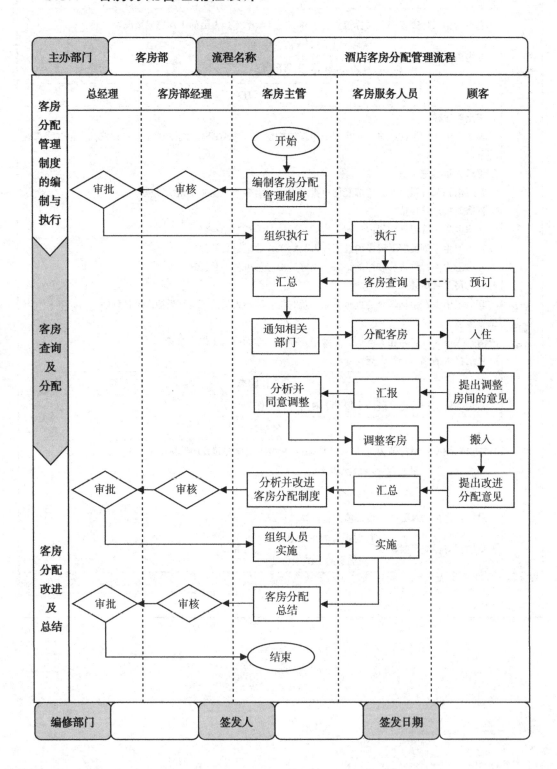

8.5.2 客房分配管理执行程序、工作标准、考核指标、执行规范

任务 名称	执行程序、工作标准与考核指标
客房 分配 管理 制度 的编 制与 执行	**执行程序** **1.编制客房分配管理制度** ☆客房主管进行市场调研，并根据酒店的实际情况编制酒店客房分配管理制度 ☆客房部经理对酒店客房分配管理制度进行审核，并提出自己的意见和建议 ☆客房部经理将分配管理制度，连同自己的意见和建议一并上报总经理审批 **2.组织执行** 　客房主管组织相关客房服务人员实施经过领导审批的酒店客房分配管理制度 **工作重点** ☆精细的市场调研是编制客房分配管理制度的基础，调研内容包括酒店现有的客房分配流程及分配 　标准情况，其他酒店的客房分配管理情况等 ☆客房分配管理制度要立足实际，具有可操作性，便于后期实施和操作 **工作标准** 　其他酒店的客房分配管理制度
客房 查询 及 分配	**执行程序** **1.客房查询** ☆顾客根据自己的需求，向酒店前厅部提出预订请求 ☆前厅部根据顾客预订的内容，及时通知客房部查询房态 ☆前厅部根据房态查询情况及时向顾客反馈 **2.分配客房** 　顾客到达后，前厅部及客户部按客房分配标准为顾客办理入住手续 **3.调整客房** ☆顾客在入住期间如感觉房间不妥，可提出调整要求 ☆客房相关服务人员要及时将顾客调整客房的要求向客房主管汇报 ☆客房主管仔细分析顾客的要求，在不影响客房正常使用的前提下，尽量满足其要求 **工作重点** 　房态查询及客房分配的每一个环节、层面都力争做到规范、有序，并且没有遗漏 **工作标准** 　客房分配严格按照规范进行，相关过程符合要求，分配结果达到标准
客房 分配 改进 及 总结	**执行程序** **1.提出改进分配意见** 　顾客根据住房分配情况提出相关意见，服务人员要及时汇总顾客提出的意见，并上报客房主管 **2.分析并改进客房分配制度** ☆客房主管定期对客房分配标准及相关制度进行深入分析与研究 ☆客房主管根据研究结果修订客房分配标准及相关制度，并报客房部经理审核 ☆客房部经理将修订的客房分配标准及相关制度，连同自己的意见和建议一并上报总经理审批 ☆客房主管严格组织执行经领导审批后的客房分配标准及相关制度 ☆客房相关服务人员按新标准及相关制度为顾客分配客房

第8章　客房管理

任务名称	执行程序、工作标准与考核指标
客房分配改进及总结	**3. 客房分配总结** ☆客房主管根据客房分配的实际情况，定期编写客房分配总结报告 ☆客房部经理对客房分配总结报告进行审核，并提出自己的意见和建议，上报总经理审批 ☆客房分配总结报告经总经理审批通过后存档，作为下一阶段客房分配工作的依据 **工作重点** 　客房服务人员要及时将相关方法、经验记录存档，作为以后工作的参考
	工作标准
	通过客房分配改进，进一步提升客房分配工作的水平
	考核指标
	☆建议采纳率：目标值为____%，用以衡量相关人员所提建议的质量水平 $$建议采纳率 = \frac{提出建议被采纳的次数}{提出建议的总次数} \times 100\%$$ ☆总结报告提交及时率：目标值为____% $$总结报告提交及时率 = \frac{按时提交的总结报告数}{应提交的总结报告总数} \times 100\%$$
	执行规范
"酒店客房分配管理制度""客房分配工作总结报告"	

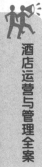

酒店运营与管理全案

8.6.1 客服工服洗涤管理流程设计

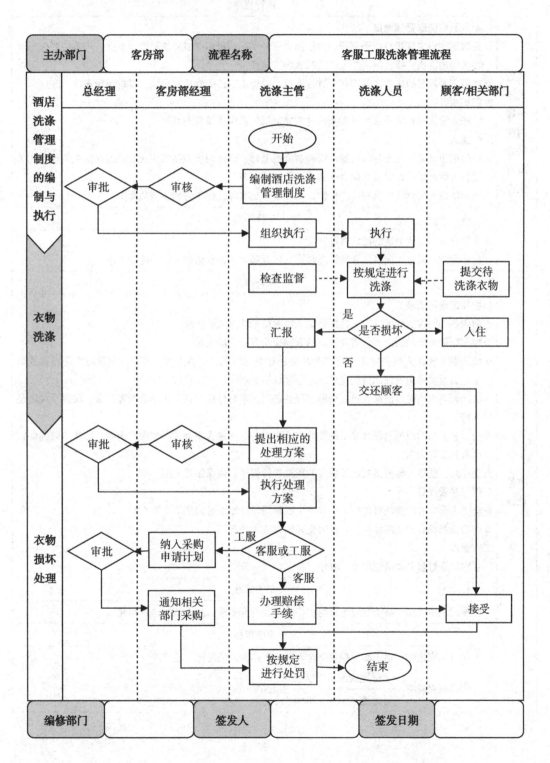

8.6.2　客服工服洗涤管理执行程序、工作标准、考核指标、执行规范

任务名称	执行程序、工作标准与考核指标
酒店洗涤管理制度的编制与执行	**执行程序** **1.编制酒店洗涤管理制度** ☆客房部洗涤主管进行市场调研，并根据酒店的实际情况编制酒店洗涤管理制度，内容主要包括顾客衣物的洗涤安排及酒店相关部门的衣物洗涤安排 ☆客房部经理对酒店洗涤管理制度进行审核，并提出自己的意见和建议，报总经理审批 **2.组织执行** 洗涤主管组织相关洗涤人员实施经过领导审批的酒店洗涤管理制度 **工作重点** ☆精细的市场调研是编制客房洗涤管理制度的基础，调研内容包括酒店现有的衣物洗涤流程与相关设备的管理情况，以及其他酒店的洗涤管理情况等 ☆酒店洗涤管理制度要具有可操作性，制度要立足实际，便于后期实施和操作 **工作标准** ☆参照标准：其他酒店的洗涤管理制度 ☆目标标准：通过编制酒店洗涤管理制度，规范顾客衣物和酒店工服的洗涤工作
衣物洗涤	**执行程序** **1.按规定进行洗涤** ☆酒店各部门按照相关规定，定期将员工制服交给洗涤人员清洗 ☆顾客根据自己的需求，将需要洗涤的衣物交给客房洗涤人员 ☆洗涤前，洗涤人员要仔细检查衣兜内是否有遗忘的现金、物品等。若有，须及时交还顾客或员工；贵重物品由安保部负责交还，并办理认领手续 ☆洗涤顾客衣物时，洗涤人员要对顾客服装的质地进行仔细辨认，再结合顾客要求，决定干洗还是水洗 ☆当顾客衣物的质地与顾客要求的洗涤方式不符时，洗涤人员要及时与顾客沟通、协调，以确保顾客衣物完好无损 ☆洗涤后，洗涤人员要按规定及服装的质地进行熨烫，确保服装无损 **2.判定是否损坏** ☆洗涤人员在衣物洗涤过程中，一旦发生衣物损坏，要及时向洗涤主管汇报 ☆衣物洗涤没有发生损坏的，要及时交还顾客或相关部门 **工作重点** 衣物洗涤过程必须做到规范、有序 **工作标准** 客服及工服洗涤严格按照规范进行，相关过程符合要求，洗涤结果达到标准 **考核指标** 工作目标完成率：用于衡量相关工作人员的工作完成情况 $$工作目标完成率 = \frac{实际完成的工作事项}{计划完成的工作事项} \times 100\%$$

任务名称	执行程序、工作标准与考核指标
衣物损坏处理	**执行程序**
	1. 提出相应的处理方案
	☆洗涤主管提出洗涤损坏处理方案，报客房部经理审核、总经理审批
	☆洗涤主管负责组织执行处理方案
	2. 工服损坏，纳入采购申请计划
	☆工服损坏后，由客房部经理定期汇总，纳入阶段采购计划
	☆工服采购计划定期报总经理审批，并说明损坏原因
	☆工服采购计划经总经理审批通过后交至采购部门
	☆洗涤过程中损坏的工服，由洗涤主管按照相关制度对责任人进行处罚
	3. 客服损坏，办理赔偿手续
	☆客服如有损坏，由洗涤主管按照既定的处理方案与顾客沟通
	☆顾客接受处理方案后，洗涤主管负责协助顾客办理相关赔偿手续
	☆洗涤主管及时将赔偿款交给顾客，请顾客签字确认
	☆洗涤主管按照处理方案对有关人员进行处罚
	工作重点
	☆洗涤人员要及时将相关方法、经验记录存档，作为以后工作的参考
	☆洗涤损坏处理方案具有可操作性
	工作标准
	通过衣物损坏处理，弥补衣物损坏的过失，提升顾客满意度
	考核指标
	☆处理方案制定及时率：用于衡量洗涤主管处理衣物损坏问题的及时性
	$$处理方案制定及时率 = \frac{及时提交的处理方案数量}{制定的处理方案总数量} \times 100\%$$
	☆顾客满意度：以接受随机调研的顾客对衣物洗涤水平满意度评分的算术平均值来衡量
	☆顾客衣物洗涤投诉率：用于衡量洗涤人员的工作质量
	$$顾客衣物洗涤投诉率 = \frac{报告期内顾客投诉的次数}{报告期内顾客洗涤衣物总次数} \times 100\%$$
	☆赔偿及时率：目标值为＿＿％
	$$赔偿及时率 = \frac{及时赔偿的次数}{应赔偿总次数} \times 100\%$$
执行规范	
"酒店洗涤管理制度""客服及工服洗涤工作总结报告"	

第 8 章 客房管理

9.1　康体娱乐及商务中心管理流程

9.1.1　流程目的说明

酒店对康体娱乐及商务中心实施流程管理的目的如下：

（1）确保健身、桑拿浴室、保龄球、歌厅及商务中心等各项服务全过程可控，保证服务的速度和质量，提升顾客满意度；

（2）提高康体娱乐部及商务中心各岗位的工作效率，减少失误率与摩擦；

（3）确保康体娱乐及商务中心的各项工作安排妥当，职责分工明确，并然有序。

9.1.2　流程结构设计

康体娱乐及商务中心管理可细分为五个事项，就每个事项分别设计流程，具体的流程结构设计如图 9-1 所示。

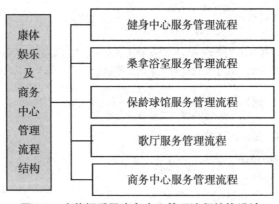

图 9-1　康体娱乐及商务中心管理流程结构设计

9.2.1 健身中心服务管理流程设计

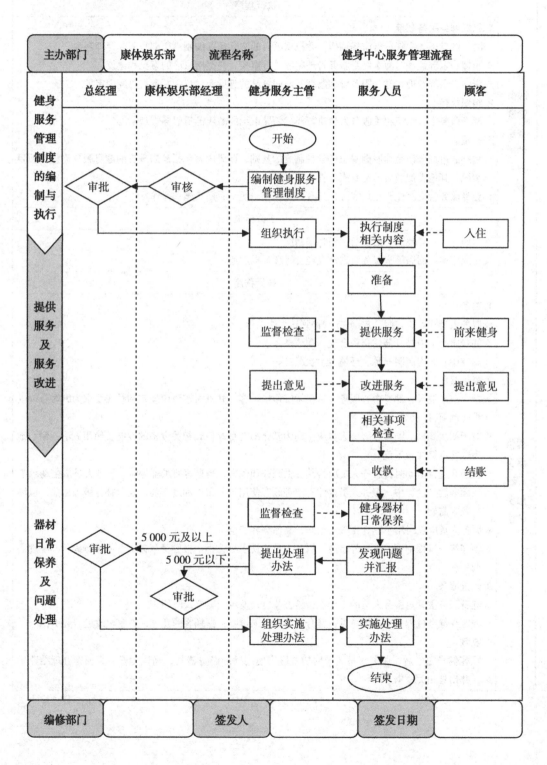

9.2.2 健身中心服务管理执行程序、工作标准、考核指标、执行规范

任务 名称	执行程序、工作标准与考核指标
健身服务管理制度的编制与执行	**执行程序** **1.编制健身服务制度** ☆酒店健身服务主管进行市场调研，并根据酒店的实际情况编制酒店健身服务管理制度 ☆康体娱乐部经理对酒店健身服务管理制度进行审核，并提出自己的意见和建议 ☆康体娱乐部经理将健身服务管理制度，连同自己的意见和建议一并上报总经理审批 **2.组织执行** 　健身服务主管组织相关服务人员执行经过领导审批的酒店健身服务管理制度 **工作重点** ☆精细的市场调研是编制健身服务管理制度的基础，调研内容包括酒店现有的健身服务流程及项目情况，其他类似酒店的健身服务管理情况等 ☆健身服务管理制度要立足实际，具有可操作性，便于后期实施和操作 **工作标准** ☆参照标准：其他酒店的健身服务管理制度 ☆完成标准：酒店健身服务管理制度经总经理审批后通过
提供服务及服务改进	**执行程序** **1.准备** ☆服务人员穿着工作服，提前15分钟到达工作岗位 ☆健身中心室内健身器材布局合理、摆放整齐 ☆健身中心室内照明充足、环境卫生状况良好 **2.提供服务** ☆顾客前来健身，健身中心服务人员要微笑迎接顾客，并及时按酒店规定和顾客要求为顾客合理安排运动项目 ☆对于初次到来的顾客，服务人员应主动为其介绍健身器材和相关设备的性能及使用方法，耐心地为顾客讲解并做示范 ☆在顾客进行活动时，服务人员应为其提供服务和咨询；当顾客要求辅导时，服务人员应主动示范 ☆在顾客健身过程中，服务人员要注意清理顾客使用过的布巾和废弃物，及时补充服务用品，以满足顾客需要 ☆服务人员应随时给予顾客正确的指导，确保顾客安全 ☆顾客健身过程中若发生意外事故，服务人员要视事故大小上报健身服务主管或康体娱乐部经理协调处理 **3.改进服务** ☆健身服务主管对服务人员的工作进行检查监督，发现问题要及时纠正 ☆顾客在健身过程中如提出意见，健身中心服务人员要根据顾客的意见，按要求改进服务工作 **4.收款** 　顾客健身完毕后，服务人员要及时检查顾客使用后的健身器材，确认无误后为顾客办理结账手续，并出具相关票据

任务名称	执行程序、工作标准与考核指标
提供服务及服务改进	**工作重点** ☆服务人员要把握顾客服务过程中的细节，每一个环节和层面都力争做到规范、有序 ☆改进服务要及时 **工作标准** 为顾客提供的健身服务能够严格按照规范进行，相关过程符合要求，改进服务及时，服务成本在可控范围内 **考核指标** 健身目标完成率：目标值为＿＿％，用以衡量服务人员的工作完成情况 $$健身目标完成率 = \frac{实际完成的健身服务目标数}{计划完成的健身服务目标数} \times 100\%$$
器材日常保养及问题解决	**执行程序** **1.健身器材日常保养** ☆健身中心相关服务人员按酒店规定和健身器材使用说明书，定期对健身器材进行保养 ☆健身服务主管负责检查、监督健身器材定期保养的情况 ☆健身服务主管及时提出保养中存在的问题 **2.发现问题并汇报** 健身中心相关服务人员在服务或日常保养过程中，若发现健身器材存在问题或安全隐患，要及时向健身服务主管汇报 **3.提出解决办法** ☆健身服务主管及时受理服务人员汇报的问题，并仔细研究，提出处理办法 ☆按酒店规定权限，5 000元以下的健身器材发生问题，其处理办法由康体娱乐部经理审批 ☆按酒店规定权限，5 000元及以上的健身器材发生问题，其处理办法由总经理审批 **4.组织实施处理办法** ☆健身服务主管及时组织相关服务人员落实经过领导审批的处理办法（维修、报废等） ☆健身中心相关服务人员根据主管安排，及时处理有问题的健身器材 ☆问题处理后，健身中心各服务人员要继续为顾客提供健身服务 **工作重点** 健身服务人员要及时将服务过程中的方法、经验记录存档，作为以后工作的参考 **工作标准** 通过器材保养及问题处理，尽可能延长健身器材的使用寿命 **考核指标** 健身器材完好率：用以衡量健身器材的维护情况 $$健身器材完好率 = \frac{正常使用的健身器材数}{健身器材总数} \times 100\%$$
执行规范	
"酒店健身服务管理制度""酒店健身服务工作总结报告"	

第 9 章　康体娱乐及商务中心管理

9.3 桑拿服务管理流程设计与工作执行

9.3.1 桑拿服务管理流程设计

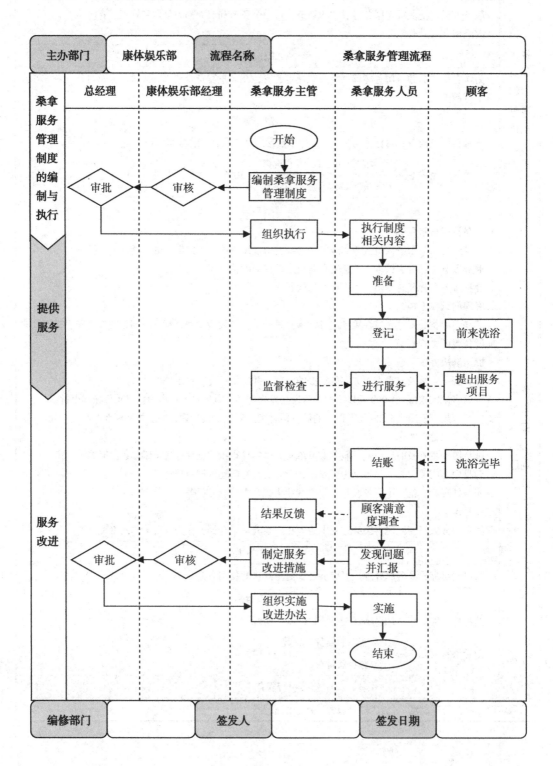

| 主办部门 | 康体娱乐部 | 流程名称 | | 桑拿服务管理流程 |

| 总经理 | 康体娱乐部经理 | 桑拿服务主管 | 桑拿服务人员 | 顾客 |

桑拿服务管理制度的编制与执行

开始

编制桑拿服务管理制度

审核 → 审批

组织执行 → 执行制度相关内容

提供服务

准备

登记 ← 前来洗浴

监督检查 → 进行服务 ← 提出服务项目

结账 ← 洗浴完毕

服务改进

结果反馈 ← 顾客满意度调查

审批 ← 审核 ← 制定服务改进措施 ← 发现问题并汇报

组织实施改进办法 → 实施

结束

| 编修部门 | | 签发人 | | 签发日期 |

酒店运营与管理全案

9.3.2 桑拿服务管理执行程序、工作标准、考核指标、执行规范

任务名称	执行程序、工作标准与考核指标
桑拿服务管理制度的编制与执行	**执行程序** **1.编制桑拿服务管理制度** ☆桑拿服务主管进行市场调研，并根据酒店实际情况编制酒店桑拿服务管理制度 ☆康体娱乐部经理对桑拿服务管理制度进行审核，并提出自己的意见和建议 ☆康体娱乐部经理将桑拿服务管理制度，连同自己的意见和建议一并上报总经理审批 **2.组织执行** 　桑拿服务主管组织桑拿服务人员执行经过领导审批的酒店桑拿服务管理制度 **工作重点** ☆精细的市场调研是编制酒店桑拿服务管理制度的基础，调研内容包括酒店现有的桑拿服务流程及标准，其他酒店的桑拿服务管理情况等 ☆桑拿服务管理制度的建设要立足实际，便于后期实施和操作 **工作标准** ☆参照标准：其他酒店的桑拿服务管理制度 ☆完成标准：酒店桑拿服务管理制度经总经理审批后通过
提供服务	**执行程序** **1.准备** ☆保证浴室干净、无垃圾和卫生死角，所有金属表面光洁明亮、镜面无水迹 ☆水温适宜、洗浴设备完好 ☆根据酒店规定，桑拿服务人员应每天对桑拿设备、设施进行检测与保养 ☆桑拿服务人员在检测过程中如发现设备、设施存在问题，要及时向桑拿服务主管汇报 ☆桑拿服务主管根据问题的实际情况提出处理办法 ☆按酒店规定权限，凡5 000元以下的设备、设施出现问题，处理办法由康体娱乐部经理审批 ☆按酒店规定权限，凡5 000元及以上的设备、设施出现问题，处理办法由总经理审批 **2.进行服务** ☆顾客到达后，桑拿服务人员要主动向顾客问好，热情接待顾客并询问有无预订 ☆服务人员要记录好顾客的姓名、房号、到达时间，并提供更衣柜钥匙，分配浴室，及时提供毛巾与服务用品 ☆顾客在洗浴过程中如需要搓澡、洗脚、按摩等服务，服务人员要及时做出安排 ☆桑拿服务人员要勤巡查，保证顾客的安全，发现问题要及时处理或向上级汇报 **工作重点** ☆服务人员要把握桑拿服务过程中的细节，每一个环节和层面都力争做到规范、有序，并且没有遗漏 ☆桑拿服务价格要公开、透明 **工作标准** ☆目标标准：通过精细服务为顾客提供高水平的桑拿服务，提升顾客满意度 ☆质量标准：相关桑拿服务严格按照规范进行，服务过程符合要求，服务结果达到标准，服务成本在可控范围内

任务 名称	执行程序、工作标准与考核指标
提供 服务	**考核指标** ☆桑拿服务准备工作的周密性：桑拿服务人员要严格按照规范做好准备工作 ☆桑拿服务目标完成率：目标值为____%，用以衡量桑拿服务人员的工作完成情况 $$桑拿服务目标完成率 = \frac{实际服务工作完成量}{目标服务计划完成量} \times 100\%$$

服务
改进
	执行程序
	1.结账
	  顾客洗浴完毕，桑拿服务人员要及时为顾客办理结账手续
	2.制定服务改进措施
	☆服务人员随机进行顾客满意度调查，并将收集到的顾客意见与建议反馈给桑拿服务主管
	☆桑拿服务主管根据顾客反馈的意见与建议制定相应的改进措施
	☆相关服务人员及时改进服务
	工作重点
	☆桑拿服务人员要及时将服务过程中产生的相关方法、经验记录存档，作为以后工作的参考
	☆服务改进要及时
	
	工作标准
	☆目标标准：通过不断改进，持续提升桑拿服务工作的水平
	☆质量标准：服务改进及时，改进措施合理、有效
	
	考核指标
	  建议采纳率：目标值为____%，用以衡量相关人员（如桑拿服务人员）所提建议的质量水平

执行规范	
"酒店桑拿服务管理制度"	

9.4 保龄球馆服务管理流程设计与工作执行

9.4.1 保龄球馆服务管理流程设计

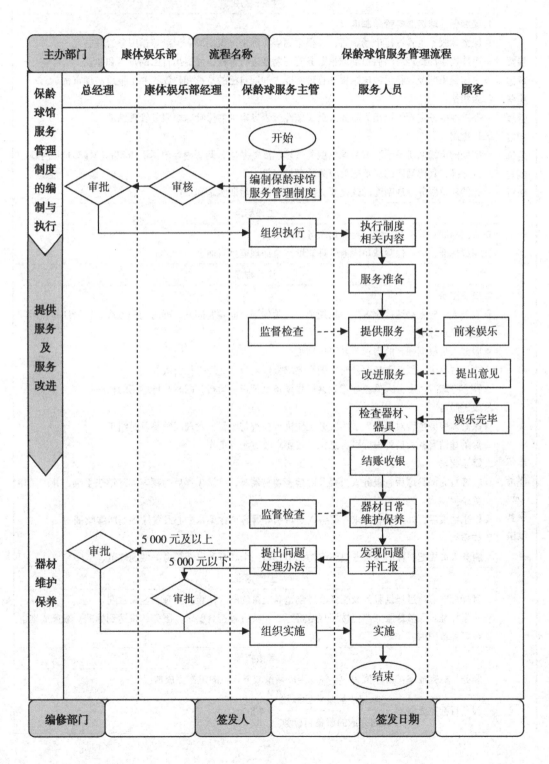

9.4.2 保龄球馆服务管理执行程序、工作标准、考核指标、执行规范

任务名称	执行程序、工作标准与考核指标
保龄球馆服务管理制度的编制与执行	**执行程序** **1.编制保龄球馆服务管理制度** ☆保龄球服务主管进行市场调研，并根据酒店实际情况编制酒店保龄球馆服务管理制度 ☆康体娱乐部经理对酒店保龄球馆服务管理制度进行审核，并提出自己的意见和建议 ☆康体娱乐部经理将保龄球馆服务管理制度，连同自己的意见和建议一并上报总经理审批 **2.组织执行** 　保龄球服务主管组织相关服务人员实施经过领导审批的保龄球馆服务管理制度 **工作重点** ☆精细的市场调研是编制保龄球服务管理制度的基础，调研内容包括酒店现有的保龄球服务流程及标准，其他酒店的保龄球服务管理情况等 ☆保龄球馆服务管理制度的建设要立足实际，便于后期实施和操作 **工作标准** ☆参照标准：其他酒店的保龄球馆服务管理制度 ☆完成标准：酒店保龄球馆服务管理制度经总经理审批后通过
提供服务及服务改进	**执行程序** **1.提供服务** ☆服务人员应主动迎接顾客，运用规范、礼貌的语言向顾客问好，同时询问顾客是按局还是按时间租用保龄球道 ☆服务人员根据顾客的需求为其安排球道 ☆娱乐过程中，服务人员要及时按顾客要求提供记分、送球等相关服务 ☆顾客打球时，服务人员应注意观察操作设备是否正常运行，同时维持球场的秩序 **2.改进服务** ☆保龄球服务主管对服务人员的服务工作进行检查与监督，发现问题要及时纠正 ☆保龄球馆服务人员要根据顾客意见，按要求改进服务工作 **3.娱乐完毕** ☆顾客打完保龄球后，服务人员要及时检查器材器具，确认无误后为顾客办理结账手续，并出具相关票据 ☆娱乐结束后，如顾客有需求，服务人员可引导顾客前往桑拿中心及餐厅等场所继续消费 **工作重点** 　服务人员要把握保龄球服务过程中的细节，每一个环节和层面都力争做到规范、有序 **工作标准** ☆目标标准：通过提供服务及服务改进创造高质量的顾客体验，提升顾客满意度 ☆质量标准：保龄球服务严格按照规范进行，相关过程符合要求，服务结果达到标准，服务成本也在可控范围内 **考核指标** 服务目标完成率：目标值为____%，用以衡量服务人员的工作完成情况 $$服务目标完成率 = \frac{实际完成的服务目标数}{计划完成的服务目标数} \times 100\%$$

任务名称	执行程序、工作标准与考核指标
器材维护保养	**执行程序** **1. 器材日常维护保养** ☆保龄球馆相关服务人员按酒店规定和器材使用说明书，定期对各种器材进行保养 ☆保龄球服务主管负责检查、监督各种器材定期保养的情况，并及时指出存在的问题 **2. 发现问题并汇报** 　保龄球馆相关服务人员对日常工作中发现的器材问题及安全隐患要及时处理，并向保龄球服务主管汇报 **3. 提出问题** ☆对于无法立即处理的问题，保龄球服务主管要仔细研究，提出处理办法 ☆按酒店规定权限，5 000 元以下的器材发生问题，处理办法由康体娱乐部经理审批 ☆按酒店规定权限，5 000 元及以上的器材发生问题，处理办法由总经理审批 **4. 组织实施** ☆保龄球服务主管及时组织相关服务人员落实经过领导审批的处理办法（维修、报废等） ☆保龄球馆相关服务人员根据主管安排，及时处理有问题的器材 **工作重点** ☆问题处理办法及相关记录要及时存档，作为以后工作的参考 ☆问题处理办法要具有可操作性 **工作标准** ☆目标标准：通过器材维护保养，进一步提升酒店保龄球服务水平，提升顾客满意度 ☆质量标准：器材日常维护及时、有效，出问题后能及时解决 **考核指标** 　问题处理及时率：目标值为＿＿＿%，用以衡量保龄球馆器材的维护保养情况 $$问题处理及时率 = \frac{及时处理的次数}{器材出现问题的次数} \times 100\%$$
执行规范	
"酒店保龄球馆服务管理制度""酒店保龄球馆服务工作总结报告"	

第 9 章　康体娱乐及商务中心管理

9.5.1 歌厅服务管理流程设计

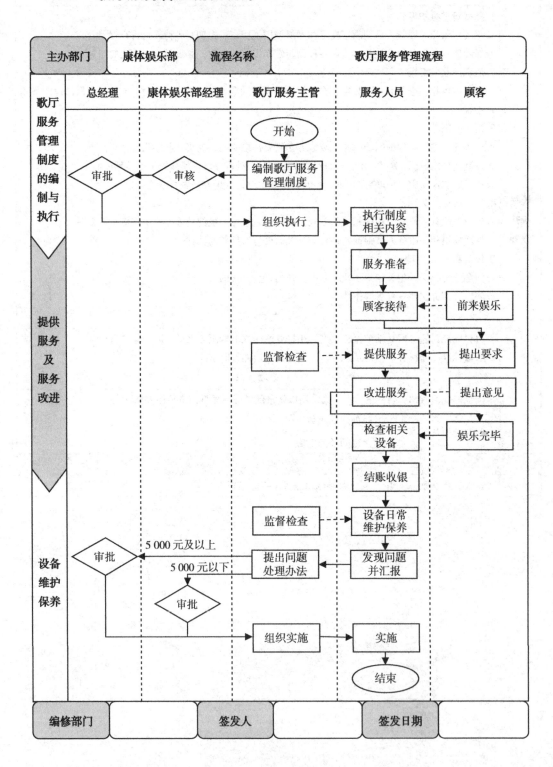

主办部门	康体娱乐部	流程名称	歌厅服务管理流程		
	总经理	康体娱乐部经理	歌厅服务主管	服务人员	顾客

酒店运营与管理全案

9.5.2 歌厅服务管理执行程序、工作标准、考核指标、执行规范

任务名称	执行程序、工作标准与考核指标
歌厅服务管理制度的编制与执行	**执行程序** **1.编制歌厅服务管理制度** ☆歌厅服务主管进行市场调研，并根据酒店实际情况编制酒店歌厅服务管理制度 ☆康体娱乐部经理对酒店歌厅服务管理制度进行审核，并提出自己的意见和建议 ☆康体娱乐部经理将歌厅服务管理制度，连同自己的意见和建议一并上报总经理审批 **2.组织执行** 　歌厅服务主管组织相关服务人员实施经过领导审批的歌厅服务管理制度 **工作重点** ☆精细的市场调研是编制歌厅服务管理制度的基础，调研内容包括酒店现有的歌厅服务流程及标准，其他酒店的歌厅服务管理情况等 ☆歌厅服务管理制度的建设要立足实际，便于后期实施和操作 **工作标准** ☆参照标准：其他酒店的歌厅服务管理制度 ☆完成标准：酒店歌厅服务管理制度经总经理审批后通过
提供服务及服务改进	**执行程序** **1.服务准备** ☆歌厅服务人员穿着工作服，提前15分钟到达工作岗位 ☆测试音响、灯光等设备的效果，查看设备是否正常运转，有问题及时上报歌厅服务主管 ☆检查房间内的环境卫生及相关物品、设备的摆设等是否符合酒店规定 **2.顾客接待** ☆歌厅迎宾员分为两组：一组在大堂，负责将顾客引领进歌厅；另一组负责将顾客从歌厅门口引领至歌厅内适当的座位 ☆迎宾员接待顾客时，要面带微笑、态度温和、亲切大方，耐心地为顾客介绍酒店歌厅提供的相关服务和娱乐项目 **3.提供服务** ☆歌厅服务人员要按规定为顾客提供相应的服务 ☆顾客进入歌厅后，歌厅服务人员要引导顾客使用点歌系统，并根据顾客要求提供酒水及小吃等服务 ☆在娱乐过程中，如顾客发现话筒等设备损坏，歌厅服务人员要及时为顾客更换 ☆在顾客娱乐过程中，歌厅服务人员要及时根据顾客的要求调节音量与画面质量等 **4.改进服务** ☆歌厅服务主管对服务人员的服务工作进行检查、监督，发现问题要及时纠正 ☆歌厅服务人员要根据顾客提出的意见，按要求改进服务工作 **5.娱乐完毕** ☆顾客娱乐完毕后，服务人员应检查歌厅的相关设施、设备有无损坏，并礼貌地请顾客结账

任务名称	执行程序、工作标准与考核指标
提供服务及服务改进	☆顾客离场后，服务人员要及时查看顾客有无疑留物品；如发现有疑留，要及时记录并处理 ☆做好歌厅内的环境卫生 **工作重点** ☆改进服务要及时 ☆服务人员要把握歌厅服务过程中的细节，每一个环节和层面都力争做到规范、有序 **工作标准** ☆目标标准：通过提供服务及服务改进创造高质量的顾客体验，提升顾客满意度 ☆质量标准：歌厅服务严格按照规范进行，相关过程符合要求，服务结果达到标准，服务成本在可控范围内 **考核指标** ☆服务目标完成率：目标值为____%，用以衡量服务人员的工作完成情况 $$服务目标完成率 = \frac{实际完成的服务目标数}{计划完成的服务目标数} \times 100\%$$ ☆建议采纳率：目标值为____%，用以衡量相关人员所提建议的质量水平 $$建议采纳率 = \frac{所提建议被采纳的次数}{提出建议总次数} \times 100\%$$
设备维护保养	**执行程序** **1. 设备日常维护保养** ☆歌厅相关服务人员按酒店规定和设备使用说明书，定期对各种设备进行保养 ☆歌厅服务主管负责检查、监督各种设备定期保养的情况 ☆歌厅服务主管及时提出保养工作中存在的问题 **2. 发现问题并汇报** 　歌厅相关服务人员在服务或日常保养过程中，若发现设备存在问题及安全隐患，要及时向歌厅服务主管汇报 **3. 提出问题处理办法** ☆歌厅服务主管及时受理服务人员汇报的问题，并仔细研究，提出处理办法 ☆按酒店规定权限，5 000元以下的设备发生问题，处理办法由康体娱乐部经理审批 ☆按酒店规定权限，5 000元及以上的设备发生问题，处理办法由总经理审批 **4. 组织实施** ☆歌厅服务主管及时组织相关服务人员落实经过领导审批的处理办法（维修、报废等） ☆歌厅相关服务人员根据主管安排，及时处理有问题的设备

任务 名称	执行程序、工作标准与考核指标
设备 维护 保养	**工作重点** ☆歌厅服务人员要及时将相关方法、经验记录存档，作为以后工作的参考 ☆处理办法要具有可操作性
	工作标准
	☆目标标准：通过对设备进行维护保养，进一步提高酒店歌厅服务水平，提升顾客满意度 ☆质量标准：设备日常维护及时、有效，出问题后能快速得到解决
	考核指标
	发现问题的敏感度：歌厅服务主管每月（季）度发现服务中的问题超过____次

执行规范
"酒店歌厅服务管理制度""酒店歌厅服务工作总结报告"

第 9 章 — 康体娱乐及商务中心管理

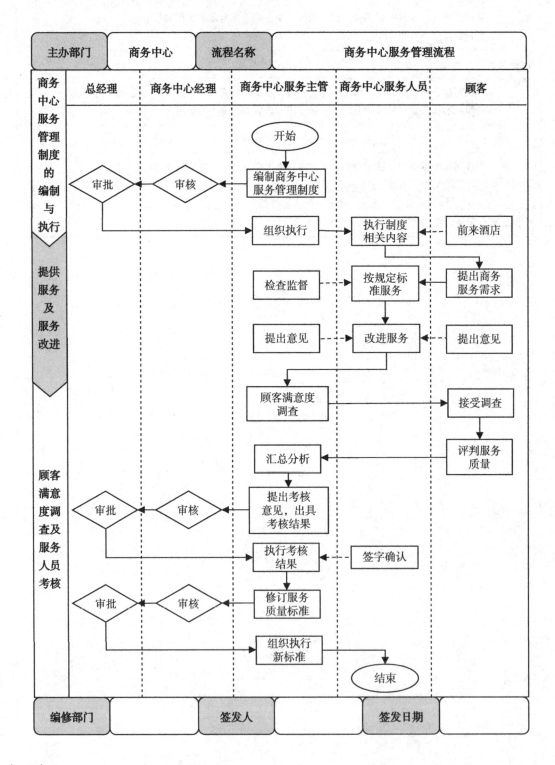

9.6 商务中心服务管理流程设计与工作执行

9.6.1 商务中心服务管理流程设计

主办部门	商务中心	流程名称	商务中心服务管理流程		
商务中心服务管理制度的编制与执行 / 提供服务及服务改进 / 顾客满意度调查及服务人员考核	总经理	商务中心经理	商务中心服务主管	商务中心服务人员	顾客

商务中心服务管理制度的编制与执行

开始 → 编制商务中心服务管理制度 → 审核 → 审批

组织执行 → 执行制度相关内容 ← 前来酒店

提供服务及服务改进

检查监督 ⟶ 按规定标准服务 ← 提出商务服务需求

提出意见 ⟶ 改进服务 ← 提出意见

顾客满意度调查 → 接受调查 → 评判服务质量

顾客满意度调查及服务人员考核

汇总分析 ← 提出考核意见，出具考核结果 → 审核 → 审批

执行考核结果 ← 签字确认

修订服务质量标准 → 审核 → 审批

组织执行新标准 → 结束

编修部门		签发人		签发日期	

9.6.2　商务中心服务管理执行程序、工作标准、考核指标、执行规范

任务名称	执行程序、工作标准与考核指标
商务中心服务管理制度的编制与执行	**执行程序** **1.编制商务中心服务管理制度** ☆商务中心服务主管进行市场调研，并根据酒店的实际情况编制酒店商务中心服务管理制度 ☆商务中心经理对商务中心服务管理制度进行审核，并提出自己的意见和建议 ☆商务中心经理将商务中心服务管理制度，连同自己的意见和建议一并上报总经理审批 **2.组织执行** 　商务中心服务主管组织相关服务人员执行经过领导审批的酒店商务中心服务管理制度 **工作重点** ☆精细的市场调研是编制酒店商务中心服务管理制度的基础，调研内容包括酒店现有的商务服务流程及标准情况，其他酒店的商务服务管理情况等 ☆商务中心服务管理制度要具有可操作性，制度要立足实际，便于后期实施和操作 **工作标准** ☆参照标准：其他酒店的商务中心服务管理制度 ☆完成标准：酒店商务中心服务管理制度经总经理审批后通过
提供服务及服务改进	**执行程序** **1.按规定标准服务** ☆商务中心服务人员应根据顾客需求（如订票、购物、会议等），及时按照服务制度及服务标准为顾客提供相关服务 ☆商务中心服务主管负责对相关服务人员的工作情况进行检查、监督 **2.改进服务** ☆商务中心服务主管按照服务制度与服务标准，对相关服务人员的不规范服务提出意见 ☆顾客在接受商务中心服务的过程中，会根据自己的观点，对服务工作提出意见和建议 ☆商务中心服务人员应根据服务主管和顾客提出的意见及建议，不断改进服务质量 ☆商务中心服务主管负责定期组织相关会议，讨论服务中存在的问题，以持续提升服务质量 **工作重点** ☆商务中心服务的每一个环节、层面都要做到规范、有序，并且没有遗漏 ☆商务中心的服务价格要公开、透明 ☆商务中心服务人员要及时将服务过程中产生的相关方法、经验记录存档，作为以后工作的参考 ☆服务改进要及时 **工作标准** ☆目标标准：为顾客提供高水平的商务服务，提升顾客满意度 ☆质量标准：相关商务服务严格按照规范进行，服务过程符合要求，服务结果达到标准，服务成本在可控范围内 **考核指标** ☆商务中心服务工作的周密性：商务中心服务人员要严格按照规范为顾客提供服务 ☆建议采纳率：目标值为＿＿＿％，用以衡量相关人员（如商务中心服务人员）所提建议的质量水平 $$建议采纳率 = \frac{被采纳的建议数}{提出建议总数} \times 100\%$$

任务名称	执行程序、工作标准与考核指标
顾客满意度调查及服务人员考核	**执行程序** **1. 顾客满意度调查** ☆商务中心服务主管负责设计顾客满意度调查问卷，并组织在相关服务场所发放，请顾客填写 ☆商务中心服务主管及时汇总并分析顾客满意度调查问卷 **2. 提出考核意见，出具考核结果** ☆商务中心服务主管根据顾客满意度调查的情况对服务人员的工作质量进行评价，提出考核意见，出具考核结果 ☆商务中心经理对服务主管提交的考核意见与考核结果进行审核，并提出自己的评价意见 ☆总经理依据商务中心经理的评价意见对考核结果进行审批 ☆商务中心服务主管将经过领导审批的考核结果通知相关服务人员 **3. 修订服务质量标准** ☆商务中心服务主管根据阶段内服务制度和服务标准的执行情况，对其进行修订 ☆修订后的服务制度和服务标准须报商务中心经理审核，并列出重点内容；审核通过后，报总经理审批 ☆商务中心服务主管负责组织执行经过领导审批的新制度、新标准 **工作重点** 　商务中心服务人员的考核要及时、客观、全面
	工作标准 ☆目标标准：通过顾客满意度调查和服务人员考核，持续提升酒店商务中心服务工作的水平 ☆质量标准：顾客满意度调查周密、科学，绩效考核符合规范，能有效提升商务中心服务人员的工作积极性
	考核指标 商务中心服务目标完成率：目标值为____%，用以衡量商务中心服务人员的工作完成情况 $$商务中心服务目标完成率 = \frac{实际服务工作完成量}{目标服务计划完成量} \times 100\%$$
执行规范	
"酒店商务中心服务管理制度"	

10.1　智慧酒店管理流程

10.1.1　流程目的说明

酒店实施智慧酒店管理流程设计的目的如下：

（1）确保酒店大数据营销工作顺利，加快实现营销目标，提高酒店的经济效益；

（2）明确酒店在进行智慧酒店管理系统设计时各部门、各岗位之间的权责关系，减少摩擦，提高工作效率；

（3）规范智慧酒店管理系统设计的工作程序，避免在实际工作中发生盲目、无序工作的情况。

10.1.2　流程结构设计

智慧酒店管理可细分为三个事项，就每个事项分别设计流程，具体的流程结构设计如图 10-1 所示。

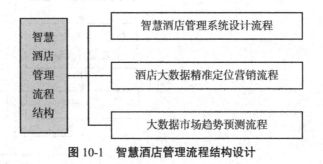

图 10-1　智慧酒店管理流程结构设计

10.2.1　智慧酒店管理系统设计流程

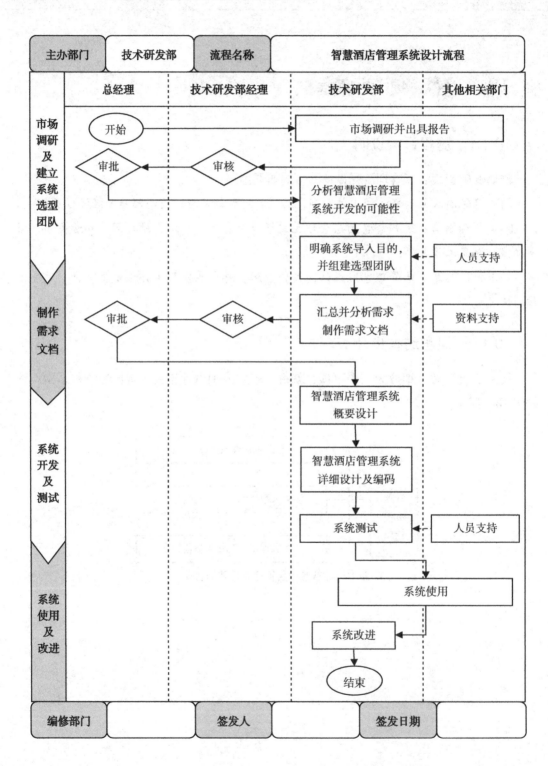

主办部门	技术研发部	流程名称	智慧酒店管理系统设计流程

10.2.2　智慧酒店管理系统设计执行程序、工作标准、考核指标、执行规范

任务名称	执行程序、工作标准与考核指标
市场调研及建立系统选型团队	**执行程序** **1.市场调研并出具报告** ☆在酒店总经理的要求下，技术研发部组织企划部、市场营销部等部门对当前市场上现有的智慧酒店的管理方法、管理系统和信息流程等进行调研分析，并出具市场调研报告 ☆市场调研报告完成后，须报技术研发部经理审核、总经理审批 **2.分析智慧酒店管理系统开发的可能性** 　市场调研报告审批通过后，技术研发部针对报告内容进行讨论，结合企业现状分析智慧酒店管理系统开发的可能性 **3.明确系统导入目的，并组建选型团队** ☆技术研发部在充分讨论调研报告的基础上，明确智慧酒店管理系统导入的目的 ☆从每个即将使用智慧酒店管理系统的部门中抽调代表，与技术研发部工作人员组成一个智慧酒店管理系统选型团队 ☆选型团队负责智慧酒店管理系统相关概念的推广及早期培训等工作 **工作重点** 　选型团队要让酒店相关部门和工作人员清楚地认识到智慧酒店管理系统对自身工作的帮助，以及智慧酒店管理系统将如何深刻地影响酒店的经营活动 **工作标准** ☆参照标准：其他酒店的智慧酒店管理系统使用情况的调查资料 ☆目标标准：酒店在充分调研、讨论的基础上，建立精干的智慧酒店管理系统选型团队，并在本酒店范围内对智慧酒店管理系统概念进行了初步推广与培训，为后续工作打下基础
制作需求文档	**执行程序** 　选型团队汇总酒店各相关部门对智慧酒店管理系统的使用需求，分析部门之间的交互作用，并在此基础上制定智慧酒店管理系统需求文档，报技术研发部经理审核、总经理审批 **工作重点** 　需求文档的制作要按照规范的要求进行，做到内容全面、结构清晰，无重大纰漏 **工作标准** 　需求文档经过反复审定、修改后通过总经理审批 **考核指标** 　需求文档的科学性：需求文档符合智慧酒店管理系统的功能定位、管理水平及酒店信息资源管理的要求
系统开发及测试	**执行程序** **1.智慧酒店管理系统概要设计** 　在了解需求的情况下，技术开发人员对智慧酒店管理系统进行概要设计，包括软件系统的组织结构、模板划分、功能分配、数据结构设计及出错处理等

任务名称	执行程序、工作标准与考核指标
系统开发及测试	**2.智慧酒店管理系统详细设计及编码** 　　在概要设计的基础上，技术开发人员先对软件系统内部各模块进行详细设计，然后进行编码 **3.系统测试** 　　编码完成后，技术研发部组织相关人员对软件系统进行测试，以确认每个功能的实现及实现的程度 **工作重点** ☆技术研发部要注意软件测试的规范性 ☆测试过程要严格按照要求进行，如果更改原来的标准、程序，要及时做好记录、标注 ☆明确测试报告的关键内容，包括软件系统名称、设计要求、设计时间、测试项目、测试过程、测试人员、测试器具及测试结果等
	工作标准
	☆参照标准：酒店过去类似项目的开发及测试报告资料 ☆完成标准：软件系统完成测试并通过验收
	考核指标
	☆测试报告的规范性：严格按照要求编写，做到内容全面、结构清晰，无重大纰漏 ☆需求目标满足率：用来衡量智慧酒店管理系统各项需求的满足程度 $$需求目标满足率 = \frac{实际满足的需求目标数}{计划满足的需求目标数} \times 100\%$$
系统使用及改进	**执行程序**
	1.系统使用 　　酒店各相关部门经过内部培训后，按要求在工作中使用智慧酒店管理系统 **2.系统改进** 　　当智慧酒店管理系统在运行过程中出现问题时，技术开发人员要及时对系统进行调试与改进，同时对过程进行记录和总结 **工作重点** ☆智慧酒店管理系统的改进是一个持续的过程，酒店技术人员要注意学习并总结相关经验 ☆相关人员要认真记录系统使用过程中出现的问题，并及时与技术开发人员沟通
	工作标准
	☆目标标准：智慧酒店管理系统的使用和持续改进，能有效提升酒店智能管理的效能，促进酒店智能化发展 ☆质量标准：系统使用规范，相关部门和人员能够及时对系统进行改进
	考核指标
	建议采纳率：目标值为____% $$建议采纳率 = \frac{所提建议被采纳的次数}{提出建议的总次数} \times 100\%$$
	执行规范
	"智慧酒店管理系统需求文档""智慧酒店管理系统使用效果监测报告"

酒店运营与管理全案

10.3.1　酒店大数据精准定位营销流程设计

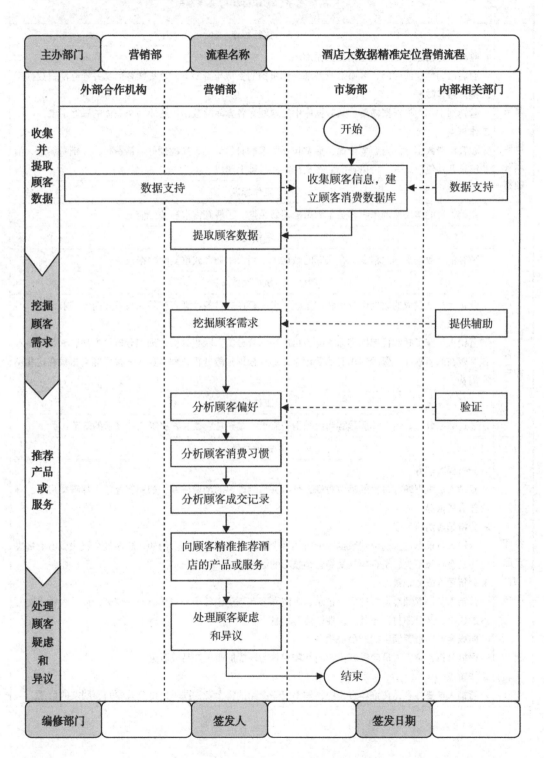

10.3.2 酒店大数据精准定位营销执行程序、工作标准、考核指标、执行规范

任务名称	执行程序、工作标准与考核指标
收集并提取顾客数据	**执行程序** **1.收集顾客信息，建立顾客消费数据库** 　酒店市场部在前厅部、客服部及外部合作机构的支持与帮助下，收集顾客信息并建立消费数据库 **2.提取顾客数据** 　营销部工作人员根据需要，从数据库中提取顾客各方面的数据，还原一个立体的顾客形象 **工作重点** 　顾客消费数据库的内容要全面，通常包括顾客的身份信息、兴趣爱好、消费行为、消费偏好、消费记录及其他信息等，可以在酒店客史档案的基础上建成 **工作标准** 　营销人员能够快速调用顾客关于酒店的消费数据，了解其需求和偏好信息 **考核指标** 　顾客消费数据筛选的精度：在入库的数据中，错误、失真或重复的数据较少
挖掘顾客需求	**执行程序** 　营销人员从提取的数据中分析和挖掘顾客可能存在的对各种酒店产品或服务方面的需求 **工作重点** 　营销人员在了解和挖掘顾客需求时，可应用综合分析、联想分析、预测分析等方法，如数据显示顾客曾在酒店歌厅、保龄球馆有消费记录，那么根据预测分析，顾客这次来很可能会再次在这些场所消费 **工作标准** 　通过数据分析，迅速掌握顾客当前的消费需求，尤其是餐饮、客房等消费需求的细节
推荐产品或服务	**执行程序** **1.分析顾客偏好** 　营销人员根据顾客过去的消费数据，分析并总结顾客的消费偏好，如顾客经常入住哪类房型、喜欢什么风格等 **2.分析顾客消费习惯** 　营销人员根据过去的消费数据，分析顾客个人的一些消费习惯。例如，顾客是会很快做出消费决定还是会犹豫不决、是否容易受到营销技巧的影响等 **3.分析顾客成交记录** 　营销人员根据顾客过去的成交记录，了解顾客在酒店中各项消费支出的平均额，以及大额成交所占的比例、是分期付款还是一次性结清等信息 **4.向顾客精准推荐酒店的产品或服务** 　根据分析，营销人员向顾客推荐与其需求较为匹配的酒店产品或服务 **工作重点** 　营销人员要注意，在推荐过程中，你不仅是产品的售卖者，同时也扮演着顾问、朋友的角色

酒店运营与管理全案

（续）

任务名称	执行程序、工作标准与考核指标		
推荐产品或服务	**工作标准**		
	☆目标标准：为顾客量身定制的产品或服务能够满足顾客需求，让顾客感到满意 ☆完成标准：根据顾客的需求及偏好、习惯等因素，精准推荐酒店的产品或服务		
	考核指标		
	分析结果准确率：用以衡量营销人员应用顾客消费数据的质量水平 $$分析结果准确率 = \frac{分析结果准确的次数}{分析总次数} \times 100\%$$		
处理顾客疑虑和异议	**执行程序**		
	向顾客推荐的酒店产品或服务，若顾客提出疑虑和异议，营销人员要快速予以处理和解决，积极促成交易		
	工作重点		
	顾客针对产品或服务提出疑虑和异议是很正常的，营销人员要尊重顾客本身的判断，并认真处理		
	工作标准		
	营销人员能够及时处理顾客的各种疑虑和异议，最终促成交易		
执行规范			
"顾客消费数据库使用办法""酒店大数据精准定位营销方案"			

第 10 章　智慧酒店管理

10.4 大数据市场趋势预测流程设计与工作执行

10.4.1 大数据市场趋势预测流程设计

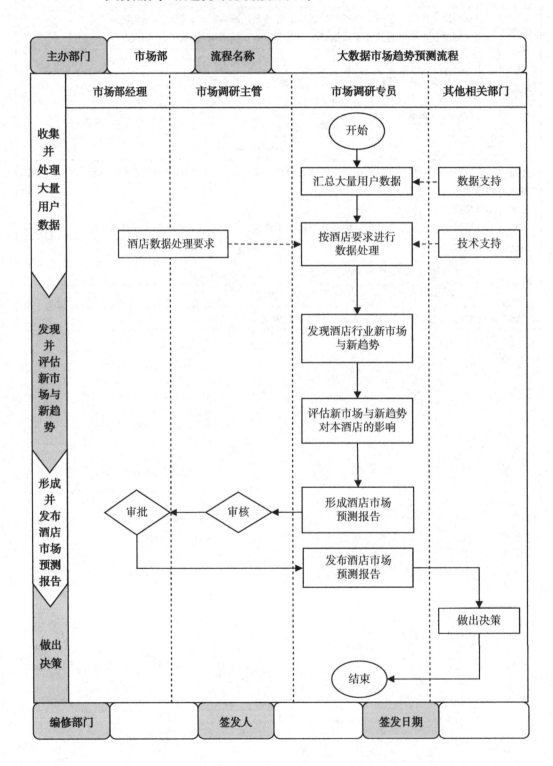

10.4.2　大数据市场趋势预测执行程序、工作标准、考核指标、执行规范

任务名称	执行程序、工作标准与考核指标
收集并处理大量用户数据	**执行程序** **1.汇总大量用户数据** 　酒店市场调研专员通过内外各种渠道获取大量与酒店经营相关的用户数据，如用户的消费数据、酒店预订习惯及生活喜好等 **2.按酒店要求进行数据处理** ☆酒店市场部经理、市场调研主管对数据处理提出意见和要求 ☆市场调研专员在其他部门的技术支持下，及时对大量用户数据进行分析 **工作重点** 　由于用户数据分析工作需要其他部门的配合，因此市场调研专员要准确地向技术人员传递要求 **工作标准** 数据经过处理后能清晰地显示酒店市场的各种趋势
发现并评估新市场与新趋势	**执行程序** **1.发现新市场与新趋势** 　市场调研专员通过大数据分析和预测，了解顾客需求和愿望，以及酒店行业的新市场与服务趋势 **2.评估新市场与新趋势对本酒店的影响** 　市场调研专员结合酒店的战略、产品及服务现状，评估新市场与新产品对本酒店的影响 **工作重点** 　发现新市场与新趋势后，市场部调研专员与管理人员要深入思考其实现的可能性，以及对本酒店的影响 **工作标准** 通过发现新市场与新趋势，指引酒店未来发展战略方向
形成并发布酒店市场预测报告	**执行程序** **1.形成酒店市场预测报告** ☆市场调研专员依据之前的分析结果编制酒店市场预测报告，报告要紧密围绕顾客的消费需求编写，行文要简洁、准确、主题突出、逻辑合理，应对措施针对性强 ☆市场调研专员在编制报告时，应再次对大数据分析进行检验，发现问题要及时更正 ☆市场预测报告编制完成后，须上报市场调研主管审核、市场部经理审批 **2.发布酒店市场预测报告** 　市场调研专员将审批通过的酒店市场预测报告及数据按相关规定发布 **工作重点** 酒店市场预测报告要按照规定的内容框架、格式要求编写，重点要突出，无重大纰漏 **工作标准** 酒店市场预测报告通过审批 **考核指标** 酒店市场预测报告发布的及时性：应在预测报告获批后＿＿＿个工作日内予以发布

任务 名称	执行程序、工作标准与考核指标
做出 决策	**执行程序** 　　酒店市场预测报告发布后，酒店各相关部门要根据报告做出决策，制定新的具有针对性的工作目标和方法。相关人员在使用报告的过程中若发现预测有误，要及时向市场调研专员反映 **工作重点** 　　酒店的市场推广策略、品牌策略、上市策略等要根据市场预测报告及时做出调整
	工作标准
	市场预测报告对酒店的各项决策具有指导作用
	执行规范
	"酒店行业大数据市场预测报告""酒店市场大数据使用监测报告"

酒店运营与管理全案

11.1　酒店服务质量管理流程

11.1.1　流程目的说明

酒店对服务质量实施流程管理的目的如下：

（1）确保酒店服务质量管理的各项工作安排妥当，职责分工明确，并然有序；

（2）提高酒店服务的质量水平，提升顾客满意度，促进酒店销售，保证销售目标的达成；

（3）不断改进并完善酒店服务质量管理体系，提高顾客服务水平，为酒店的发展提供保障。

11.1.2　流程结构设计

酒店服务质量管理可细分为七个事项，就每个事项分别设计流程，具体的结构设计如图 11-1 所示。

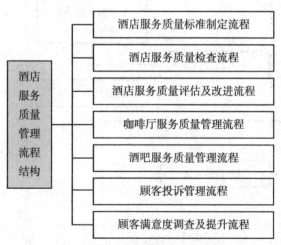

图 11-1　酒店服务质量管理流程结构设计

11.2　酒店服务质量标准制定流程设计与工作执行

11.2.1　酒店服务质量标准制定流程设计

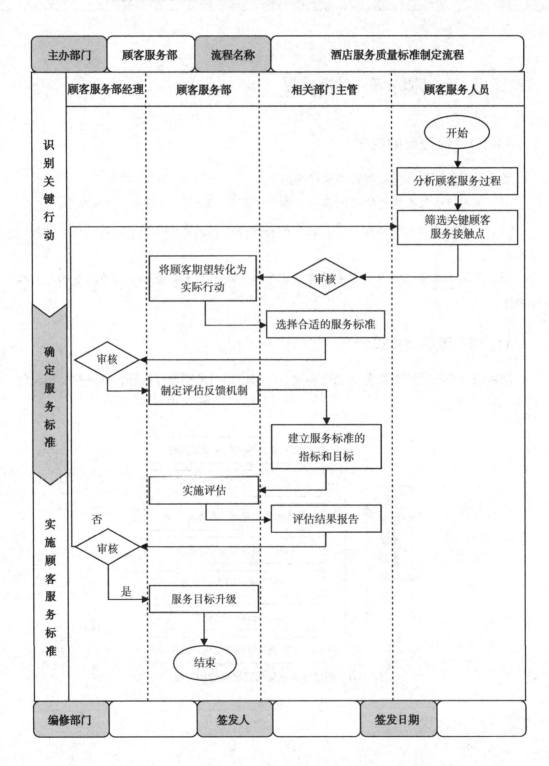

11.2.2 酒店服务质量标准制定执行程序、工作标准、考核指标、执行规范

任务名称	执行程序、工作标准与考核指标

识别关键行动	**执行程序**
	1. 分析顾客服务过程
	  酒店顾客服务人员针对酒店顾客服务的特点及顾客的消费偏好等对顾客服务过程进行分析
	2. 筛选关键顾客服务接触点
	  顾客服务人员根据对顾客服务过程的分析情况,对顾客服务环节进行筛选,挑选出关键的顾客接触点,提交酒店相关部门主管审核
	3. 将顾客期望转化为实际行动
	  顾客服务部根据识别出的关键顾客服务接触点,理解、构想顾客期望,将顾客期望转化为可操作的实际行动
	工作重点
	  酒店顾客服务过程分析要尽可能深入和全面,最好抽调质量管理部、客房部、前厅部的相关人员成立专门的工作小组,进行集中作业,或聘请外部咨询机构进行分析
	
	工作标准
	☆方法标准:酒店顾客服务人员可以通过顾客深入面谈法、小组焦点面谈法和其他的研究方法,将顾客期望转换成每项服务接触的恰当行为和行动,进一步识别关键顾客需求点
	☆质量标准:关键顾客服务接触点识别能以顾客关键满意因素为标准,正确筛选出顾客主要关注的服务环节

确定服务标准	**执行程序**
	1. 选择合适的服务标准
	  酒店各部门参考顾客服务部提出的由关键顾客接触点转化而来的实际行动,制定并选择出切合实际的服务标准,提交顾客服务部经理审核
	2. 制定评估反馈机制
	  各部门的顾客服务标准审核通过,顾客服务部结合实际制定评估反馈机制,并通知相关部门
	3. 建立服务标准的指标和目标
	  各相关部门在确定的服务标准基础上,制定具体的服务标准考核评估指标和工作目标,建立本部门清晰明确的服务标准体系
	工作重点
	☆顾客服务标准的选择要形成规范
	☆顾客服务反馈机制至关重要的一个方面是确保从顾客的角度,而不是从酒店的角度控制服务过程
	
	工作标准
	☆依据标准:酒店各项服务质量标准可参考国家标准、同业水准、国外水准、顾客需求等制定
	☆质量标准:酒店服务质量标准要为顾客预期而立,而不是被动反应,服务标准既要有挑战性,又要切合实际

任务 名称	执行程序、工作标准与考核指标
实施 顾客 服务 标准	**执行程序** **1.实施评估** 　顾客服务部根据已确定的酒店服务标准和评估反馈机制，对相关部门的服务质量标准进行评估 **2.评估结果报告** ☆部门主管根据评估的结果和实际，编写顾客服务标准评估报告，提交顾客服务部经理审核 ☆制定的服务质量标准与顾客服务工作不匹配，未通过审核的，顾客服务人员要重新筛选关键顾客 　接触点，各部门主管修改完善服务标准，直至合格 **3.服务目标升级** 　顾客服务标准评估报告审核通过后，顾客服务部改进并完善顾客服务工作，不断提升服务标准， 更新升级顾客服务目标 **工作重点** 　根据顾客服务评估信息的反馈和顾客服务水平的不断改进，顾客服务部要及时对服务目标水平和 评估尺度进行升级，使服务标准具有前瞻性，能够持续性地反映顾客需求与满意水平

工作标准

各项服务质量标准应该随着服务环境与同业标准的改变、服务流程的改善、顾客需求等因素的变化不断修订

考核指标

☆评估报告提交及时率：目标值为100%，用来衡量评估报告提交的及时性

$$评估报告提交及时率 = \frac{期限内提交的评估报告数}{应提交的评估报告总数} \times 100\%$$

☆评估结果的客观性：评估结果客观公正，没有偏失

执行规范

"顾客服务流程""服务质量标准及检验规范修订表""顾客服务质量标准"

酒店运营与管理全案

11.3.1　酒店服务质量检查流程设计

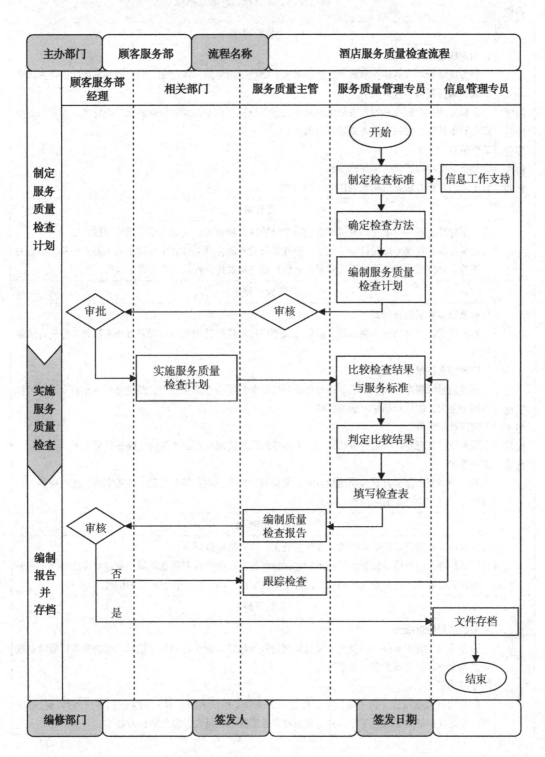

11.3.2　酒店服务质量检查执行程序、工作标准、考核指标、执行规范

任务名称	执行程序、工作标准与考核指标
制定服务质量检查计划	**执行程序** **1.制定检查标准** 　服务质量管理专员根据酒店顾客服务需求关键绩效指标的具体情况，制定顾客服务质量检查标准 **2.编制服务质量检查计划** 　在确定的检查标准和检查方法的基础上，服务质量管理专员编制服务质量检查计划，提交服务质量主管审核后，报顾客服务部经理审批 **工作重点** ☆检查标准应与绩效指标保持一致 ☆不同的检查方法要说明其具体的应用情境 **工作标准** ☆依据标准：服务质量管理专员根据检查项目的内容和标准，确定所要采用的检查方法 ☆质量标准：在服务质量检查计划中，服务质量检查的标准与顾客服务需求的关键点相符，检查方法符合具体的应用情境；服务质量检查的标准与绩效指标保持一致，便于执行
实施服务质量检查	**执行程序** **1.实施服务质量检查计划** 　服务质量检查计划审批通过后，酒店相关部门按照检查计划的要求对各项顾客服务工作进行质量检查 **2.比较检查结果与服务标准** 　服务质量管理专员负责收集、统计各部门的服务质量检查结果数据，整理分析后比较不同部门和不同服务岗位的检查结果及服务标准 **3.判定比较结果** 　服务质量管理专员根据检查结果和服务标准的比较情况，判定各部门的服务质量水平 **工作重点** 　酒店顾客服务部进行服务质量检查时，必须遵守以下原则：实事求是、注重实效、逐项检查、严查严办、自主检查及实时检查等 **工作标准** ☆质量标准：判定比较结果准确、客观、公正，检查结果分析合理 ☆依据标准：服务质量检查人员熟悉和掌握服务标准，严格按照服务质量检查计划实施检查，并采用相关检查方法对服务人员的特性进行定量或定性的测量，以获取所需的信息
编制报告并存档	**执行程序** **1.编制质量检查报告** 　服务质量主管根据服务质量管理专员提交的服务质量分析比较和判定结果，编制服务质量检查报告，提交酒店顾客服务部经理审核 **2.跟踪检查** 　服务质量检查报告审核不通过的，服务质量主管要组织人员重新对相关的顾客服务部门进行检查，督促其做好顾客服务工作，并重新编制服务质量检查报告，直至审核通过

任务名称	执行程序、工作标准与考核指标
编制报告并存档	**3. 文件存档** 　　服务质量检查报告审核通过后，信息管理专员负责收集整理相关资料信息，进行存档保存 **工作重点** 　　重新实施服务质量检查工作时，相关人员要做好检查结果的分析与总结工作
	工作标准
	报告格式规范，内容完整、准确，与实际检查结果相符，不存在重大错漏
	考核指标
	☆质量检查报告提交及时率：目标值为100%，用于衡量报告提交的及时性 $$质量检查报告提交及时率 = \frac{期限内提交的报告数}{提交报告总数} \times 100\%$$ ☆质量检查报告的客观性：报告的内容符合实际的判定结果
执行规范	
"酒店顾客服务工作制度""酒店服务工作检查表""酒店服务质量检查报告"	

11.4.1 酒店服务质量评估及改进流程设计

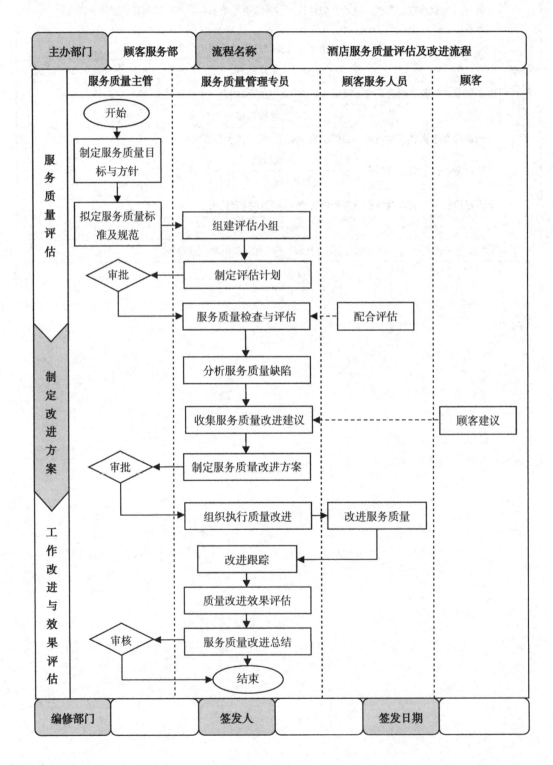

11.4.2 酒店服务质量评估及改进执行程序、工作标准、考核指标、执行规范

任务 名称	执行程序、工作标准与考核指标
服务 质量 评估	**执行程序** **1. 拟订服务质量标准及规范** 　酒店服务质量主管根据酒店顾客服务质量的总体目标与方针，结合酒店顾客的需求特点拟订酒店服务质量标准与规范 **2. 组建评估小组** 　服务质量管理专员组织建立评估小组，对酒店相关部门的服务工作进行质量检查与评估 **3. 制定评估计划** 　服务质量评估小组根据酒店服务工作的实际情况，围绕顾客关键接触点，制定服务质量评估计划，提交服务质量主管审批 **4. 服务质量检查与评估** 　服务质量评估计划审批通过，服务质量管理专员根据批示意见执行服务质量评估任务，检查顾客服务人员和相关部门的服务质量 **工作重点** 　服务质量管理专员要按照服务质量标准要求，随时对酒店服务人员的工作进行现场监督检查 **工作标准** ☆组成标准：评估小组成员包括组长、副组长和评估人员 ☆评估标准：制度执行能力，常规性工作及责任目标的落实情况，顾客问卷调查情况，部门之间服务工作的配合及相互支持情况等
制定 改进 方案	**执行程序** **1. 分析服务质量缺陷** 　服务质量管理专员根据酒店服务质量检查评估的数据和结果，整理分析酒店不同服务工作的质量问题和缺陷 **2. 收集服务质量改进建议** 　服务质量管理专员针对服务质量问题和缺陷，收集相关资料及顾客的改进建议 **3. 制定服务质量改进方案** 　服务质量管理专员汇总顾客建议，分析筛选有效建议，并结合本酒店的实际情况制定酒店服务质量改进方案，提交服务质量主管审批 **工作重点** 　凡与酒店服务质量改进工作有关的建议均应收集，包括酒店接待服务、产品售后服务、服务种类、服务投诉处理、服务时间等方面的建议 **工作标准** 员工及顾客提供的服务质量改进建议，行业内知名酒店的服务质量标准和改进措施

任务名称	执行程序、工作标准与考核指标
制定改进方案	**考核指标** ☆服务质量改进方案制定及时率：用来衡量服务质量改进的及时性 $$服务质量改进方案制定及时率 = \frac{期限内提交完成的改进方案数}{提交的改进方案总数} \times 100\%，目标值为 100\%$$ ☆服务质量改进方案的可行性：改进方案符合酒店实际情况，可操作性强
工作改进与效果评估	**执行程序** **1. 组织执行质量改进** 　　服务质量改进方案审批通过后，服务质量管理专员按照方案组织执行，将具体任务和实施流程下发给酒店相关服务人员 **2. 质量改进效果评估** 　　服务质量管理专员对服务质量改进方案的执行情况进行检查，评估酒店服务人员和酒店相关部门服务工作的质量改进效果和成绩 **3. 服务质量改进总结** 　　服务质量管理专员根据改进效果评估的情况，编制服务质量改进工作总结报告，并提交服务质量主管审核 **工作重点** 　　改进工作要及时，要有结果、有反馈、有记录
	工作标准 组织质量改进工作的措施得当，力度较大；服务质量得到明显提升
	执行规范
	"酒店服务质量标准与规范""顾客服务目标责任书""顾客服务质量调查问卷""顾客服务质量评估报告""顾客服务质量责任制度"

11.5 咖啡厅服务质量管理流程设计与工作执行

11.5.1 咖啡厅服务质量管理流程设计

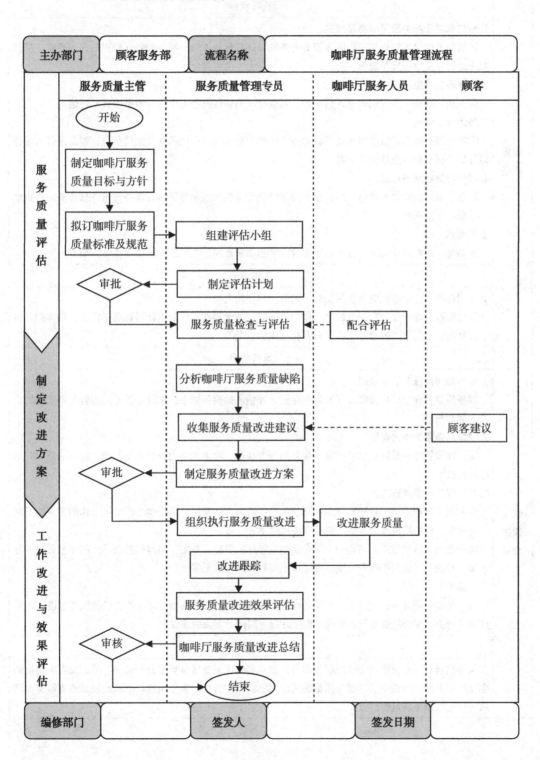

主办部门	顾客服务部	流程名称	咖啡厅服务质量管理流程

右侧竖排文字：第11章 酒店服务质量管理

编修部门		签发人		签发日期	

流程图内容：

服务质量主管 | 服务质量管理专员 | 咖啡厅服务人员 | 顾客

服务质量评估
- 开始
- 制定咖啡厅服务质量目标与方针
- 拟订咖啡厅服务质量标准及规范
- 组建评估小组
- 制定评估计划
- 审批
- 服务质量检查与评估 ← 配合评估

制定改进方案
- 分析咖啡厅服务质量缺陷
- 收集服务质量改进建议 ← 顾客建议
- 制定服务质量改进方案
- 审批

工作改进与效果评估
- 组织执行服务质量改进 → 改进服务质量
- 改进跟踪
- 服务质量改进效果评估
- 审核 ← 咖啡厅服务质量改进总结
- 结束

11.5.2　咖啡厅服务质量管理执行程序、工作标准、考核指标、执行规范

任务 名称	执行程序、工作标准与考核指标
服务 质量 评估	**执行程序** **1.拟订咖啡厅服务质量标准及规范** 　　酒店服务质量主管根据酒店顾客服务业务的总体目标与方针，结合咖啡厅顾客的需求特点，拟订咖啡厅服务质量标准与规范 **2.组建评估小组** 　　服务质量管理专员组织建立评估小组，对咖啡厅的顾客服务工作进行质量检查与评估 **3.制定评估计划** 　　咖啡厅服务质量评估小组根据顾客服务工作的实际情况，围绕顾客关键接触点，制定服务质量评估计划，提交服务质量主管审批 **4.服务质量检查与评估** 　　服务质量评估计划审批通过后，服务质量管理专员根据批示意见执行服务质量评估任务，检查咖啡厅服务工作质量 **工作重点** 　　对咖啡厅的服务质量进行管理，要重视现场的质量监控，尤其是现场的一些服务细节 **工作标准** ☆组成标准：评估小组成员包括组长、副组长和评估人员 ☆评估标准：咖啡厅管理制度的执行能力，咖啡厅的常规性工作及责任目标落实情况，顾客问卷调查情况，部门之间的服务工作配合及相互支持情况等
制定 改进 方案	**执行程序** **1.分析咖啡厅服务质量缺陷** 　　服务质量管理专员根据咖啡厅服务质量检查评估的数据和结果，整理分析不同顾客服务工作的质量问题和缺陷 **2.收集服务质量改进建议** 　　服务质量管理专员针对咖啡厅服务质量问题和缺陷，收集相关的资料信息和顾客提出的质量问题改进建议 **3.制定服务质量改进方案** ☆服务质量管理专员汇总顾客提出的建议，分析筛选有效建议，结合咖啡厅服务工作的实际情况制定咖啡厅服务质量改进方案，提交服务质量主管审批 ☆咖啡厅服务质量改进方案是一个综合性的咖啡厅服务提升方案，内容包括咖啡厅引座服务提升方案、自助餐巡台服务提升方案、咖啡厅上菜服务提升方案等 **工作重点** 　　凡与咖啡厅服务质量改进工作有关的建议均应收集，具体包括咖啡厅工作人员的服务态度、咖啡厅服务种类、咖啡厅服务投诉处理、咖啡厅服务时间等方面的建议 **工作标准** 　　服务质量管理专员依据咖啡厅服务质量评估及咖啡厅服务质量缺陷分析结果、员工及顾客提供的咖啡厅服务质量改进建议、服务质量领先的其他酒店咖啡厅的服务质量标准和改进措施等制定本酒店的咖啡厅服务质量改进方案

任务名称	执行程序、工作标准与考核指标
制定改进方案	**考核指标** ☆咖啡厅服务质量改进方案制定及时率：目标值为 100% 咖啡厅服务质量改进方案制定及时率 = $\dfrac{\text{期限内提交完成的改进方案数}}{\text{提交的改进方案总数}} \times 100\%$ ☆咖啡厅服务质量改进方案的可行性：改进方案符合酒店实际情况，可操作性强
工作改进与效果评估	**执行程序** **1. 组织执行服务质量改进** 　咖啡厅服务质量改进方案审批通过后，服务质量管理专员按照方案组织执行咖啡厅服务质量改进工作，将具体任务和实施流程下发给咖啡厅服务人员 **2. 服务质量改进效果评估** 　服务质量管理专员对咖啡厅服务质量改进方案的执行情况进行检查，评估咖啡厅服务人员和咖啡厅服务工作的质量改进效果及成绩 **3. 咖啡厅服务质量改进总结** 　服务质量管理专员根据改进效果评估的结果，编制咖啡厅服务质量改进工作总结报告，提交服务质量主管审核 **工作重点** 　改进工作及时进行，有结果、有反馈、有记录 **工作标准** 　组织服务质量改进工作的措施得当，力度较大；咖啡厅的服务质量得到明显提升，顾客满意度明显提高 **考核指标** ☆总结报告提交及时率：用于衡量咖啡厅服务质量改进工作总结报告提交的及时性 总结报告提交及时率 = $\dfrac{\text{按时提交的总结报告数}}{\text{应提交的总结报告总数}} \times 100\%$ ☆服务细节改进及时率：用于衡量某些服务细节改进的及时性 服务细节改进及时率 = $\dfrac{\text{及时改进的服务细节数}}{\text{应改进的服务细节总数}} \times 100\%$
执行规范	

"咖啡厅顾客服务目标责任书""咖啡厅顾客服务质量调查问卷""咖啡厅顾客服务质量评估报告""咖啡厅顾客服务质量责任制度"

11.6.1 酒吧服务质量管理流程设计

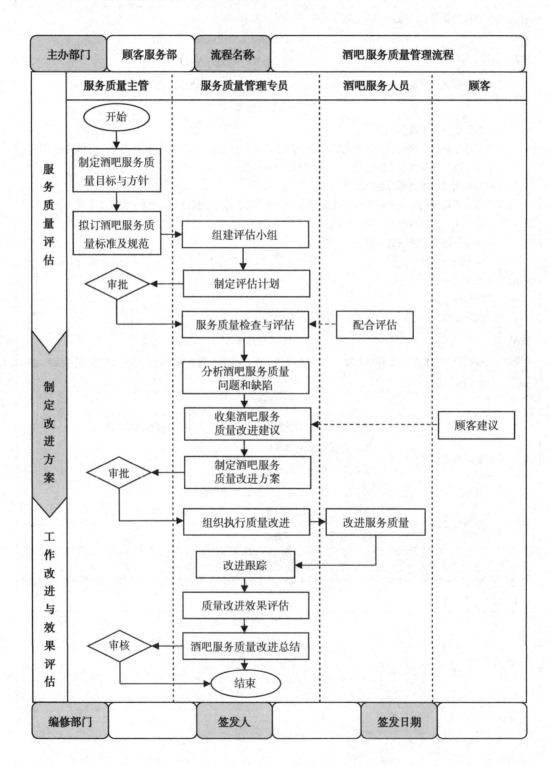

11.6.2　酒吧服务质量管理执行程序、工作标准、考核指标、执行规范

任务名称	执行程序、工作标准与考核指标
服务质量评估	**执行程序** **1.拟订酒吧服务质量标准及规范** 　酒店服务质量主管根据酒店顾客服务的总体目标与方针，结合顾客的需求特点拟订酒吧服务质量标准与规范 **2.组建评估小组** 　服务质量管理专员组织建立评估小组，对酒吧服务工作进行质量检查与评估 **3.制定评估计划** 　酒吧服务质量评估小组根据顾客服务工作的实际情况，围绕顾客关键接触点，制定服务质量评估计划，提交服务质量主管审批 **4.服务质量检查与评估** 　服务质量评估计划审批通过后，服务质量管理专员根据批示意见执行服务质量评估任务，检查酒吧服务人员和酒吧服务工作质量 **工作重点** 　酒吧服务质量管理的重点在于现场的服务质量监控，评估小组要以顾客满意度为核心进行质量检查与评估 **工作标准** ☆组成标准：评估小组成员包括组长、副组长和评估人员 ☆评估标准：酒吧服务管理制度的执行能力，常规性工作及责任目标的落实情况，顾客问卷调查情况，部门之间服务工作配合及相互支持情况等
制定改进方案	**执行程序** **1.分析酒吧服务质量问题和缺陷** 　服务质量管理专员根据酒吧服务质量检查评估的数据和结果，整理分析酒吧服务工作的质量问题和缺陷 **2.收集酒吧服务质量改进建议** 　服务质量管理专员针对酒吧服务质量问题和缺陷，收集相关的资料信息和顾客提出的改进建议 **3.制定酒吧服务质量改进方案** 　服务质量管理专员汇总顾客提出的建议，分析筛选有效建议，结合酒吧服务工作的实际情况制定酒吧服务质量改进方案，提交服务质量主管审批 **工作重点** ☆凡与酒吧服务质量改进工作有关的建议均应收集，具体包括酒吧工作人员的服务态度、酒吧服务种类、酒吧服务投诉处理、酒吧服务时间等方面的建议 ☆酒吧服务质量改进方案是一个综合性的酒吧服务提升方案，服务质量管理专员要注意从全过程的角度出发，对每一个环节进行体验设计 ☆酒水是酒吧的重要收入来源，酒店应加强对酒吧服务人员推销水平的考核，以达到既能增加酒吧营业收入，又可以向顾客展示酒吧特色与风貌的目的

任务名称	执行程序、工作标准与考核指标
制定改进方案	**工作标准** 服务质量管理专员依据酒吧服务质量评估及酒吧服务质量缺陷分析结果、员工及顾客提供的酒吧服务质量改进建议、服务质量领先的其他酒店酒吧的服务质量标准和改进措施等制定本酒店的酒吧服务质量改进方案 **考核指标** ☆酒吧服务质量改进方案制定及时率：目标值为 100% $$酒吧服务质量改进方案制定及时率 = \frac{期限内提交完成的改进方案数}{提交的改进方案总数} \times 100\%$$ ☆酒吧服务质量改进方案的可行性：改进方案符合酒店实际情况，可操作性强
工作改进与效果评估	**执行程序** **1.组织执行质量改进** 酒吧服务质量改进方案审批通过后，服务质量管理专员按照方案组织执行酒吧服务质量改进工作，将具体任务和实施流程下发给酒吧服务人员 **2.质量改进效果评估** 服务质量管理专员对酒吧服务质量改进方案的执行情况进行检查，评估酒吧服务人员和酒吧服务工作的质量改进效果 **3.酒吧服务质量改进总结** 服务质量管理专员根据改进效果评估的结果，编制酒吧服务质量改进工作总结报告，提交服务质量主管审核 **工作重点** 改进工作及时进行，有结果、有反馈、有记录 **工作标准** 组织质量改进工作的措施得当，力度较大；酒吧服务质量得到明显改善，顾客满意度明显提高 **考核指标** 服务细节改进及时率：用于衡量某些服务细节改进的及时性 $$服务细节改进及时率 = \frac{及时改进的服务细节数}{应改进的服务细节总数} \times 100\%$$
执行规范	
"酒吧顾客服务目标责任书""酒吧顾客服务质量调查问卷""酒吧顾客服务质量评估报告""酒吧顾客服务质量责任制度"	

11.7 顾客投诉处理流程设计与工作执行

11.7.1 顾客投诉处理流程设计

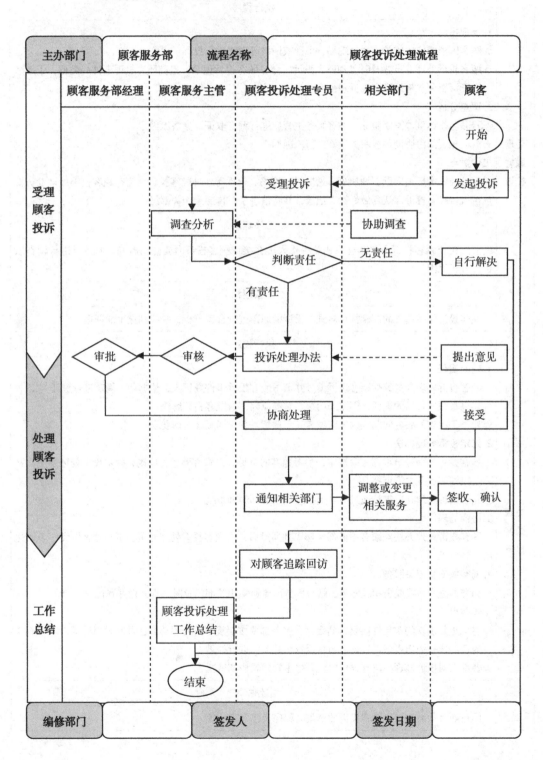

第 11 章 酒店服务质量管理

11.7.2 顾客投诉处理执行程序、工作标准、考核指标、执行规范

任务名称	执行程序、工作标准与考核指标
受理顾客投诉	**执行程序** **1. 受理投诉** ☆顾客因消费体验较差，通过现场、书面或网络等形式进行投诉 ☆顾客投诉处理专员要及时受理顾客投诉，做好顾客投诉记录，追溯顾客投诉事件的类型，了解顾客投诉要求并确认顾客投诉理由 **2. 调查分析** ☆若顾客投诉事件需要验证，顾客服务主管应进行调查取证，分析原因 ☆酒店相关部门协助顾客服务主管进行原因调查 **工作重点** 　为方便顾客反映问题，酒店可开通电话、网络、信件等多种顾客投诉渠道。顾客投诉处理专员要热情接待顾客投诉，认真做好投诉记录，并将信息及时传递给相关部门 **工作标准** 　酒店接待顾客投诉方式多样，相关工作人员在接待顾客投诉时要热情有礼，并及时进行调查取证，分析原因 **考核指标** 　顾客投诉原因调查的准确性：对顾客投诉的原因进行合理分析，并找到充足的证据
处理顾客投诉	**执行程序** **1. 判断责任** ☆顾客投诉处理专员编列顾客投诉编号并填写顾客投诉事件登记表，依据相关规定进行责任判定 ☆如果是顾客自己的责任，则耐心向顾客解释原因，请顾客自行解决 ☆如果是酒店的服务问题，则先向顾客表示歉意，并询问顾客有何要求 **2. 确定投诉处理办法** ☆顾客投诉处理专员根据相关规定，参考顾客的意见，以顾客满意为原则，确定投诉处理办法，并上报顾客服务主管审核 ☆顾客投诉处理办法审核通过后，上报顾客服务部经理审批 **3. 协商处理** 　顾客投诉处理办法经顾客服务部经理审批通过后，由顾客投诉处理专员负责与顾客协商，争取达成一致意见 **4. 调整或变更相关服务** 　如需调整房型或变更相关服务，顾客服务部要通知相关部门及时办理并做好登记 **工作重点** ☆对于重复出现的常规性问题，酒店顾客服务部要按照规定的程序与方法及时做出处理；对于非常规性问题，酒店可根据投诉的内容授权相关部门进行处理 ☆各部门对投诉处理办法有异议时，可报主管领导协调解决 **工作标准** 　同行业其他酒店处理顾客投诉的对策、程序及注意事项等

任务 名称	执行程序、工作标准与考核指标
处理 顾客 投诉	**考核指标** ☆责任判定的准确性：对顾客投诉事件的责任判定要客观、明确，顾客及相关部门无异议 ☆顾客投诉处理办法的合理性：处理办法要恰当合理，符合酒店投诉处理制度的相关规定
工作 总结	**执行程序** ☆顾客投诉处理专员将投诉处理办法整理成文，归档保存 ☆顾客投诉处理专员收集顾客意见和建议，定期编写顾客意见调查报告及顾客服务调查报告，报顾 　客服务主管审阅 ☆顾客服务主管根据实际情况编写顾客投诉处理工作总结报告 **工作重点** 　顾客投诉处理工作总结报告的内容全面、结构清晰，无重大纰漏 **工作标准** 　通过及时总结，进一步提升了服务水平，同时为以后的酒店顾客服务工作提供了借鉴
执行规范	
"酒店顾客投诉处理制度""顾客投诉处理工作总结报告"	

第 11 章 | 酒店服务质量管理

11.8.1 顾客满意度调查及提升流程设计

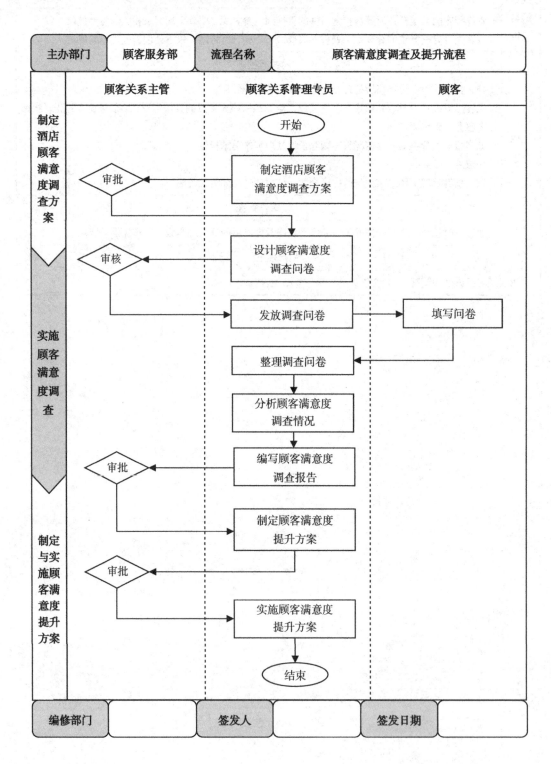

11.8.2　顾客满意度调查及提升执行程序、工作标准、考核指标、执行规范

任务 名称	执行程序、工作标准与考核指标
制定 酒店 顾客 满意 度调 查方 案	**执行程序** ☆酒店顾客关系管理专员根据顾客满意度调查要求，制定酒店顾客满意度调查方案 ☆顾客满意度调查的方法包括问卷调查、电话调查、访谈或召开座谈会等，此处以问卷调查为例进行说明 **工作重点** 　酒店顾客满意度调查方案主要包括以下内容：顾客满意度调查对象、调查项目、调查时间、调查方法、调查任务分配说明、调查结果呈现形式等 **工作标准** 同行业其他酒店的顾客满意度调查方案 **考核指标** 顾客满意度调查方案的可操作性：顾客满意度调查方案要切实可行
实施 顾客 满意 度调 查	**执行程序** **1.设计顾客满意度调查问卷** ☆顾客满意度调查方案经酒店顾客关系主管审批通过后，由顾客关系管理专员负责设计顾客满意度调查问卷 ☆顾客满意度调查问卷的设计依据是酒店服务质量检查中暴露出的问题、顾客投诉和顾客提出的意见等 ☆顾客关系管理专员将设计好的顾客满意度调查问卷提交顾客关系主管审核，并依据审核意见进行修改和完善 **2.发放调查问卷** ☆顾客满意度调查问卷修改完善后，顾客关系管理专员通过电子邮件、传真或现场发放的方式向顾客发放调查问卷 ☆在发放顾客满意度调查问卷时，顾客关系管理专员要将问卷填写规则一起发给顾客，以免出现过多无效问卷 **3.分析顾客满意度调查情况** ☆顾客关系管理专员收回并整理顾客满意度调查问卷，将不符合填写规则的无效问卷剔除，以便进行下一步分析 ☆顾客关系管理专员对整理好的有效问卷数据进行分析，归纳同类信息，为编写顾客满意度调查报告提供依据 **4.编写顾客满意度调查报告** ☆顾客关系管理专员根据分析结果编写顾客满意度调查报告，主要分为四个部分：技术报告、数据报告、分析报告和报告附件 ☆顾客关系管理专员将编写好的顾客满意度调查报告提交顾客关系主管审核，并根据审核意见不断修改完善，直至通过审核 **工作重点** ☆顾客满意度调查问卷中的文字表述要通俗易懂，方便顾客作答

（续）

任务名称	执行程序、工作标准与考核指标
实施顾客满意度调查	☆评估酒店的产品或服务能在多大程度上满足顾客的需求，与竞争对手相比是否有优势，同时要找准影响顾客满意度的关键因素 ☆顾客满意度调查报告要严格按照规范编制，做到内容全面、结构清晰、无重大纰漏 **工作标准** ☆参照标准：酒店过去年度的顾客满意度调查问卷及资料 ☆目标标准：通过调查找到影响顾客满意度的关键因素，进一步提升酒店产品或服务的质量水平 **考核指标** 顾客满意度调查问卷废卷率：目标值为____% 以下 $$顾客满意度调查问卷废卷率 = \frac{回收问卷中废卷的数量}{发放问卷的总数量} \times 100\%$$
制定与实施顾客满意度提升方案	**执行程序** **1. 制定顾客满意度提升方案** ☆顾客关系管理专员根据调查数据，结合酒店实际情况，拟订顾客满意度提升方案 ☆顾客关系管理专员将拟订的方案报顾客关系主管审核，并根据其要求进行修改与完善 **2. 实施顾客满意度提升方案** ☆顾客关系管理专员组织酒店相关部门及人员执行顾客满意度提升方案 ☆顾客关系主管要监督并协助方案执行 **工作重点** ☆顾客满意度提升方案要在顾客满意度调查的基础上制定，找准影响顾客满意度的关键因素，并围绕这些因素制定具有针对性的改善措施，这样才能"对症下药"，提升顾客的体验和满意度 ☆顾客满意度的提升贯穿于酒店运营的全过程，而不仅是顾客购买产品或服务后的某一阶段。实际上，从产品或服务设计之初，酒店就要考虑顾客的期望，要在产品类型及体验等方面下功夫 **工作标准** ☆完成标准：顾客关系管理专员在酒店相关部门的帮助下，依据顾客满意度提升方案执行相关措施 ☆质量标准：顾客满意度提升方案要具有较强的针对性和可操作性，执行后能有效提升顾客体验和满意度 **考核指标** 顾客满意度提升目标完成率：用以衡量顾客满意度提升方案的执行力度 $$顾客满意度提升目标完成率 = \frac{实际完成的顾客满意度提升目标数}{计划完成的顾客满意度提升目标数} \times 100\%$$

执行规范

"酒店顾客满意度调查问卷""酒店顾客满意度提升方案""酒店顾客满意度调查报告"

12.1　酒店成本核算与控制管理流程

12.1.1　流程目的说明

酒店对成本核算与控制实施流程管理的目的如下：

（1）对酒店经营管理的每一环节进行监督和控制，使酒店的成本管理有序进行；

（2）提高酒店的竞争力，为创造利润最大化奠定基础。

12.1.2　流程结构设计

酒店成本核算与控制管理流程设计可采取并列式结构，即将成本核算与控制管理细分为三个事项，就每个事项分别设计流程，具体的结构设计如图 12-1 所示。

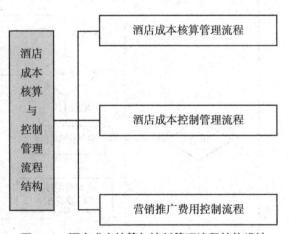

图 12-1　酒店成本核算与控制管理流程结构设计

12.2.1 酒店成本核算管理流程设计

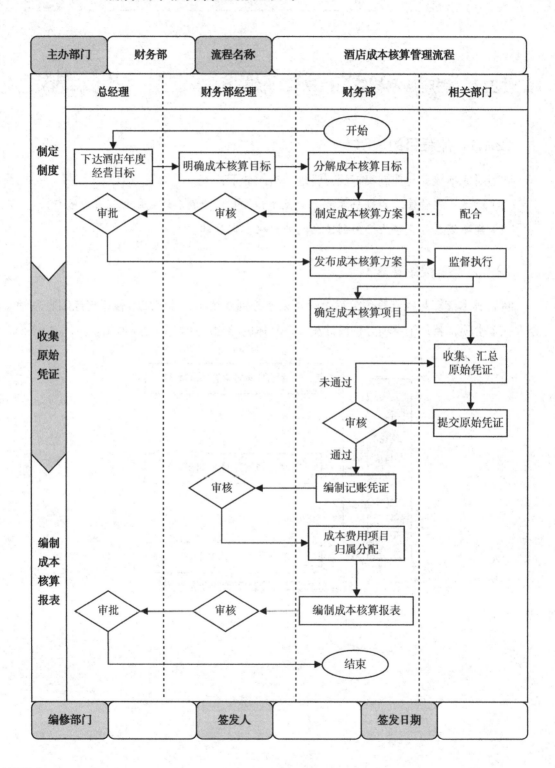

12.2.2　酒店成本核算管理执行程序、工作标准、考核指标、执行规范

任务名称	执行程序、工作标准与考核指标
制定制度	**执行程序** **1.明确成本核算目标** ☆总经理按照酒店的定位，依据市场需求制定并下达年度经营目标 ☆财务部经理根据酒店的年度经营目标，明确成本核算目标 ☆财务部进一步细化、分解成本核算目标 **2.制定成本核算方案** ☆财务部根据各部门的情况制定成本核算方案，各部门要协助做好该项工作 ☆成本核算方案经财务部经理审核通过后，报总经理审批 ☆财务部将通过审批的成本核算方案传达至各部门 **工作重点** 　成本核算方案应纳入酒店的目标管理体系，以提高各部门对成本核算工作的重视程度 **工作标准** ☆内容标准：核算方案的内容及格式应遵循酒店的相关规定 ☆时间标准：核算方案应在＿＿个工作日内编制完成
收集原始凭证	**执行程序** **1.确定成本核算项目** ☆各部门产生成本费用后，应填写成本项目表并交至财务部 ☆财务部根据各部门提交的成本项目表确定成本核算项目 **2.收集、汇总原始凭证** ☆各部门收集、汇总成本原始凭证，整理后交于财务部审核 ☆财务部将审核通过的成本原始凭证录入系统，编制记账凭证 **工作重点** ☆各部门应详细填写成本项目表，内容包括成本产生的时间、项目说明、费用明细等 ☆财务部在审核原始凭证时要仔细核对，查看内容是否与成本项目表上的记录相符 **工作标准** ☆时间标准：成本项目表需要在成本费用产生后的＿＿个工作日内提交 ☆内容标准：成本项目表的填写应符合酒店的财务规定 **考核指标** 　成本项目表填写准确率：目标值为100%，该指标用于衡量各部门成本费用的使用与填报情况 $$成本项目表填写准确率 = \frac{填写准确的成本项目数量}{应填写的成本项目数量} \times 100\%$$
编制成本核算报表	**执行程序** 　财务部会计人员负责汇总各部门提交的成本项目表，对成本项目进行核算，并编制成本核算报表，提交财务部经理审核、总经理审批 **工作重点** 　会计人员在核算成本时要注意数据的准确性，以免产生误差

任务名称	执行程序、工作标准与考核指标
编制成本核算报表	**工作标准**
	成本核算报表必须在规定时间内提交审核与审批
	考核指标
	☆成本核算报表编制准确率：目标值为 100% 成本核算报表编制准确率 $= \dfrac{准确的报表数}{应提交的报表总数} \times 100\%$ ☆成本核算报表提交及时率：目标值为 100% 成本核算报表提交及时率 $= \dfrac{按时提交的报表数}{应提交的报表总数} \times 100\%$
	执行规范
"成本管理制度""财务报表编制规范"	

12.3.1　酒店成本控制管理流程设计

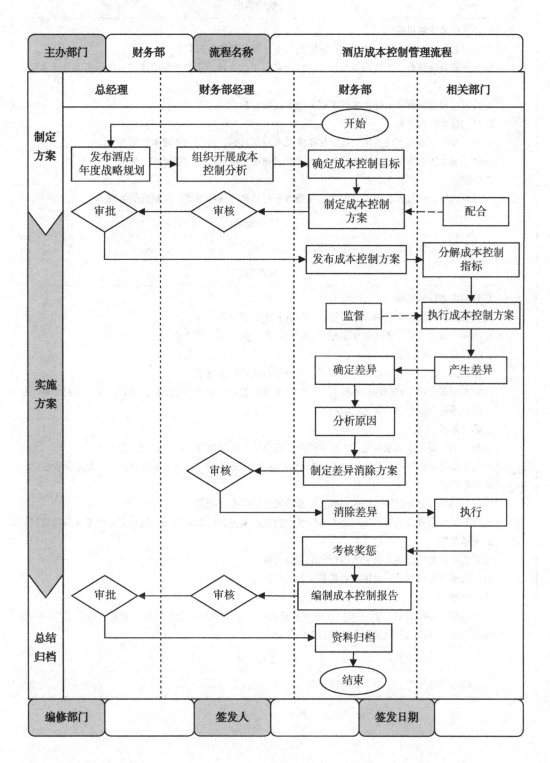

12.3.2 酒店成本控制管理执行程序、工作标准、考核指标、执行规范

任务名称	执行程序、工作标准与考核指标
	执行程序
制定方案	**1. 确定成本控制目标** ☆酒店总经理根据行业发展现状，确定酒店本年度的战略发展目标 ☆财务部经理结合年度战略发展目标，组织部门工作人员运用科学的手段和方法分析财务成本控制目标 ☆财务部根据分析结果确定本年度财务成本控制目标 **2. 制定成本控制方案** ☆财务部依据酒店当前的经营状况和年度成本控制目标，编制财务成本控制方案 ☆财务成本控制方案经财务部经理审核、总经理审批通过后，发送至相关部门 **工作重点** 　对酒店资金的收入、支出、占用、耗费等进行日常计算和审核，控制好财务成本
	工作标准
	财务成本控制方案应在＿＿个工作日内编制完成
	执行程序
实施方案	**1. 分解成本控制指标** ☆相关部门根据成本控制方案将指标分解到各小组及个人 ☆指标分解完成后，还需要规定相应的职责权限，并安排定期考核 **2. 执行成本控制方案** ☆相关部门根据分解的指标开展工作，严格执行成本控制方案 ☆财务部要对相关部门的成本控制工作进行监督。费用支出符合标准的，予以支持，并给予机动权限；不符合标准的，要加以限制 **3. 确定差异** ☆相关部门要详细记录费用支出标准的执行情况，发生异常要及时上报财务部 ☆财务部要将相关部门的实际支出情况与成本控制标准相对比，确定是否存在差异及差异程度 **4. 消除差异** ☆财务部深入分析差异形成的原因，以及造成差异的责任归属 ☆财务部根据分析结果，采取切实有效的措施进行调整，以消除差异，顺利实现财务成本控制目标 **5. 考核奖惩** ☆酒店对相关部门成本控制的执行结果进行考核 ☆酒店根据考核结果，运用激励机制实施奖优罚劣 **工作重点** 　成本控制指标分解与落实可以从两方面进行：一是由各部门分口管理，分解其业务范围内的指标；二是由各部门分级管理经营范围内的指标
	工作标准
	消除差异必须在＿＿个工作日内完成

任务名称	执行程序、工作标准与考核指标
实施方案	**考核指标** 成本控制指标完成率：目标值为＿＿％，该指标用来衡量成本控制的实施情况 $成本控制指标完成率 = \dfrac{实际完成的成本控制指标数}{应完成的成本控制指标数} \times 100\%$
总结归档	**执行程序** 　　财务部根据成本控制指标的完成情况编制成本控制报告，提交财务部经理审核、总经理审批，同时要做好相关资料的整理、分类与归档工作 **工作重点** 　　财务部及相关部门要及时总结成本控制工作中的经验和不足，为日后的成本控制工作提供参考 **工作标准** 　成本控制报告的内容应全面、准确，能够顺利通过审核与审批
执行规范	"酒店财务管理制度""酒店财务成本控制方案""酒店财务成本控制考核指标""酒店员工奖惩细则"

第 12 章　酒店成本核算与控制管理

12.4 营销推广费用控制流程设计与工作执行

12.4.1 营销推广费用控制流程设计

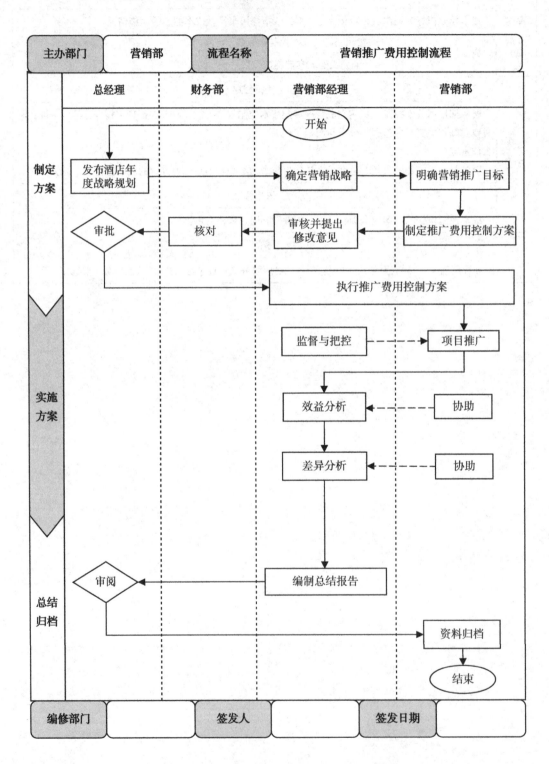

12.4.2　营销推广费用控制执行程序、工作标准、考核指标、执行规范

任务名称	执行程序、工作标准与考核指标
制定方案	**执行程序** **1. 明确营销推广目标** ☆酒店总经理根据市场行情和酒店往年经营状况制定本年度经营战略规划 ☆营销部经理根据酒店经营战略规划制定营销战略发展目标 ☆营销部依据营销战略发展目标确定推广目标 **2. 制定推广费用控制方案** ☆营销部结合推广目标制定营销推广费用控制方案 ☆营销部经理负责对营销推广费用控制方案进行审核，并提出修改意见 ☆营销部将修改后的推广费用控制方案提交财务部核对后，报总经理审批 **工作重点** 　营销推广费用控制方案的制定必须以酒店经营战略规划为基础，推广费用不得超出预算 **工作标准** 营销推广费用控制方案的制定应在＿＿＿个工作日内完成
实施方案	**执行程序** **1. 执行推广费用控制方案** ☆营销部按照经过审批的营销推广费用控制方案执行工作 ☆营销部需要对推广费用进行合理分配，确定推广渠道费、推广人工成本等各项费用的占比 **2. 项目推广** ☆营销部根据分配的推广费用依次开展推广工作，进行酒店活动项目推广 ☆营销部要及时统计与推广活动相关的媒体合作、策划、宣传等费用，做好成本预算，以保证酒店宣传推广活动的顺利进行 ☆营销部根据酒店当前推出的优惠活动进行促销宣传，控制实际成本 ☆营销部经理对项目推广活动进行监督与把控，关注市场及消费者的反应 **3. 效益分析** 　推广活动结束后，营销部经理负责对酒店的经营效益和市场反应进行分析，研究实际效益是否达到预期目标 **4. 差异分析** ☆营销部要详细记录推广活动产生的实际费用 ☆营销部经理针对实际产生的推广费用和预期的成本费用进行差异分析，找出差异产生的原因 **工作重点** 　营销部要做好推广费用的统计工作，统计的数据应准确无误 **工作标准** 营销推广费用的各项指标达到预期标准

（续）

任务 名称	执行程序、工作标准与考核指标
实施 方案	**考核指标** 推广费用控制目标达成率：目标值为＿＿＿%，该指标用来衡量推广费用控制方案的实施情况 $$推广费用控制目标达成率 = \frac{实际达成的控制目标数}{计划达成的控制目标数} \times 100\%$$
总结 归档	**执行程序** **1.编制总结报告** 　　营销部经理对营销推广费用控制方案进行总结，分析其中的优缺点，编制总结报告并提交总经理审阅 **2.资料归档** 　　营销部工作人员对推广费用控制方案的相关资料进行整理、分类，将这些资料存入酒店的资料库 **工作重点** 　　总结报告的内容需详细、条理清晰，并附带各种推广费用支出的明细表
	工作标准 总结报告的内容要全面、数据分析要准确
	执行规范
	"财务管理制度""营销战略文件""营销推广费用控制方案""营销推广费用控制总结报告"

13.1 酒店分店选址与连锁经营管理流程

13.1.1 流程目的说明

酒店对分店选址与连锁经营实施流程管理的目的如下：

（1）酒店分店与连锁经营是一项比较复杂的管理工作，合理运用流程管理方法有利于确保分店与连锁经营工作的顺利开展，规范分店选址和连锁经营管理工作；

（2）通过模式化、规范化的管理加速酒店扩张计划的实现，提高酒店的市场占有率；

（3）节约分店管理成本，增加连锁经营业务营收，提高酒店的经营利润。

13.1.2 流程结构设计

酒店分店选址与连锁经营管理流程设计可采取并列式结构，即将酒店分店选址与连锁经营管理细分为四个事项，就每个事项分别设计流程，具体的结构设计如图13-1所示。

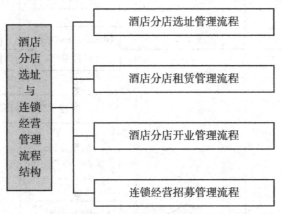

图 13-1 酒店分店选址与连锁经营管理流程结构设计

13.2 酒店分店选址管理流程设计与工作执行

13.2.1 酒店分店选址管理流程设计

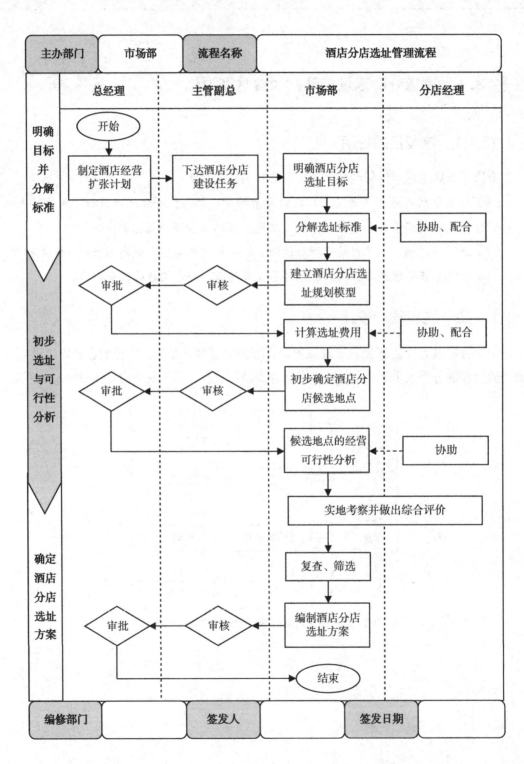

13.2.2 酒店分店选址管理执行程序、工作标准、考核指标、执行规范

任务名称	执行程序、工作标准与考核指标
明确目标并分解标准	**执行程序** **1.明确酒店分店选址目标** ☆总经理根据董事会及股东大会的意见制定酒店经营扩张计划 ☆主管副总根据酒店经营扩张计划的要求，下达酒店分店建设任务 ☆市场部按照酒店分店经营管理制度的规定，结合分店建设任务的要求明确酒店分店选址的具体目标 **2.分解选址标准** ☆根据酒店分店选址所在地区的实际情况，市场部将选址目标分解为具体的选址标准，为分店选址工作提供执行依据 ☆分店经理协助市场部分解选址标准，提出意见和建议 **工作重点** 　市场部在分解选址标准时应全面考察选址地区，了解该地区的文化、商业及热门旅游景点的位置等 **工作标准** ☆内容标准：酒店分店选址标准分解的内容包含交通状况、人流量、区位优势等重要项目 ☆质量标准：酒店分店选址标准分解结果真实客观、清晰明确 **考核指标** 选址标准分解全面率：目标值不低于90% $$选址标准分解全面率 = \frac{分解结果包含的标准数}{最优选址标准总数} \times 100\%$$
初步选址与可行性分析	**执行程序** **1.建立酒店分店选址规划模型** 　市场部对分解后的选址标准进行综合设计，据此建立酒店分店选址规划模型，形成可视方案后提交主管副总审核、总经理审批 **2.计算选址费用** ☆酒店分店选址规划模型审批通过后，市场部根据批示意见修改模型，计算规划模型中的各项费用 ☆分店经理根据工作经验协助市场部计算选址费用 **3.初步确定酒店分店候选地点** 　市场部将分店选址费用计算结果与正式的分店选址规划模型相结合，初步确定候选地点，提交主管副总审核通过后，报总经理审批 **4.候选地点的经营可行性分析** 　候选地点审批通过后，市场部与分店经理共同对候选地点做经营可行性分析，确定经营条件 **工作重点** 　市场部要全面了解与分析其他酒店分店选址失败的案例，吸取教训，确保可行性分析的有效性与科学性

任务名称	执行程序、工作标准与考核指标
初步选址与可行性分析	**工作标准** 分店选址费用应包含租金或不动产费用、过户费、契税等主要费用 **考核指标** 经营可行性分析覆盖率：分析要素覆盖率在95%以上 $$经营可行性分析覆盖率 = \frac{完成分析的要素数}{待分析要素总数} \times 100\%$$
确定酒店分店选址方案	**执行程序** **1. 实地考察并做出综合评价** 　市场部与分店经理共同对分店开设的候选地点进行实地考察，对比可行性分析的结果，综合评价候选地点的实际价值 **2. 复查、筛选** 　市场部根据综合评价结果对分店开设候选地点进行复查、筛选，淘汰不符合要求的候选地点 **3. 编制酒店分店选址方案** 　市场部围绕复查、筛选后的分店候选地点，将全部信息整理编制成酒店分店选址方案，提交主管副总审核通过后，报总经理审批 **工作重点** ☆相关人员在实地考察时，要全面了解分店选址附近地区的社会功能，结合酒店业的经营特点进行考察与评价 ☆分店选址方案的内容应包括候选地点的所有关键信息，保证方案的有效性 **工作标准** ☆内容标准：除人流、交通、区位等要素外，实地考察时还要注意选址地区的平均消费水平 ☆考核标准：市场部应在复查、筛选后＿＿＿天内完成分店选址方案的编制工作 **考核指标** 实地考察项目覆盖率：目标值为100%，用于衡量实地考察工作的全面性 $$实地考察项目覆盖率 = \frac{完成实地考察的项目数}{待实地考察项目总数} \times 100\%$$
执行规范	
“酒店经营扩张计划”“酒店分店经营管理制度”“分店选址规划模型说明”“酒店经营可行性分析报告”“实地考察综合评价结果”“酒店分店选址方案”	

酒店运营与管理全案

13.3 酒店分店租赁管理流程设计与工作执行

13.3.1 酒店分店租赁管理流程设计

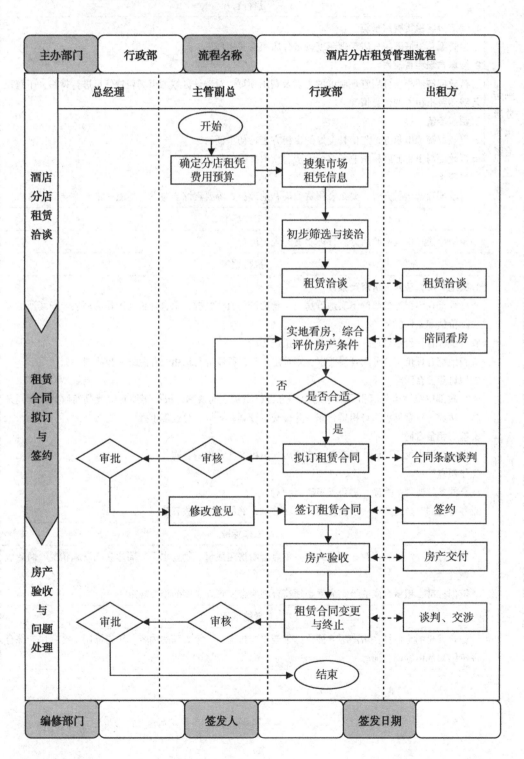

主办部门	行政部	流程名称	酒店分店租赁管理流程

第 13 章 酒店分店选址与连锁经营管理

13.3.2　酒店分店租赁管理执行程序、工作标准、考核指标、执行规范

任务名称	执行程序、工作标准与考核指标
酒店分店租赁洽谈	**执行程序** **1. 确定分店租赁费用预算** 　主管副总根据酒店分店管理制度确定分店租赁费用预算 **2. 搜集市场租赁信息** 　行政部按照酒店分店管理制度的要求及费用预算，对选址区域的市场租赁信息进行搜集，了解租赁费用及出租方的信誉情况 **3. 租赁洽谈** ☆行政部筛选出租方，与信誉良好的出租方进行初步接洽 ☆行政部与出租方就租赁业务进行洽谈，获取准确的租赁报价 **工作重点** 　行政部筛选出租方时，要结合租赁费用和地理位置等要素综合考虑，不能一味地追求低价格 **工作标准** 　租赁洽谈严格按照酒店分店管理制度的规定进行
租赁合同拟订与签约	**执行程序** **1. 实地看房，综合评价房产条件** ☆行政部在出租方的陪同下实地看房，了解房产的真实情况，综合评价房产作为酒店经营场所的实际价值和条件优势 ☆若经综合评价不合适，则行政部重新挑选房产 ☆若经综合评价符合分店开设要求，则选定房产，行政部与出租方开展进一步洽谈 **2. 拟订租赁合同** 　行政部围绕酒店分店租赁需求与出租方进行租赁合同谈判，根据实地看房情况商讨具体合同条款，达成一致意见后拟订租赁合同，并提交主管副总审核、总经理审批 **3. 签订租赁合同** 　租赁合同审批通过后，行政部代表酒店与出租方签订租赁合同 **工作重点** ☆合同条款要规范严谨，避免损害酒店利益 ☆签订合同时要注意检查出租方的签字和公章，确保合同合法有效 **工作标准** ☆执行标准：实地看房时，相关人员要重点查看房屋质量、物业水平、周边基础设施状况、商圈成熟度等 ☆依据标准：租赁合同的签字流程必须符合酒店合同管理制度的相关规定 **考核指标** 　综合评价的全面性：房产综合评价结果至少要包含＿＿＿个方面的内容，该指标用于衡量房产综合评价结果的内容覆盖面

任务 名称	执行程序、工作标准与考核指标
房产 验收 与 问题 处理	**执行程序**
	1. 房产验收 　租赁合同签订完成后，出租方按合同要求整理、准备房产，交付酒店行政部验收 **2. 租赁合同变更与终止** ☆在验收过程中，如发现房产存在问题，行政部要及时与出租方核实情况，并请示上级领导意见，确定是否变更或终止合同 ☆行政部根据领导意见与出租方交涉和谈判，形成租赁合同变更或终止协议，提交主管副总审核、总经理审批 **工作重点** 　行政部验收房产时，必须严格按照租赁合同规定逐条核查，避免出现重大遗漏问题
	工作标准
	房产验收结果准确无误、真实有效，能够切实保障酒店利益
	考核指标
	房产验收失误率：目标值为 0，该指标用于衡量房产验收工作的质量 $$房产验收失误率 = \frac{验收出现问题的项目数}{房产验收项目总数} \times 100\%$$
执行规范	
"酒店分店管理制度""房产综合评价说明""酒店合同管理制度""房产验收报告"	

13.4.1 酒店分店开业管理流程设计

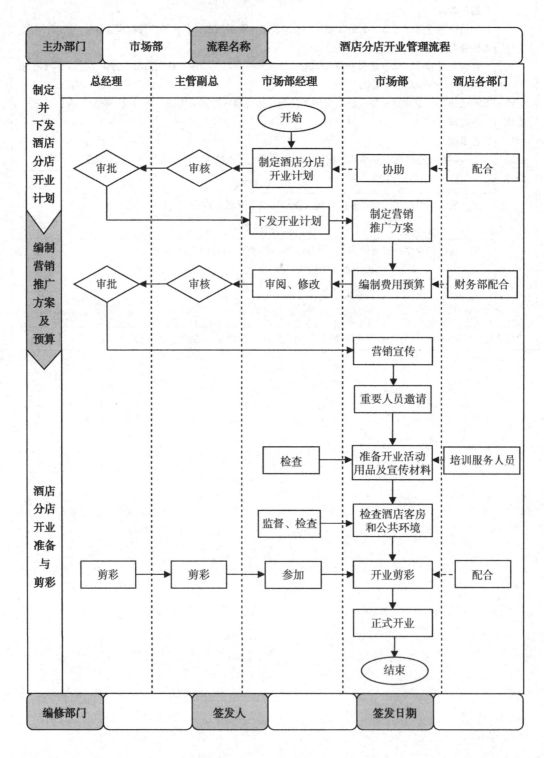

13.4.2 酒店分店开业管理执行程序、工作标准、考核指标、执行规范

任务名称	执行程序、工作标准与考核指标
制定并下发酒店分店开业计划	**执行程序** **1.制定酒店分店开业计划** ☆市场部经理根据酒店分店经营管理制度，结合酒店分店扩张计划，组织相关部门与人员制定酒店分店开业计划 ☆市场部经理将酒店分店开业计划提交主管副总审核，审核通过后报总经理审批 **2.下发开业计划** 　市场部经理根据总经理的审批意见对酒店分店开业计划进行修改和完善，形成正式文件，组织市场部人员执行 **工作重点** ☆酒店分店开业计划要详细列出重要事项的进程 ☆酒店分店开业计划要及时下发执行，以免影响开业进度 **工作标准** ☆内容标准：酒店分店开业计划包含开业时间、地点、剪彩人员、活动进程等关键要素 ☆考核标准：市场部经理应在＿＿＿天内完成酒店分店开业计划的制定工作
编制营销推广方案及预算	**执行程序** **1.编制营销推广方案** 　酒店分店开业计划审批通过后，市场部围绕酒店分店开业活动编制营销推广方案 **2.编制费用预算** ☆市场部根据营销推广方案编制费用预算，由财务部进行核算 ☆市场部工作人员将分店开业营销推广方案及相关费用预算提交市场部经理审阅、修改，并报主管副总审核、总经理审批 **工作重点** 　分店开业营销推广费用预算应控制在酒店年度营销推广预算的范围内 **工作标准** ☆内容标准：营销推广方案的内容包括酒店分店开业促销策略与方式的选择，推广渠道与宣传方式的选择及具体日程安排等 ☆考核标准：市场部应在＿＿＿天内完成酒店分店开业营销推广方案和费用预算的编制工作
酒店分店开业准备与剪彩	**执行程序** **1.营销宣传** 　市场部根据确定的酒店分店营销推广方案，与相关媒体进行沟通，确定各类广告创意文案，并开展分店开业前的宣传工作 **2.重要人员邀请** 　市场部负责酒店分店所在地区的关键人物、媒体公众、酒店协会同行等重要人员的邀请工作 **3.准备开业活动用品及宣传材料** ☆市场部安排专人做好酒店分店开业活动用品及宣传材料的准备工作 ☆酒店各部门配合市场部做好分店开业准备工作，并对各类服务人员进行培训

任务名称	执行程序、工作标准与考核指标
酒店分店开业准备与剪彩	**4. 检查酒店客房和公共环境** 　　市场部在分店开业活动前对酒店客房和公共环境进行确认与检查，保证酒店产品和服务的质量 **5. 开业剪彩** 　　酒店分店开业活动开始，市场部组织开展分店剪彩活动，总经理、主管副总和受邀嘉宾为酒店分店剪彩 **工作重点** 　　分店开业前各项准备工作稳步开展，市场部要确保酒店分店开业活动按计划进行
	工作标准
	酒店分店开业的各项准备工作及时、有序、高效
	考核指标
	开业准备项目按时完成率：目标值为100%，该指标用于衡量酒店分店开业准备工作的进度 $$开业准备项目按时完成率 = \frac{按时完成的准备项目数}{分店开业准备总项目数} \times 100\%$$

执行规范
"酒店分店开业计划""酒店分店开业营销推广方案""酒店分店开业推广费用预算"

酒店运营与管理全案

13.5.1 连锁经营招募管理流程设计

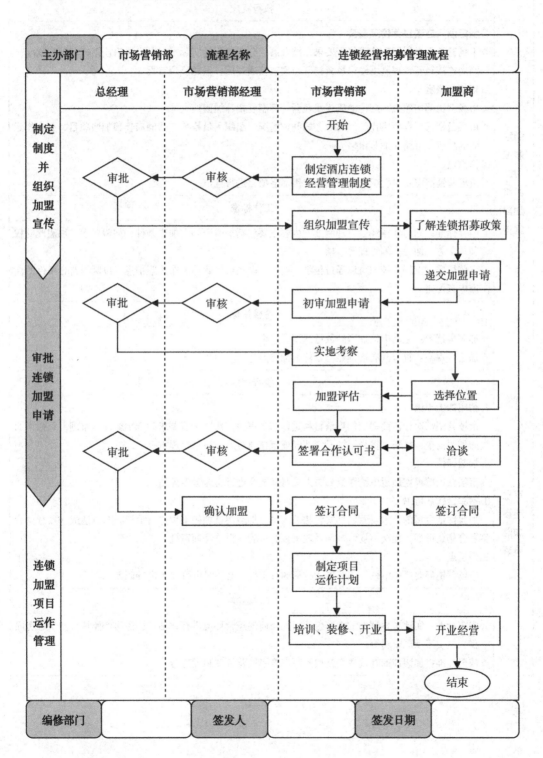

主办部门	市场营销部	流程名称	连锁经营招募管理流程

| | 总经理 | 市场营销部经理 | 市场营销部 | 加盟商 |

制定制度并组织加盟宣传

开始

制定酒店连锁经营管理制度 → 审核 → 审批

组织加盟宣传 → 了解连锁招募政策

递交加盟申请

初审加盟申请 ← 审核 ← 审批

实地考察

加盟评估 ← 选择位置

审批连锁加盟申请

签署合作认可书 ← 审核 ← 审批　洽谈

确认加盟 → 签订合同 ← → 签订合同

连锁加盟项目运作管理

制定项目运作计划

培训、装修、开业 → 开业经营

结束

| 编修部门 | | 签发人 | | 签发日期 | |

13.5.2 连锁经营招募管理执行程序、工作标准、考核指标、执行规范

任务名称	执行程序、工作标准与考核指标
制定制度并组织加盟宣传	**执行程序** **1.制定酒店连锁经营管理制度** ☆市场营销部根据酒店连锁管理要求,结合酒店分店扩张的实际情况制定酒店连锁经营管理制度 ☆酒店连锁经营管理制度经市场营销部经理审核通过后,报总经理审批 **2.组织加盟宣传** ☆市场营销部按照批示后的酒店连锁经营管理制度招募加盟商 ☆市场营销部根据酒店连锁经营业务的开放情况,组织人员推广宣传酒店连锁加盟项目,有合作意向的加盟商可递交加盟申请 **工作重点** 市场营销部应及时组织人员对酒店连锁加盟项目进行宣传 **工作标准** ☆内容标准:酒店连锁经营管理制度的内容主要包括加盟资格、加盟条件、加盟要求、加盟商的权利与义务、加盟商的管理等事项 ☆宣传标准:市场营销部可以通过报纸、网络、电视台等媒体发布加盟信息,以吸引符合条件的商家申请加盟 **考核指标** ☆加盟申请数:主动申请加盟的数量达到____个 ☆加盟合规率:符合酒店连锁经营条件的加盟商达到____%
审批连锁加盟申请	**执行程序** **1.初审加盟申请** 市场营销部对加盟商提交的申请材料进行初步审核,按照加盟要求筛选加盟商,整理汇总初审通过的加盟商申请材料,提交市场营销部经理审核通过后,报总经理审批 **2.加盟评估** 市场营销部根据加盟申请派遣相关人员对加盟商进行实地考察评估 **3.签署合作认可书** 加盟评估合格的,市场营销部安排相关人员与加盟商就加盟事项进行洽谈,双方达成一致意见后签署合作认可书,提交市场营销部经理审核通过后,报总经理审批 **工作重点** 市场营销部要严格审核加盟商申请材料的真实性,必要时可派专人进行调查 **工作标准** ☆内容标准:实地考察评估的内容包括对加盟商的经营环境进行评估、拍摄房产照片、测量客房面积、核实不动产资料等 ☆依据标准:加盟商的筛选要严格按照酒店连锁经营管理制度进行

任务 名称	执行程序、工作标准与考核指标
连锁 加盟 项目 运作 管理	**执行程序** **1.签订合同** ☆加盟商合作认可书审批通过后，市场营销部经理确认加盟申请并签署意见 ☆市场营销部与审批通过的加盟商签订连锁经营合同 **2.制定项目运作计划** 　根据酒店连锁加盟项目的实际情况，市场营销部制定项目运作计划，并向加盟商发送项目分工统筹表 **3.培训、装修、开业** ☆市场营销部组织加盟专员对加盟商及其员工进行培训，并负责相关物资的发放、加盟店开业筹备等工作 ☆市场营销部协助加盟商按照酒店连锁经营管理制度的规定开业经营 **工作重点** ☆所有加盟商必须规范使用酒店的品牌标识及商标，包括品牌标准字体、商标组合等 ☆酒店应制定加盟商服务质量管理制度，由市场营销部监督执行，使各加盟商的整体服务水平保持一致 **工作标准** ☆管理标准：每加盟一个分店，必须有与之相对应的加盟管理培训与加盟分工安排等 ☆质量标准：项目运作计划可行，人员培训到位，加盟店装修通过检验，顺利开业
	执行规范
"酒店连锁经营管理制度""酒店加盟商合作认可书""连锁经营合同""加盟店布置方案与费用预算"	

第 13 章——酒店分店选址与连锁经营管理

14.1 酒店公关与大客户管理流程

14.1.1 流程目的说明

酒店设计公关与大客户管理流程的目的如下：

（1）酒店的公关形象关乎酒店经营战略与发展前景，对公关活动进行严格的管理有利于保障酒店的正面公关形象；

（2）大客户是酒店营收占比较大的消费群体，提高大客户管理工作质量和水平，是对酒店平稳发展的基本保障；

（3）良好的公关形象与优质的大客户管理服务是酒店提升品牌与自身价值的重要实现途径。

14.1.2 流程结构设计

酒店公关与大客户管理流程设计可采取并列式结构，即将酒店公关与大客户管理细分为五个事项，就每个事项分别设计流程，具体的结构设计如图14-1所示。

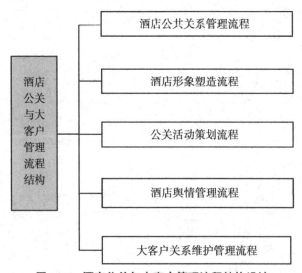

图14-1 酒店公关与大客户管理流程结构设计

14.2.1　酒店公共关系管理流程设计

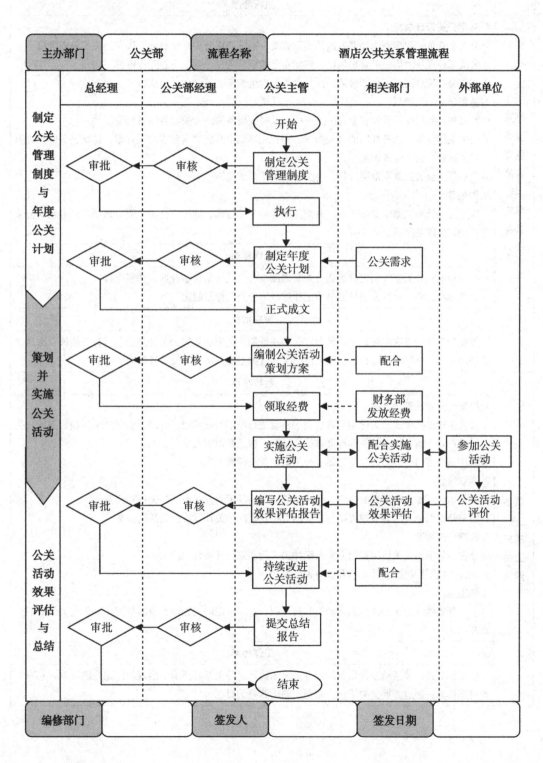

14.2.2 酒店公共关系管理执行程序、工作标准、考核指标、执行规范

任务名称	执行程序、工作标准与考核指标
制定公关管理制度与年度公关计划	**执行程序** **1.制定公关管理制度** ☆公关主管负责根据酒店经营发展的实际需要，制定酒店公关管理制度，提交公关部经理审核 ☆公关部经理将酒店公关管理制度，连同自己的审核意见一并上报总经理审批 ☆酒店公关管理制度审批通过后，公关主管负责组织相关部门和人员执行 **2.编制年度公关计划** ☆酒店相关部门在日常经营服务的过程中，及时提出所需的公关服务项目和要求 ☆公关主管定期汇总各部门的公关需求，并在此基础上制定酒店年度公关计划，提交公关部经理审核通过后，报总经理审批 ☆酒店年度公关计划审批通过后，公关主管负责组织实施 **工作重点** 　年度公关计划的制定要基于酒店各部门的实际公关需求，同时，公关主管应该注意到潜在的公关危机和较可能发生的公关事件 **工作标准** ☆质量标准：公关主管制定的酒店公关管理制度与公关计划科学合理、切实可行 ☆参照标准：酒店年度公关计划参照上年度或历史公关计划制定 **考核指标** 　年度公关计划首次审批通过的情况：公关主管制定的酒店年度公关计划合理可行，能够首次通过总经理审批。该指标可以直观地反映出公关主管编制的酒店年度公关计划的质量
策划并实施公关活动	**执行程序** **1.编制公关活动策划方案** ☆公关主管根据年度公关计划对各种公关活动进行前期市场调研，并结合调研结果编制详细的公关活动策划方案，提交公关部经理审核通过后，报总经理审批 ☆酒店相关部门要协助公关主管做好公关活动市场调研工作 **2.领取经费** ☆公关活动策划方案审批通过后，公关主管按照活动策划方案申请公关活动经费 ☆财务部根据公关活动策划方案与酒店的财务规定向公关部发放公关活动经费 **3.实施公关活动** ☆公关主管根据公关活动策划方案组织相关人员和部门开展公关活动 ☆相关部门要积极配合公关部开展各种公关活动 **工作重点** 　公关部要随时监督公共关系活动的执行过程，并对出现的问题进行及时处理，确保公关活动的正常开展 **工作标准** ☆质量标准：公关活动按计划及策划方案全面执行，公关部对活动中出现的问题处理及时、妥当 ☆目标标准：通过开展公关活动，实现了酒店的公关目标

任务名称	执行程序、工作标准与考核指标
策划并实施公关活动	**考核指标**
	公关活动策划方案完备率：目标值为 100%，该指标用于考核公关活动策划项目的完备情况
	公关活动策划方案完备率 = $\dfrac{满足策划要求的公关活动项目数}{公关活动策划方案应涉及的项目总数} \times 100\%$
公关活动效果评估与总结	**执行程序**
	1.公关活动效果评估
	☆公关主管负责根据实际情况，对公关活动进行效果评估，相关部门应予以配合
	☆参加酒店公关活动的外部单位对活动进行评价，并提出意见
	☆公关主管根据各方评价与评估结果，编写公关活动效果评估报告，并提交公关部经理审核、总经理审批
	2.持续改进公关活动
	公关活动效果评估报告审批通过后，公关主管根据领导批示的意见，带领相关人员持续改进公关活动组织工作
	3.提交总结报告
	☆公关主管定期根据阶段内各种公关活动的实施情况编写公关总结报告，提交公关部经理审核通过后，报总经理审批
	☆总经理、公关部经理根据公关总结报告提出下一阶段公关工作的重点
	工作重点
	公关主管在评估公关活动效果时，要保持客观，充分听取外部单位的建议与意见，切实改进自身存在的问题
	工作标准
	☆质量标准：公关活动评估报告的内容全面、真实，评估结果客观、准确
	☆目标标准：公关活动效果评估能够真实地反映出公关活动的实际效果，为进一步改进与完善公关工作提供了依据
	考核指标
	公关活动效果评估准确率：目标值为____%。该指标是对评估工作的直观反映，体现了公关活动效果评估工作的可靠性
	公关活动效果评估准确率 = $\dfrac{数据准确的公关活动项目评估数}{公关活动项目评估总数} \times 100\%$
	执行规范
	"酒店公关管理制度""酒店年度公关计划""公关策划方案""公关活动效果评估报告""公关总结报告"

14.3.1 酒店形象塑造流程设计

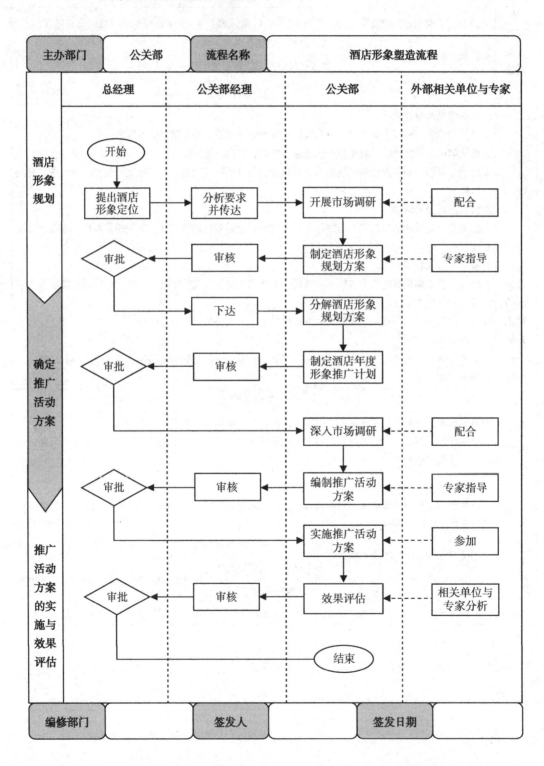

主办部门	公关部	流程名称	酒店形象塑造流程

14.3.2　酒店形象塑造执行程序、工作标准、考核指标、执行规范

任务名称	执行程序、工作标准与考核指标
	执行程序
酒店形象规划	**1.提出酒店形象定位** 　　总经理根据酒店中长期发展战略提出酒店的形象定位 **2.开展市场调研** ☆公关部经理对酒店的形象定位进行深入细致的研究，提出相关要求 ☆公关部工作人员根据酒店形象定位及公关部经理提出的要求，开展广泛的市场调研活动 **3.制定酒店形象规划方案** ☆公关部工作人员会同相关专家和外部单位，对酒店形象定位及相关信息进行研究 ☆公关部工作人员根据多方研究结果编制酒店形象规划方案，提交公关部经理审核通过后，报总经理审批 **工作重点** 　　公关部进行市场调研时，要着重了解同类形象定位的酒店同行的经营现状
	工作标准
	☆酒店形象定位准确，市场调研全面、严谨、及时 ☆酒店形象规划方案编制及时、内容切实可行
	考核指标
	酒店形象规划方案一次性审批通过的情况：方案制定完善、可行，能够一次性通过审批。该指标用于考核公关部编制酒店形象规划方案的能力和水平
	执行程序
确定推广活动方案	**1.分解酒店形象规划方案** 　　酒店形象规划方案审批通过，公关部针对形象规划方案，按照不同的部门职责将其进行合理分解 **2.制定酒店年度形象推广计划** 　　公关部根据分解后的规划方案制定酒店年度形象推广计划，提交公关部经理审核通过后，报总经理审批 **3.深入市场调研** ☆公关部根据总经理审批的年度形象推广计划，再次展开深入的市场调研 ☆公关部可邀请外部相关单位与专家协助开展市场调研活动，请其提供有关信息或做出分析研究 **4.编制推广活动方案** 　　基于再次深入市场调研的结果，公关部编制详细的形象推广活动方案，提交公关部经理审核通过后，报总经理审批 **工作重点** 　　酒店形象推广活动方案的编制工作应由具有相关工作经验的人员负责。编制人员要充分听取专家的意见，并结合酒店的实际情况编制活动方案
	工作标准
	☆酒店形象规划方案的分解结果清晰、职责明确、利于执行 ☆酒店年度形象推广计划编制及时、内容翔实、切实可行

任务名称	执行程序、工作标准与考核指标
确定推广活动方案	**考核指标** 酒店形象推广活动方案首次审批通过率：目标值为____%。该指标用于考核公关部编制形象推广活动方案的能力和水平 酒店形象推广活动方案首次审批通过率 $=\dfrac{首次审批通过的酒店形象推广方案数}{提交审批的酒店形象推广方案总数} \times 100\%$
推广活动方案的实施与效果评估	**执行程序** **1.实施推广活动方案** ☆酒店形象推广活动方案审批通过后，公关部组织开展各种形象推广活动 ☆公关部邀请酒店外部相关部门与专家协助开展形象推广活动 ☆公关部负责协调与处理活动过程中发生的各种问题 **2.效果评估** 　公关部要及时对酒店形象推广活动的效果进行评估，并编写酒店形象推广活动效果评估报告，提交公关部经理审核、总经理审批 **工作重点** 　公关部开展酒店形象推广活动时，要加强与消费者的互动和联系，以保证推广活动达到良好的效果 **工作标准** ☆考核标准：酒店形象推广活动按照方案顺利完成 ☆质量标准：酒店形象推广活动效果评估报告编写及时、内容全面、分析客观 **考核指标** ☆酒店形象推广活动项目失误率：目标值为0。该指标用于考核酒店形象推广方案的执行质量 　酒店形象推广活动项目失误率 $=\dfrac{失误的形象推广活动项目数}{酒店形象推广活动项目总数} \times 100\%$ ☆酒店形象推广活动效果评估报告的全面性：该指标是对酒店形象塑造评估总结工作的定性考察，评估报告要力求内容全面、数据准确
	执行规范
	"酒店形象规划方案""酒店年度形象推广计划""酒店形象推广活动方案""酒店形象推广活动效果评估报告"

酒店运营与管理全案

14.4 公关活动策划流程设计与工作执行

14.4.1 公关活动策划流程设计

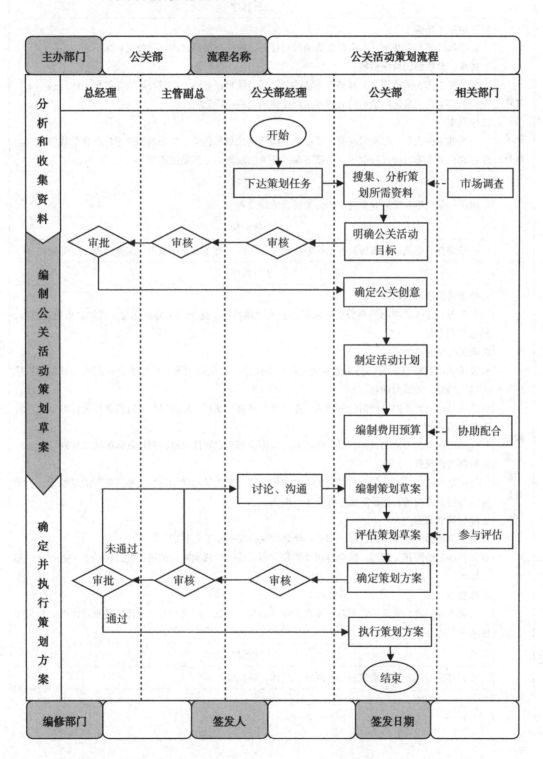

主办部门	公关部	流程名称	公关活动策划流程

第 14 章 | 酒店公关与大客户管理

14.4.2　公关活动策划执行程序、工作标准、考核指标、执行规范

任务名称	执行程序、工作标准与考核指标
分析和收集资料	**执行程序** **1.下达策划任务** 　公关部经理制定并下达酒店公关活动策划任务，确定公关活动内容与公关目标 **2.搜集、分析策划所需资料** ☆公关部工作人员接到公关部经理下达的公关活动策划任务后，积极开展资料搜集工作 ☆公关部工作人员运用恰当的分析方法对搜集的资料进行分析 **工作重点** 　公关部工作人员在分析资料时，要留意公关活动策划的背景，从当前酒店形象存在的优势点、问题点和机会点等方面进行分析，为接下来的公关活动策划工作提供依据 **工作标准** 　酒店行业内第一梯队竞争对手的公关活动策划资料 **考核指标** 　市场调查的规范性：市场调查工作要按照步骤进行，遵守酒店行业市场调查相关制度与规定
编制公关活动策划草案	**执行程序** **1.确定公关活动目标** 　公关部工作人员根据资料分析结果确定公关活动目标，提交公关部经理与主管副总审核通过后，报总经理审批 **2.确定公关活动创意** ☆公关活动目标确定后，公关部根据资料分析结果、社会组织形象特性和公众需求展开创造性思维，确定公关活动创意 ☆公关活动创意的内容包括公关活动主题，活动名称和项目，标语口号及宣传作品设计等 **3.制定活动计划** 　公关部根据公关活动目标、公关活动创意的内容等确定媒体策略，制定具体的活动计划 **4.编制费用预算** 　公关部根据公关活动计划编制公关活动费用预算。公关活动费用预算应根据实际需要确定，公关部应与财务部沟通，将预算控制在合理范围内 **5.编制策划草案** ☆公关部根据公关活动的目标、创意和计划编制公关活动策划草案 ☆公关部应协同相关部门，综合运用评估和预测方法，对活动草案的可行性及活动效果进行评估和预测 **工作重点** 　公关部在制定公关活动计划时，要注意计划的几大特点，即周密性、可操作性和具体性。公关部应从这些特点出发制定计划 **工作标准** 　公关部编制的公关活动策划草案周密、具体，可操作性强

任务 名称	执行程序、工作标准与考核指标
编制 公关 活动 策划 草案	**考核指标**
	公关活动费用预算的适用性：公关活动费用预算的编制必须以公关活动计划为依据，要考虑到突发性预算，确保留出预算弹性空间，以增强公关活动实施的可行性
确定 并 执行 策划 方案	**执行程序**
	1. 确定策划方案 　公关部根据公关活动策划草案可行性评估的结果修订并完善草案，形成正式的酒店公关活动策划方案，提交公关部经理、主管副总审核通过后，报总经理审批 **2. 执行策划方案** 　公关部根据经过审批的酒店公关活动策划方案组织相关部门与人员执行，全面开展公关活动 **工作重点** 　在策划方案执行过程中，公关部要注意灵活运用该方案，根据公关活动的实际情况与效果酌情修改方案
	工作标准
	公关部按计划组织执行公关活动策划方案，活动达到预期效果
	执行规范
"酒店公关活动调研报告""酒店公关活动目标计划书""媒体排期表""酒店公关活动策划草案""酒店公关活动策划方案"	

14.5.1 酒店舆情管理流程设计

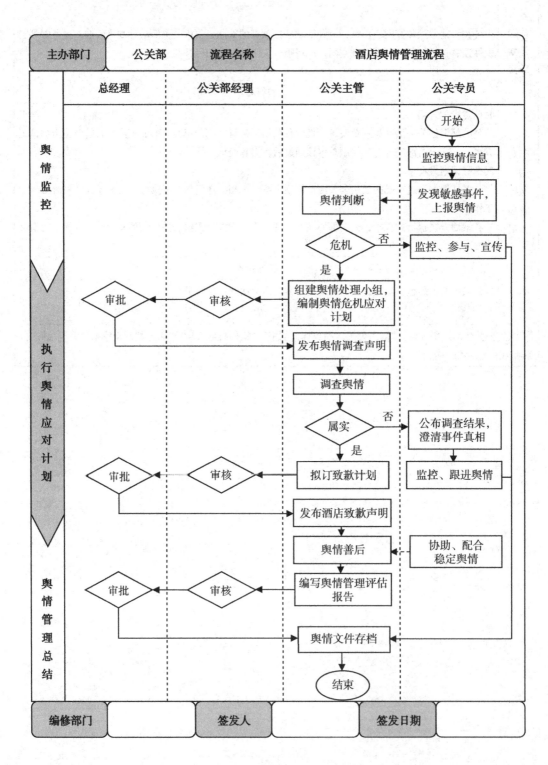

14.5.2　酒店舆情管理执行程序、工作标准、考核指标、执行规范

任务名称	执行程序、工作标准与考核指标
舆情监控	**执行程序** **1. 监控舆情信息** ☆公关专员实时关注各大网络信息平台与媒体的舆论信息及舆论热点 ☆公关专员监控网络平台上所有与酒店相关的舆论事件、信息，如发现敏感事件，要及时上报公关主管 **2. 舆情判断** ☆公关主管结合社会热点事件的发展规律与酒店舆情风险，判断事件的性质类别和可能发展的方向 ☆判定敏感事件不构成危机的，公关主管安排公关专员进一步监控跟进，合理参与事件，宣传酒店品牌 **工作重点** 　舆情监控应由具备丰富经验的专业人员负责，保持监控的敏感度和活跃度，防止因错失重要信息而导致舆情问题扩大化 **工作标准** 　舆情监控与上报及时、快速、准确 **考核指标** ☆舆情监控及时率：不低于____%，该指标用于衡量舆情监控人员的工作积极性 $$舆情监控及时率 = \frac{及时发现的舆情事件数}{发生总数} \times 100\%$$ ☆舆情判断准确率：不低于____%，该指标直接影响后续的舆情处理工作 $$舆情判断准确率 = \frac{判断准确的舆情事件数}{处理舆情危机总数} \times 100\%$$
执行舆情应对计划	**执行程序** **1. 发布舆情调查声明** ☆公关主管判定敏感事件构成舆情危机的，要及时组建舆情处理小组，分析舆论发展的方向 ☆公关主管负责编制舆情危机应对计划，提交公关部经理审核通过后，报总经理审批 ☆公关主管按批准的应对计划拟订舆论事件调查声明，由酒店各平台及相关媒体进行公开发布，回应舆情 ☆公关主管组织舆情处理小组开展舆情调查，查明舆论事件的真实情况 ☆舆论事件查证为虚假信息的，公关部要及时发布调查结果，澄清事件真相。公关专员负责持续跟进舆情，监控其发展方向 **2. 拟订致歉计划** ☆舆论事件情况查证属实的，公关主管要据实拟订致歉计划，提交公关部经理审核通过后，报总经理审批 ☆公关主管根据总经理的批示意见编制酒店致歉声明，由酒店网络主体公开发布 **3. 舆情善后** ☆舆论事件处理结束后，公关部要及时发布处理结果，向公众表明酒店的态度 ☆公关部负责监控酒店道歉声明发布后的舆情反应，稳定平复舆情，处理酒店负面信息

任务名称	执行程序、工作标准与考核指标
执行舆情应对计划	**工作重点** 舆情出现后，公关部应快速回应，稳定公众情绪 **工作标准** ☆质量标准：舆情调查及时，结果真实、客观，能够最大限度维护酒店的合法利益 ☆依据标准：公关部必须严格按照酒店舆情管理制度的规定进行调查和公布结果 **考核指标** 舆情处理正确率：不得低于____% $$舆情处理正确率 = \frac{处理得当的舆情事件数}{处理舆情事件总数} \times 100\%$$
舆情管理总结	**执行程序** **1. 编写舆情管理评估报告** ☆舆论事件平息后，公关主管负责根据舆论事件应对处理工作的情况编写评估报告，提交公关部经理审核通过后，报总经理审批 ☆公关部根据总经理的批示意见总结舆情管理工作的经验教训，加强舆论事件的处理与控制能力 **2. 舆情文件存档** 公关部要做好舆情处理记录，整理对应文件，将舆情文件编号、存档，以备查考 **工作重点** ☆全面总结舆情处理工作，不断提升舆情管理能力 ☆综合分析，整理问题，谋求舆情管理的进一步完善 **工作标准** ☆质量标准：舆情管理评估报告的结果客观、数据真实、内容全面 ☆参照标准：舆情文件的归档保存符合酒店文件与档案管理制度的规定 **考核指标** ☆舆情管理评估报告一次性通过率：目标值为____%，该指标用于衡量舆情管理评估报告的编制质量 $$舆情管理评估报告一次性通过率 = \frac{首次审批通过的舆情管理评估报告数}{提交审批的舆情管理评估报告数} \times 100\%$$ ☆舆情文件存档正确率：目标值为100% $$舆情文件存档正确率 = \frac{存档正确的舆情文件数}{舆情文件存档总数} \times 100\%$$

执行规范
"舆情监控信息记录表""舆情判断说明""舆情事件调查声明""酒店舆情应对计划""酒店舆情管理制度""舆情管理评估报告"

酒店运营与管理全案

14.6.1 大客户关系维护管理流程设计

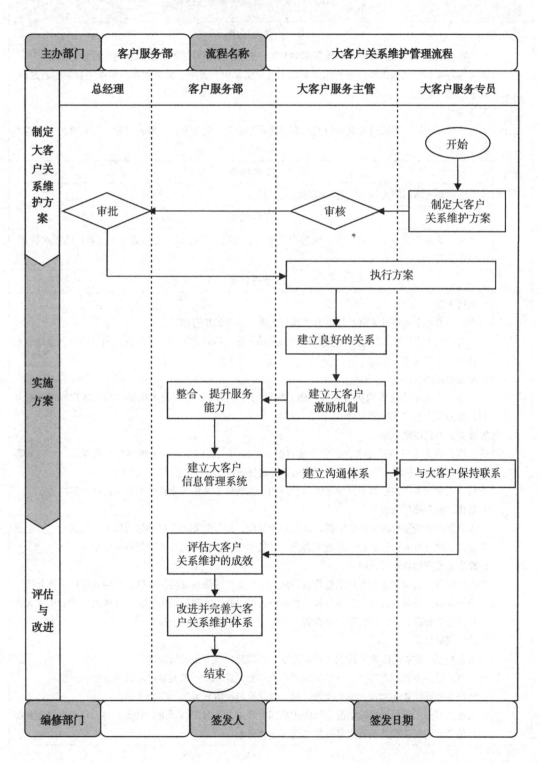

主办部门	客户服务部	流程名称	大客户关系维护管理流程

第 14 章 酒店公关与大客户管理

14.6.2 大客户关系维护管理执行程序、工作标准、考核指标、执行规范

任务名称	执行程序、工作标准与考核指标
制定大客户关系维护方案	**执行程序** ☆大客户服务专员收集酒店客户数据库中大客户资料，采用科学的方法对资料进行分析整理 ☆大客户服务专员根据资料分析结果制定大客户关系维护方案，提交大客户服务主管审核通过后，报总经理审批 **工作重点** 　为了便于管理，酒店应成立专门的大客户管理办公室，统筹安排大客户开发、关系维护、满意度调查等工作 **工作标准** 　行业内知名酒店的大客户管理制度与相关资料等 **考核指标** 　大客户关系维护方案的可行性：大客户关系维护方案要符合酒店实际情况和大客户的需求特点，可操作性强
实施方案	**执行程序** **1. 执行方案** ☆大客户服务主管指导大客户服务专员执行大客户关系维护方案 ☆大客户服务专员应采用适宜的关系维护方式最大化地接近大客户，了解其公司性质、办公地点和商务出差需求等 **2. 建立良好的关系** 　大客户服务主管代表酒店与大客户建立良好的合作关系，形成长久机制，与大客户实现互惠互利，增强与大客户之间的互动 **3. 建立大客户激励机制** ☆大客户服务主管负责建立大客户激励机制，可以将大客户划分为关键客户、重点客户、一般客户，并根据不同级别制定大客户管理政策和激励机制 ☆具体的激励手段包括物质激励（如消费折扣、实物等）及精神激励（如荣誉证书、奖牌等） **4. 整合、提升服务能力** 　客户服务部应整合酒店社会资源，以客户为导向，提升服务大客户的综合能力，包括量身打造服务模式、建立服务沟通平台、开通大客户"绿色通道"及提供完善的服务解决方案等 **5. 建立大客户信息管理系统** ☆客户服务部负责建立大客户信息管理系统，以大客户的信息资料为基础，围绕大客户进行分析 ☆分析内容主要包括大客户发展分析、大客户价值分析、大客户行为分析、代理商贡献分析、大客户满意度分析、一对一大客户分析等 **6. 建立沟通体系** ☆大客户服务主管应时刻关注大客户满意度，组织建立全方位的沟通体系 ☆大客户服务主管和大客户服务专员要定期或不定期地主动征求大客户对酒店服务的意见 ☆客户服务部应建立大客户流失预警机制，以便及时挽留有流失趋向的大客户 ☆大客户服务主管根据实际情况定期组织酒店管理层与大客户高层进行交流，努力与大客户建立相互信任的朋友关系及互利双赢的战略合作伙伴关系

任务名称	执行程序、工作标准与考核指标
实施方案	**工作重点** 　　大客户资料属于酒店的机密文件，酒店要加强大客户信息档案的保密工作，制定相应的管理制度，派专人负责大客户信息的录入与整理工作。未经许可，任何人不得以任何理由私自查阅、复制大客户资料 **工作标准** 　　客户服务部工作人员要严格执行大客户关系维护方案，与大客户形成良好的合作关系，建立大客户信息管理系统和沟通体系，不断提升大客户的满意度和忠诚度 **考核指标** ☆大客户关系维护方案实施完成率：目标值为100% 　　大客户关系维护方案实施完成率 $=\dfrac{实际完成的方案目标数}{计划完成的方案目标数}\times100\%$ ☆大客户信息的全面性：大客户信息完整，没有重大遗漏 ☆大客户信息的准确性：大客户信息正确、有效，没有重大错误与偏差
评估与改进	**执行程序** **1.评估大客户关系维护的成效** 　　客户服务部对大客户关系维护方案的执行效果进行评估，以客户住宿评价和酒店服务满意度为指标进行业绩评定 **2.改进并完善大客户关系维护体系** 　　大客户服务主管根据评估结果对大客户服务方案进行相应的改进与完善 **工作重点** 　　大客户关系维护成效的评估要严谨，严格按照规范的工作流程、操作步骤、评价标准执行 **工作标准** ☆参照标准：行业内知名酒店的大客户关系维护体系 ☆目标标准：通过及时评估、总结方案执行效果，进一步提升酒店的大客户管理水平和相关人员的工作积极性
执行规范	
"大客户关系维护方案""大客户信息保密细则"	

第 14 章　酒店公关与大客户管理

15.1 酒店环境卫生与停车保卫管理流程

15.1.1 流程目的说明

酒店设计环境卫生与停车保卫管理流程的目的如下：

（1）指导酒店环境卫生与停车保卫管理工作，确保酒店环境卫生和停车保卫工作的正常开展；

（2）明确酒店环境卫生与停车保卫管理工作的重要节点，避免工作逻辑混乱；

（3）规范酒店环境卫生与停车保卫管理工作的工作程序，逐步实现酒店管理的规范化、标准化、程序化。

15.1.2 流程结构设计

酒店环境卫生与停车保卫管理流程设计可采取并列式结构，即将酒店环境卫生与停车保卫管理细分为七个事项，就每个事项分别设计流程，具体的结构设计如图15-1所示。

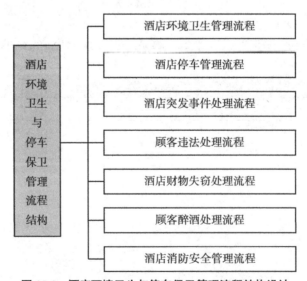

图 15-1　酒店环境卫生与停车保卫管理流程结构设计

15.2.1 酒店环境卫生管理流程设计

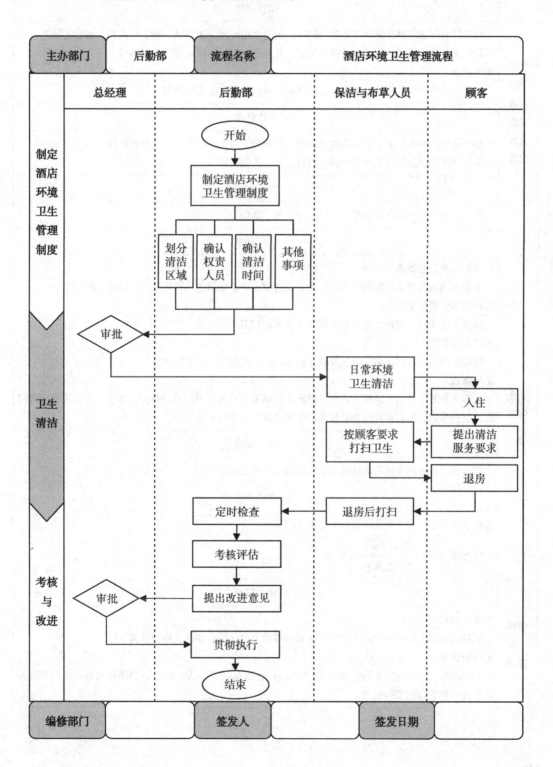

15.2.2 酒店环境卫生管理执行程序、工作标准、考核指标、执行规范

任务名称	执行程序、工作标准与考核指标
制定酒店环境卫生管理制度	**执行程序**
	☆酒店后勤部制定酒店环境卫生管理制度，划分酒店环境卫生区域，确定权责人、清洁时间等 ☆后勤部负责人将酒店环境卫生管理制度报总经理审批，审批通过后方可执行 **工作重点** 　酒店的环境卫生管理应该形成制度，纳入考核，否则无法达到效果
	工作标准
	☆参照标准：酒店环境卫生管理制度的撰写可参照酒店文书写作的有关规定进行 ☆质量标准：酒店环境卫生管理制度内容完整、条例清晰
	考核指标
	酒店环境卫生管理制度应在____个工作日内制定完成
卫生清洁	**执行程序**
	1.日常环境卫生清洁 　酒店保洁与布草人员按制度进行日常卫生清洁，清洁区域包括酒店楼面、客房、前厅等 **2.提出清洁服务要求** 　顾客入住期间，客房保洁人员应视顾客需求打扫卫生 **3.退房后打扫** 　顾客退房后，客房保洁人员应及时打扫房间，以迎接下一位顾客入住 **工作重点** 　顾客入住酒店之前、之中、之后，保洁人员都需要对客房进行清洁打扫。保洁人员要留意客房门前的打扫标识，顾客也可能会通过客房呼叫系统呼叫保洁服务
	工作标准
	客房的清洁标准参照酒店环境卫生管理制度的有关规定执行
	考核指标
	顾客投诉率：用于衡量顾客对保洁服务的满意度 $$顾客投诉率 = \frac{投诉人数}{总入住人数} \times 100\%$$
考核与改进	**执行程序**
	1.定时检查 　后勤部管理人员要定时巡查酒店各区域的环境卫生，检查保洁人员的日常工作 **2.考核评估** 　后勤部将酒店环境卫生的清洁与维护情况纳入保洁与布草人员的绩效，具体考核标准参照保洁人员绩效考核管理制度执行

酒店运营与管理全案

任务 名称	执行程序、工作标准与考核指标
考核 与 改进	**3. 提出改进意见** ☆后勤部根据酒店环境卫生的检查结果，提出改进意见，并撰写酒店环境卫生管理改进建议书 ☆后勤部管理人员将改进建议书报总经理审批，审批通过后方可执行 **4. 贯彻执行** 　后勤部管理人员根据审核通过的酒店环境卫生管理改进建议书，督促保洁人员对日常工作进行改进 **工作重点** 　后勤部管理人员要定时巡视环境卫生，及时处理发现的问题，以免给顾客留下负面印象
	工作标准
	☆参照标准：酒店环境卫生管理改进建议书的撰写可参照酒店文书写作的有关规定进行 ☆目标标准：通过考核与改进，酒店的环境卫生管理水平得到了提升
	执行规范
	"酒店环境卫生管理制度""酒店环境卫生管理改进建议书"

15.3.1 酒店停车管理流程设计

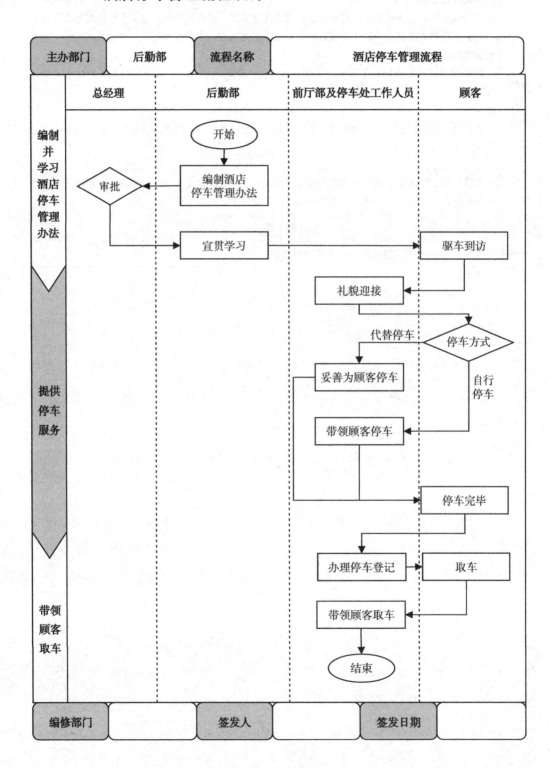

15.3.2 酒店停车管理执行程序、工作标准、考核指标、执行规范

任务名称	执行程序、工作标准与考核指标
编制并学习酒店停车管理办法	**执行程序**
	1.编制酒店停车管理办法 ☆酒店后勤部负责编制酒店停车管理办法，划分酒店环境停车区域，确定权责人、停车收费标准等内容 ☆后勤部负责人将酒店停车管理办法报总经理审批，审批通过后方可执行 **2.宣贯学习** 　酒店后勤部将通过审批的酒店停车管理办法分发给相关权责人，请其知悉并学习掌握 **工作重点** 　酒店停车管理办法的有关规定要符合酒店所在区域的物业规定与交通管理规定
	工作标准
	☆参照标准：酒店停车管理办法的编制可参照酒店文书写作的有关规定进行 ☆质量标准：酒店停车管理办法内容完整、条例清晰
	考核指标
	酒店停车管理办法应在＿＿＿个工作日内编制完成
提供停车服务	**执行程序**
	1.礼貌迎接 　顾客出于入住或其他目的驱车到达酒店后，前厅部工作人员要礼貌迎接顾客，视顾客需求为其提供停车服务 **2.停车方式** 　顾客可自行选择停车方式，若顾客选择由停车处工作人员代停，停车处工作人员要妥善为顾客提供停车服务；若顾客选择自行停车，工作人员则向顾客指明停车场的位置 **3.办理停车登记** 　顾客停车完毕后，前厅部及停车处工作人员应为顾客办理停车登记，请顾客在车辆入库登记表上签字 **工作重点** 　如果顾客选择由酒店代替停车，那么停车处工作人员要严格遵守交通管理规定和酒店停车管理办法，妥善为顾客停车，防止剐蹭、撞毁、车内物品失窃等情况的发生
	工作标准
	停车服务参照交通管理规定和酒店停车管理办法执行
	考核指标
	停车事故率：用于考核停车人员的工作质量 $$停车事故率 = \frac{发生的停车事故次数}{总停车次数} \times 100\%$$

任务名称	执行程序、工作标准与考核指标
带领顾客取车	**执行程序** 当顾客退房后，前厅部及停车处工作人员要带领顾客取车，请顾客结清可能存在的费用，并在离库登记表上签字确认 **工作重点** 离库登记表上要载明车辆状态，以便计算顾客停车时间，同时可规避后续可能存在的事故责任 **工作标准** ☆参照标准：顾客取车服务参照酒店停车管理办法的有关规定执行 ☆完成标准：顾客在离库登记表上签字确认，完成取车 **考核指标** 顾客取车漏签率：用来衡量停车处工作人员的工作严谨性 $$顾客取车漏签率 = \frac{漏签次数}{总离库次数} \times 100\%$$
执行规范	
"酒店停车管理办法""车辆入库登记表""车辆离库登记表"	

15.4.1　酒店突发事件处理流程设计

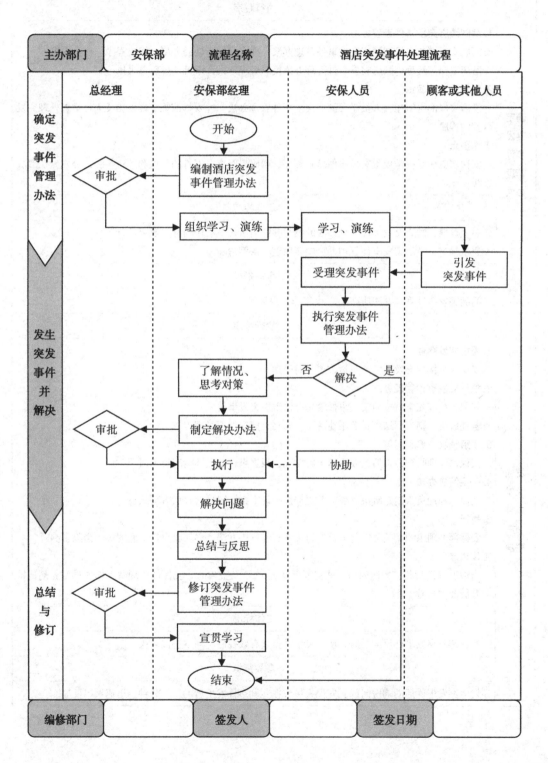

| 主办部门 | 安保部 | 流程名称 | 酒店突发事件处理流程 |

| | 总经理 | 安保部经理 | 安保人员 | 顾客或其他人员 |

确定突发事件管理办法

开始

编制酒店突发事件管理办法 → 审批

组织学习、演练 → 学习、演练

引发突发事件 → 受理突发事件

执行突发事件管理办法

发生突发事件并解决

了解情况、思考对策 ← 否　解决　是

审批 ← 制定解决办法

执行 ⇠ 协助

解决问题

总结与反思

总结与修订

审批 ← 修订突发事件管理办法

宣贯学习

结束

| 编修部门 | | 签发人 | | 签发日期 | |

第15章　酒店环境卫生与停车保卫管理

15.4.2　酒店突发事件处理执行程序、工作标准、考核指标、执行规范

任务名称	执行程序、工作标准与考核指标
确定突发事件管理办法	**执行程序** **1.编制酒店突发事件管理办法** ☆酒店安保部负责编制酒店突发事件管理办法，确定突发事件的类型、解决程序、权责人等 ☆酒店安保部经理将酒店突发事件管理办法报总经理审批，审批通过后方可执行 **2.组织学习、演练** 　酒店安保部组织相关人员学习酒店突发事件管理办法，并安排演练，确保相关人员掌握处理突发事件的程序 **工作重点** 　安保部要注意科学设置突发事件处理程序，明确界定突发事件的类型和严重等级，分别确认解决办法 **工作标准** ☆参照标准：酒店突发事件管理办法的撰写参照酒店文书写作的有关规定进行 ☆质量标准：酒店突发事件管理办法内容完整、条例清晰 **考核指标** 　酒店突发事件管理办法应在____个工作日内编制完成
发生突发事件并解决	**执行程序** **1.受理突发事件** 　安保人员接到突发事件消息后，要及时受理 **2.执行突发事件管理办法** ☆安保人员应先尝试按照突发事件管理办法解决突发事件 ☆若能解决，则流程结束；若不能解决，则马上向安保部经理报告 **3.了解情况、思考对策** 　安保部经理收到报告后，要迅速了解情况，根据事件的具体情况思考对策 **4.制定解决办法** 　安保部经理负责制定解决办法，并提交总经理审批，审批通过后方可执行 **5.执行** 　安保部经理组织相关部门与人员执行突发事件解决办法，尽快将事情彻底解决，消除影响 **工作重点** 　当情况特别紧急（如遇凶杀、地震等事件），来不及报告时，安保部经理及工作人员要立刻报警或开展疏散自救工作 **工作标准** 　安保部对突发事件反应及时，使突发事件得到有效控制，问题得以解决 **考核指标** 　发生突发事件后的响应时间：安保人员应在突发事件发生后的____分钟内迅速做出反应

任务 名称	执行程序、工作标准与考核指标
总结 与 修订	**执行程序**
	1. 总结与反思 　突发事件得到解决后，安保部经理要组织部门人员进行总结与反思，总结经验，吸取教训，找出酒店突发事件管理工作的不足之处 **2. 修订突发事件管理办法** ☆安保部经理根据突发事件的处理经验修订酒店突发事件管理办法 ☆安保部经理将修订后的突发事件管理办法报总经理审批，审批通过后宣贯学习 **工作重点** 　安保部经理应在一次次突发事件的解决过程中思考突发事件管理工作的不足之处，及时改进，做好预防工作
	工作标准
	通过安保部的总结与反思，以及对突发事件管理办法的修订与学习，酒店安全事件的发生率大大降低
	执行规范
	"酒店突发事件管理办法" "酒店突发事件管理办法的修订意见"

第 15 章　酒店环境卫生与停车保卫管理

15.5.1　顾客违法处理流程设计

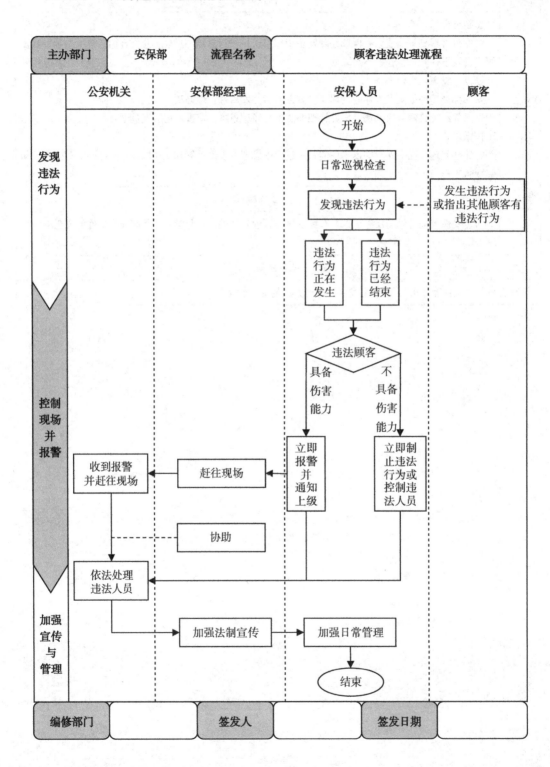

15.5.2 顾客违法处理执行程序、工作标准、考核指标、执行规范

任务名称	执行程序、工作标准与考核指标
发现违法行为	**执行程序** ☆酒店安保人员要定时对酒店区域进行巡视检查，排查安全隐患与违法现象，及时发现顾客存在的违法行为 ☆安保人员在巡视检查时，要按规定穿戴安保服饰与设备 **工作重点** 　安保人员要对顾客的违法行为迅速做出反应，必要时可请求支援 **工作标准** ☆参照标准：对顾客违法行为的判断应参照我国相关法律法规 ☆质量标准：酒店安保人员要按时巡视、态度端正、提高警戒 **考核指标** 　顾客违法行为发现率：用以衡量安保人员的工作质量 $$顾客违法行为发现率 = \frac{发现顾客违法行为的次数}{顾客违法行为发生的总次数} \times 100\%$$
控制现场并报警	**执行程序** **1.判断违法人员的伤害能力** ☆安保人员发现顾客存在违法行为后，不可鲁莽，应先判断违法人员是否具备伤害能力 ☆若违法人员具备伤害能力，应对其进行监视并立即报警，同时通知上级领导 ☆若违法人员不具备伤害能力，安保人员应迅速制止其违法行为或控制违法人员，报警后等待警方处理 **2.赶往现场** 　安保部经理收到消息后要立即赶往现场，协同安保人员控制违法人员，并安排人员接应警方 **3.协助警方处理** 　警方到达现场后，安保部经理要组织部门人员协助警方处理违法事件 **工作重点** ☆安保人员发现顾客存在违法行为后，应先报警，再根据违法人员的伤害能力选择监视或制止 ☆安保部经理应安排人员在酒店门口接应警方，以便带领警方快速抵达现场 **工作标准** ☆目标标准：通过适当处理，违法行为被制止 ☆时间标准：顾客违法行为发生后，安保部要第一时间做出反应并采取应对措施
加强宣传与管理	**执行程序** **1.加强法制宣传** 　违法事件结束后，安保部经理要组织开展法制宣传工作，加强法制宣传，提高酒店工作人员的法律意识

任务名称	执行程序、工作标准与考核指标
加强宣传与管理	**2.加强日常管理** 　安保人员要加强日常巡检，及时对可能存在的问题做出处理 **工作重点** 　除了对酒店工作人员进行法制宣传外，酒店还要适时对入住的顾客进行法制宣传
	工作标准
	☆参照标准：安保部的日常工作参照安全保卫工作制度进行 ☆目标标准：通过日常巡检，及时发现并制止顾客的违法行为
	考核指标
	☆安保人员巡检次数：每日巡检不少于____次 ☆酒店法制宣传程度：全面宣传，并在酒店相应区域张贴标语
	执行规范

"安全保卫工作制度"

酒店运营与管理全案

15.6.1 顾客财物失窃处理流程设计

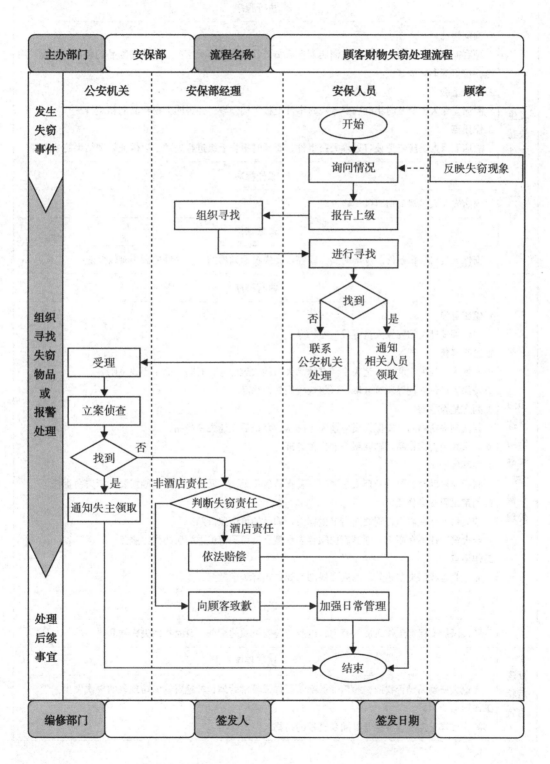

15.6.2 顾客财物失窃处理执行程序、工作标准、考核指标、执行规范

任务名称	执行程序、工作标准与考核指标
发生失窃事件	**执行程序** **1. 询问情况** 　顾客向酒店反映财务失窃后，酒店安保人员要仔细询问相关情况，将失窃物品的名称、外观、用途、价值等询问清楚 **2. 报告上级** 　酒店安保人员要及时将酒店财务失窃事件上报部门领导，并说明失窃物品的相关情况 **工作重点** 　酒店安保人员应避免独自处理失窃事件，要及时报告上级进行处理，以保证处理结果的公正性 **工作标准** 酒店安保人员对失窃事件反应及时 **考核指标** 安保人员对失窃事件的反应时间：应在收到失窃通知后的____分钟内做出有效反应
组织寻找失窃物品或报警处理	**执行程序** **1. 组织寻找** 　安保部经理组织安保人员寻找失窃物品 **2. 进行寻找** ☆安保人员与失主联系，请失主回忆物品失窃的大致位置、时间，缩小寻找范围 ☆安保人员仔细搜寻所有区域，以尽快找回失窃物品 **3. 判定是否找到** ☆若找到失窃物品，安保人员应请失主确认，登记后交还失窃物品 ☆若未找到失窃物品，则联系公安机关处理 **4. 立案侦查** 　酒店应协助公安机关处理失窃案件，若报警后仍无法找回失窃物品，则需要判断失窃责任 **5. 判定是否是酒店责任** ☆若失窃责任在酒店，则酒店需要根据失窃物品的价值照价赔偿 ☆若失窃责任不在酒店，则酒店向顾客表示歉意，可酌情提供酒店的优惠服务 **工作重点** 　无论是否找回失窃物品，酒店安保部都要向顾客表示歉意 **工作标准** 通过酒店安保部工作人员的努力，以及与公安机关的配合，及时找回失窃物品
处理后续事宜	**执行程序** 　无论失窃物品是否找回，酒店安保部都要加强日常管理，杜绝财物失窃现象的再次发生 **工作重点** 　酒店要郑重提醒顾客保管好随身携带的财物

任务 名称	执行程序、工作标准与考核指标
处理 后续 事宜	**工作标准**
	☆参照标准：酒店安保部参照安全保卫工作规范开展日常工作 ☆目标标准：通过加强防范和日常管理，降低顾客财物失窃发生的概率 ☆数量标准：安保人员每日至少巡视酒店____次以上
	考核指标
	顾客财物失窃现象发生率：目标值为0。该指标用于衡量酒店安保工作的质量
	执行规范
	"安保部工作制度"

第 15 章 — 酒店环境卫生与停车保卫管理

15.7.1 顾客醉酒处理流程设计

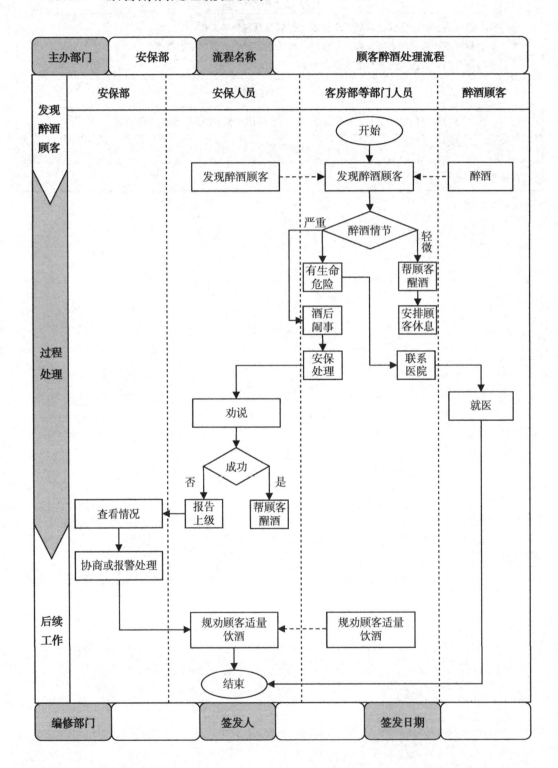

15.7.2　顾客醉酒处理执行程序、工作标准、考核指标、执行规范

任务名称	执行程序、工作标准与考核指标
发现醉酒顾客	**执行程序** 　　酒店工作人员发现顾客醉酒后，要第一时间通知安保及客房部工作人员进行处理，判断顾客的身份，明确其入住时间、房号、有无同伴等信息 **工作重点** ☆顾客醉酒后可能会滞留在房间、餐厅、酒店走廊、电梯间等区域，酒店相关工作人员在巡视时要密切注意 ☆若发现醉酒人员不是顾客，而是酒店员工，要先为其醒酒，再做出相应处罚 **工作标准** 　　酒店工作人员发现顾客醉酒后，要及时查明其身份及入住的房号等信息
过程处理	**执行程序** **1.醉酒情节轻微** ☆若顾客醉酒情节不严重，为轻微醉酒，酒店工作人员可先帮其醒酒 ☆顾客酒醒后，酒店工作人员安排醉酒顾客好好休息 **2.醉酒情节严重** ☆若顾客醉酒情节严重，可能有生命危险，酒店工作人员要立即呼叫救护车，安排醉酒顾客就医 ☆若顾客酒后闹事，则通知安保部处理 ☆安保人员抵达现场后，要先对酒后闹事的顾客进行劝说，稳定其情绪 ☆若能够稳定醉酒顾客的情绪，则帮其醒酒；对其损坏的酒店物品，要求其照价赔偿 ☆若无法稳定顾客的情绪，顾客依旧不依不饶、蛮横无理，提出过分要求，则通知上级，由安保部经理出面解决或报警处理 **工作重点** ☆酒店工作人员发现醉酒顾客后，要先确定顾客的状态，再酌情处理。顾客醉酒后头脑可能会不清醒，这时不要试图激怒顾客；对于酒后闹事的顾客，安保部可聚集多人力量对其进行控制 ☆对于顾客酒后闹事期间造成的损失，酒店可要求顾客赔偿 **工作标准** 　　通过对酒后闹事顾客的劝说，使事态得到了控制
后续工作	**执行程序** 　　酒店相关工作人员要规劝顾客适量饮酒，必要时告知其酗酒危害和严重后果 **工作重点** 　　酒店安保部参照安全保卫工作规范开展日常工作

任务名称	执行程序、工作标准与考核指标
后续工作	**工作标准**
	☆目标标准：通过加强防范和日常管理，顾客酒后闹事事件发生率大大降低 ☆数量标准：安保人员每日至少巡视酒店＿＿＿次以上
	考核指标
	顾客酒后闹事事件处理及时率：目标值为100% 顾客酒后闹事事件处理及时率 $= \dfrac{\text{顾客酒后闹事事件及时处理的次数}}{\text{顾客酒后闹事事件发生的次数}} \times 100\%$
执行规范	
"安全保卫工作制度"	

酒店运营与管理全案

15.8.1 酒店消防安全管理流程设计

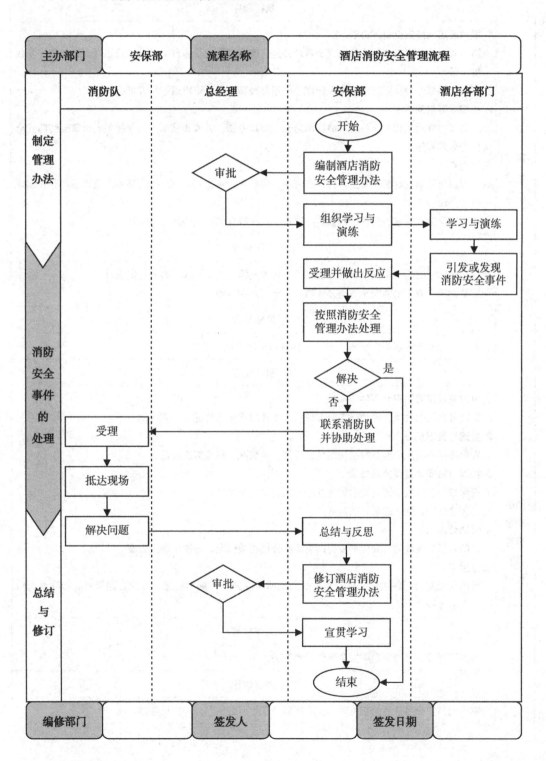

主办部门	安保部	流程名称	酒店消防安全管理流程
	消防队	总经理	安保部	酒店各部门

第 15 章 酒店环境卫生与停车保卫管理

15.8.2　酒店消防安全管理执行程序、工作标准、考核指标、执行规范

任务名称	执行程序、工作标准与考核指标
制定管理办法	**执行程序** **1.编制酒店消防安全管理办法** ☆酒店安保部负责编制酒店消防安全管理办法，确定消防安全事件类型、重点区域、解决程序及权责人等 ☆酒店安保部经理将酒店消防安全管理办法报总经理审批，审批通过后方可执行 **2.组织学习与演练** 　酒店安保部组织相关人员学习酒店消防安全管理办法，并安排演练，确保相关人员掌握消防安全事件的处理程序 **工作重点** ☆安保部要科学设计消防安全事件处理程序，明确界定消防安全事件的类型和严重等级，分别制定解决办法 ☆酒店安保部要加强消防安全的预防与巡查工作，确保消防设备齐全且完好 **工作标准** ☆参照标准：酒店消防安全管理办法的撰写可参照酒店文书写作的有关规定进行 ☆质量标准：酒店消防安全管理办法内容完整、条例清晰 **考核指标** 　酒店消防安全管理办法应在____个工作日内编制完成
消防安全事件的处理	**执行程序** **1.引发或发现消防安全事件** 　酒店各部门引发或发现消防安全事件后，要及时将相关情况上报安保部 **2.受理并做出反应** 　安保部接到消息后要及时抵达现场，详细了解情况，思考解决办法 **3.按照消防安全管理办法处理** ☆安保部先尝试按照消防安全管理办法处理消防安全事件 ☆若无法处理，则立即联系消防队 **4.协助处理** 　消防队抵达现场后，安保部要协助消防队分析相关情况，并制定解决方案 **工作重点** 　当酒店无法自行解决消防安全事件时，说明情况紧急，刻不容缓，此时安保部要立即联系消防队，请求支援 **工作标准** 　通过安保部的努力，消防安全事件得到解决 **考核指标** 　发生消防安全事件后的响应时间：应在事件发生后的____分钟内迅速做出反应

任务名称	执行程序、工作标准与考核指标
	执行程序
总结 与 修订	**1.总结与反思** 　　消防安全事件得到解决后，安保部经理要组织部门人员进行总结与反思，总结经验，吸取教训，找出酒店消防安全事件管理工作的不足之处 **2.修订酒店消防安全管理办法** ☆安保部经理根据处理经验修订酒店消防安全管理办法 ☆安保部经理将修订后的消防安全管理办法报总经理审批，审批通过后宣贯学习 **工作重点** 　　安保部经理要在一次次消防安全事件的处理过程中，思考消防安全管理工作的不足之处，及时改进，做好消防安全预防工作
	工作标准
	通过对消防安全事件的总结与反思，以及对消防安全管理办法的修订与学习，大大降低了酒店消防安全事件的发生概率
	执行规范
	"酒店消防安全管理办法""酒店消防安全管理办法的修订意见"

第 15 章 — 酒店环境卫生与停车保卫管理

16.1　酒店人力资源与行政管理流程

16.1.1　流程目的说明

酒店设计人力资源与行政管理流程的目的如下：

（1）运用科学的方法对酒店的人力资源进行有效的利用和开发，可以提高全体员工的素质，使其得到最优化的组合，发挥最大的积极性，从而提高劳动效率；

（2）落实酒店的各项管理制度，对制度的实施进行宣贯、指导和监督，确保酒店的各项工作顺利开展。

16.1.2　流程结构设计

酒店人力资源与行政管理可细分为六个事项，就每个事项分别设计流程，具体的结构设计如图 16-1 所示。

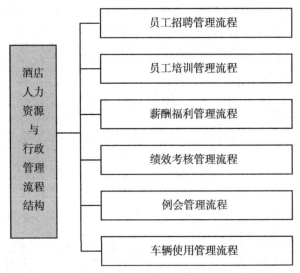

图 16-1　酒店人力资源与行政管理流程结构设计

16.2.1 员工招聘管理流程设计

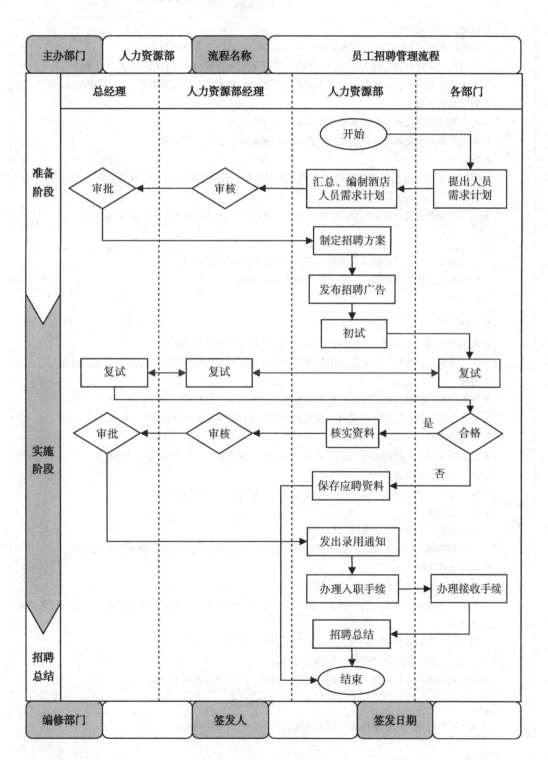

16.2.2　员工招聘管理执行程序、工作标准、考核指标、执行规范

任务名称	执行程序、工作标准与考核指标
准备阶段	**执行程序** **1. 提出人员需求计划** ☆各部门根据酒店的经营目标提出人员需求计划，并上报人力资源部 ☆人力资源部对各部门的人员需求计划进行审核与汇总，编制全酒店的人员需求计划 ☆人力资源部将酒店人员需求计划上报人力资源部经理审核、总经理审批 **2. 制定招聘方案** ☆人力资源部根据领导的批示意见制定招聘方案 ☆人力资源部根据招聘方案选择招聘方法和招聘渠道，发布招聘广告 **工作重点** ☆招聘方案的内容包括招聘职位的名称、任职条件、薪酬情况、面试方式及时间、招聘手段（广告、媒体、猎头）等 ☆人力资源部在发布招聘广告时，要注意广告的措辞，必须遵守国家的相关法律法规 **工作标准** ☆内容标准：人力资源部编写的招聘方案符合酒店公文写作规范 ☆时间标准：招聘方案需在＿＿＿个工作日内编制完成
实施阶段	**执行程序** **1. 初试** ☆人力资源部组织应聘者进行初试，根据实际情况安排面试与笔试 ☆人力资源部根据初试结果筛选出参加复试的人员，并以短信或邮件的方式发送复试通知 **2. 复试** ☆各部门审查应聘者的工作能力和素养是否符合招聘岗位的要求 ☆对中高层管理人员进行复试时，需要人力资源部经理和总经理共同参加 **3. 核实资料** ☆人力资源部审查复试结果和部门意见，确定拟录用人员，核实拟录用人员的相关信息，并编写拟录用人员情况报告 ☆拟录用人员名单及报告经人力资源部经理审核通过后，报总经理审批 **4. 发出录用通知** ☆人力资源部向录用人员发送录用通知书 ☆人力资源部向面试未通过的应聘者发送致谢函，并保存其应聘资料，纳入酒店人才库 **5. 办理入职手续** ☆人力资源部负责办理录用人员入职手续 ☆各部门负责办理录用人员的接收手续并为其安排工作岗位，向其说明岗位要求、介绍部门人员等 **工作重点** ☆初试可借助科学合理的面试工具，不能完全凭主观判断 ☆复试应主要对应聘者的岗位任职能力进行评估 ☆录用通知书中要注明报到的时间、地点、岗位、待遇及其他相关说明 **工作标准** 人力资源部编写的拟录用人员情况报告符合酒店公文写作的规范

任务 名称	执行程序、工作标准与考核指标
实施 阶段	**考核指标**
	招聘目标完成率：目标值为＿＿％，该指标用于衡量人力资源部招聘工作的完成情况
	$招聘目标完成率 = \dfrac{实际完成的招聘目标数}{计划完成的招聘目标数} \times 100\%$
招聘 总结	**执行程序**
	人力资源部对招聘工作进行总结，内容包括招聘方式评价、人才市场的情况及人才储备计划等
	工作标准
	人力资源部编写的招聘工作总结符合酒店公文写作的规范
执行规范	
"员工招聘方案""酒店人员需求报告""招聘结果反馈单""招聘录用通知书"	

16.3 员工培训管理流程设计与工作执行

16.3.1 员工培训管理流程设计

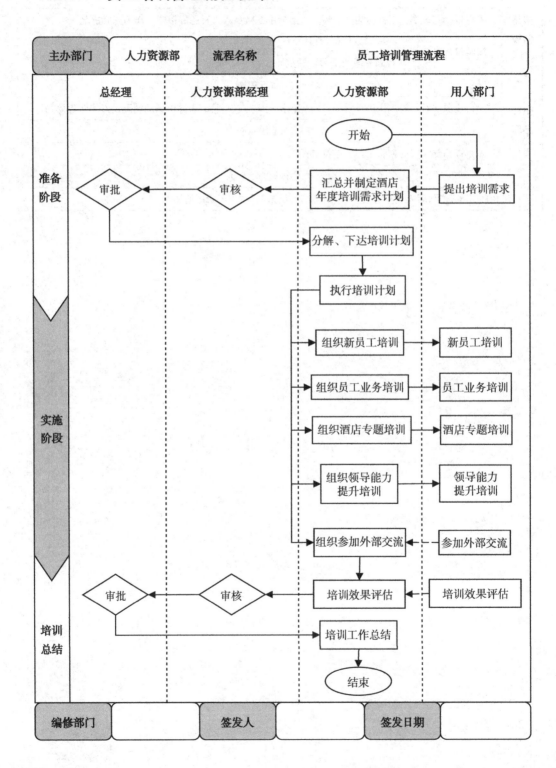

16.3.2　员工培训管理执行程序、工作标准、考核指标、执行规范

任务名称	执行程序、工作标准与考核指标
准备阶段	**执行程序** **1.提出培训需求** ☆各部门根据业务需要提出年度员工培训需求并报人力资源部 ☆人力资源部对各部门的培训需求进行核对与平衡，并结合酒店发展战略的需要制定酒店总体的员工培训计划 ☆员工培训计划须上报人力资源部经理审核、总经理审批 **2.分解、下达培训计划** ☆人力资源部根据领导批示意见制定酒店员工培训方案，内容包括培训的项目、时间、费用及参加的人员等 ☆人力资源部分解培训计划，并按不同的时间段及业务部门下达单项培训计划 **工作重点** 　平衡培训工作与酒店经营活动，协调好培训时间 <hr>**工作标准** ☆内容标准：人力资源部编写的培训方案符合酒店公文写作规范 ☆时间标准：培训方案需在____个工作日内编写完成
实施阶段	**执行程序** **1.执行培训计划** ☆人力资源部负责组织各部门执行培训计划 ☆人力资源部组织开展全员性质的培训，各业务部门组织开展专业性质的培训 **2.组织各项培训** ☆人力资源部安排新员工进行培训与考核，并将考核结果录入系统，作为新员工考核评估的依据 ☆人力资源部定期组织各部门对员工进行业务培训，一般情况下每年两次，每次不少于两天，具体的培训工作由各部门安排 ☆人力资源部组织各部门员工进行酒店专题培训，包括安全专题培训、突发事件培训等 ☆人力资源部组织即将晋升的员工进行领导力培训，提升员工的管理能力和组织能力 ☆人力资源部组织员工参加外部交流培训，和同行业的人员进行业务交流，吸取经验 **工作重点** ☆新员工入职后必须参加培训，人力资源部要将新员工的培训考核结果准确录入系统，不得有错漏 ☆员工定期业务培训后要进行考核，人力资源部及相关部门要根据员工培训考核结果判断其岗位是否需要调整与变动 ☆参加外部培训的员工应根据酒店的有关规定提交外部培训申请，征得领导的同意后与人力资源部签订培训协议，注明培训后员工的去向等 <hr>**工作标准** 　各项培训结束后都需要安排考核，并详细记录考核结果，录入系统

任务名称	执行程序、工作标准与考核指标
实施阶段	**考核指标** 培训计划完成率：目标值为____%，该指标用于衡量培训计划的完成情况 $$培训计划完成率 = \frac{实际完成的培训次数}{计划完成的培训次数} \times 100\%$$
培训总结	**执行程序** **1.培训效果评估** ☆人力资源部组织各部门进行培训效果评估，编制培训效果评估报告，内容包括效果评价、师资评价、教材评价及费用评价等 ☆培训效果评估报告须提交人力资源部经理审核、总经理审批 **2.培训工作总结** 人力资源部年末对员工培训工作进行总结，形成总结报告 **工作重点** 年末，人力资源部要总结本年度培训成功的经验和不足，为下一年度的培训工作提供参考 **工作标准** 总结报告的格式与内容应符合酒店公文写作的要求
执行规范	
"员工培训计划""外部培训管理办法""培训效果评估报告""培训工作总结报告"	

酒店运营与管理全案

16.4　薪酬福利管理流程设计与工作执行

16.4.1　薪酬福利管理流程设计

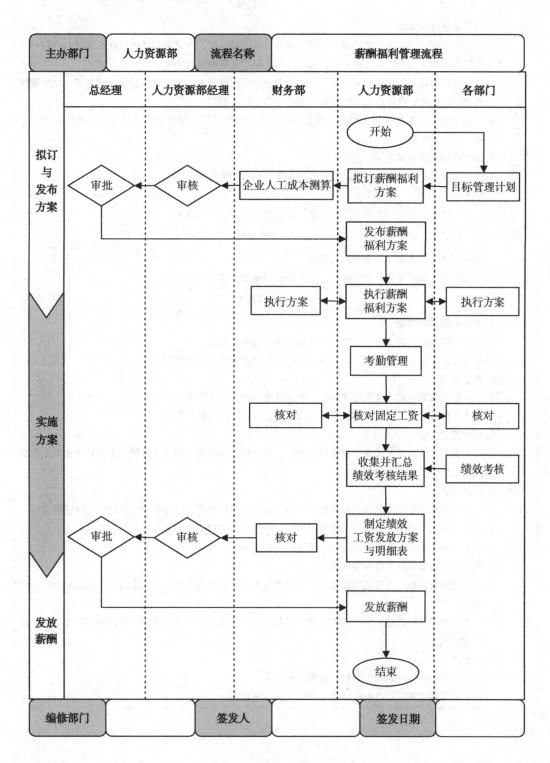

主办部门	人力资源部	流程名称	薪酬福利管理流程		
	总经理	人力资源部经理	财务部	人力资源部	各部门

（流程图内容）

拟订与发布方案

开始 → 目标管理计划

企业人工成本测算 ← 拟订薪酬福利方案

审批 ← 审核 ← 企业人工成本测算

发布薪酬福利方案

实施方案

执行方案 ← 执行薪酬福利方案 ↔ 执行方案

考勤管理

核对 ← 核对固定工资 ↔ 核对

收集并汇总绩效考核结果 ← 绩效考核

审批 ← 审核 ← 核对 ← 制定绩效工资发放方案与明细表

发放薪酬

发放薪酬 → 结束

编修部门		签发人		签发日期	

第 16 章　酒店人力资源与行政管理

/ 293 /

16.4.2　薪酬福利管理执行程序、工作标准、考核指标、执行规范

任务名称	执行程序、工作标准与考核指标
拟订与发布方案	**执行程序** **1.拟订薪酬福利方案** ☆各部门根据酒店年度经营计划制定部门绩效目标管理计划，并将部门绩效目标管理计划分解到各个岗位，制定各岗位的考核指标，为部门员工绩效工资的发放提供依据 ☆人力资源部在市场调研的基础上，根据企业自身情况制定本年度的酒店薪酬福利方案，如原薪酬福利体系不变，则可在原薪酬福利方案的基础上进行调整 ☆人力资源部将薪酬福利方案交于财务部进行人工成本测算，测算完成后提交人力资源部经理审核、总经理审批 **2.发布薪酬福利方案** 　人力资源部正式发布经过总经理审批的本年度酒店薪酬福利方案 **工作重点** 　人力资源部应会同财务部对员工的薪酬福利进行综合平衡与测算 **工作标准** ☆参照标准：酒店往年的薪酬福利方案 ☆时间标准：薪酬福利方案应在＿＿＿个工作日内编制完成
实施方案	**执行程序** **1.执行薪酬福利方案** ☆人力资源部组织酒店各部门执行本年度酒店薪酬福利方案 ☆人力资源部根据员工的录用、调转和升迁等情况调整员工薪酬福利 **2.考勤管理** ☆人力资源部制定酒店考勤管理办法，汇总各部门的员工考勤情况 ☆人力资源部对员工的病假、事假等进行核查，收集证明材料并存档 **3.核对固定工资** 　人力资源部根据员工考勤数据核对员工的固定工资，编制员工固定工资明细表，并根据员工考勤情况和酒店的规定办理员工福利 **4.绩效考核** ☆各部门根据年初制定的绩效目标管理计划，按照绩效目标管理制度的规定对员工进行绩效考核 ☆各部门根据考核结果提出员工续用、调转、升迁、解聘和奖惩的意见 ☆人力资源部收集并汇总各部门的绩效目标考核结果 **5.制定绩效工资发放方案与明细表** ☆人力资源部根据本年度酒店薪酬福利方案和员工的绩效目标考核结果制定绩效工资发放方案与明细表 ☆人力资源部先将绩效工资发放方案交于财务部核对，核对无误后再提交人力资源部经理审核、总经理审批 **工作重点** ☆人力资源部和各部门要严格执行薪酬福利方案 ☆人力资源部定期汇总各时段绩效考核指标的完成情况

任务名称	执行程序、工作标准与考核指标
实施方案	**工作标准** ☆时间标准：绩效工资发放方案应在____个工作日内编制完成 ☆内容标准：绩效工资发放方案的内容与格式应符合酒店公文写作的要求 **考核指标** 绩效工资明细表编制出错率：目标值为 0，该指标用来衡量绩效工资核发的准确性 $$绩效工资明细表编制出错率 = \frac{绩效工资明细表编制出错的次数}{绩效工资明细表编制总次数} \times 100\%$$
发放薪酬	**执行程序** 酒店财务部根据员工固定工资明细表及经过领导审批的绩效工资明细表发放员工薪酬 **工作重点** ☆员工固定工资明细表与绩效工资明细表不能随意传看，员工之间不得讨论工资 ☆财务部要按时发放员工薪酬，不得拖延，如遇节假日可提前发放 **工作标准** 财务部应在每月____日前完成员工薪酬福利的发放工作 **考核指标** 薪酬福利发放差错率：目标值为 0，该指标用来衡量员工薪酬福利核发的准确性 $$薪酬福利发放差错率 = \frac{薪酬福利发放出错的人数}{薪酬福利发放人数} \times 100\%$$

执行规范
"酒店薪酬福利方案""员工绩效工资发放方案"

第 16 章 酒店人力资源与行政管理

16.5.1　绩效考核管理流程设计

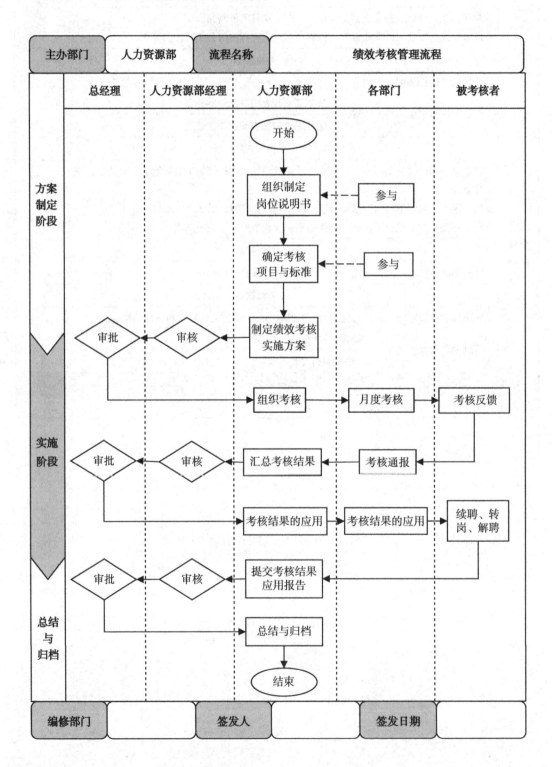

16.5.2　绩效考核管理执行程序、工作标准、考核指标、执行规范

任务名称	执行程序、工作标准与考核指标
方案制定阶段	**执行程序** **1.组织制定岗位说明书** ☆人力资源部组织各部门制定岗位说明书，并进行核定 ☆人力资源部将核定过的岗位说明书下发至相关部门，同时交人力资源部存档 **2.确定考核项目与标准** 　人力资源部组织各部门根据岗位说明书制定岗位绩效考核项目与标准 **3.制定绩效考核实施方案** 　人力资源部考核主管拟订绩效考核实施方案，方案的内容包括考核实施时间、考核对象、考核工具及考核方法等，并报人力资源部经理审核、总经理审批 **工作重点** 　人力资源部与相关部门应结合酒店战略规划、经营计划和目标管理体系分解与量化各岗位的绩效考核指标 **工作标准** ☆参照标准：其他酒店的绩效考核标准 ☆质量标准：绩效考核实施方案切合酒店的经营目标，可操作性强
实施阶段	**执行程序** **1.组织考核** ☆人力资源部按照岗位绩效考核标准及考核实施方案组织各部门对员工进行考核 ☆各部门要及时通报部门员工的考核结果，并上报人力资源部 **2.汇总考核结果** 　人力资源部工作人员汇总各部门的考核结果，分析并形成报告，提交人力资源部经理审核、总经理审批 **3.考核结果的应用** ☆人力资源部组织召开会议，对各部门员工的绩效考核结果进行讨论与评估，提出对员工续聘、解聘、调转、升迁、奖惩的意见，形成考核结果应用报告 ☆考核结果应用报告须提交人力资源部经理审核、总经理审批 ☆人力资源部根据领导的批示意见，与有关部门共同办理员工续聘、解聘、调转、升迁、奖惩的相关手续 **工作重点** 　根据员工绩效考核结果提出相应的处理意见 **工作标准** 考核结果的应用要符合员工的实际情况，确保绩效考核的质量 **考核指标** 绩效考核结果分析准确率：目标值为＿＿＿＿%，该指标用于衡量员工绩效考核结果分析的准确性 $$绩效考核结果分析准确率 = \frac{绩效考核结果分析准确的次数}{分析的总次数} \times 100\%$$

任务名称	执行程序、工作标准与考核指标
总结 与 归档	**执行程序** ☆人力资源部在每年的中期绩效考核及年终绩效考核结束后，都要撰写绩效考核总结报告，总结绩效考核工作中的经验与教训，为下次绩效考核工作的改进提供依据 ☆人力资源部要认真整理考核的有关资料，包括员工的述职报告、各部门考核的原始资料及办公会议的讨论记录等，做好资料归档工作 **工作重点** 绩效考核工作总结报告的内容详尽、准确，员工的续聘、解聘、奖惩等各种记录表单齐全
	工作标准 总结报告的格式与内容符合酒店公文写作的要求
	执行规范
"岗位说明书""岗位考核标准""个人考核反馈表""考核工作总结报告"	

酒店运营与管理全案

16.6.1 例会管理流程设计

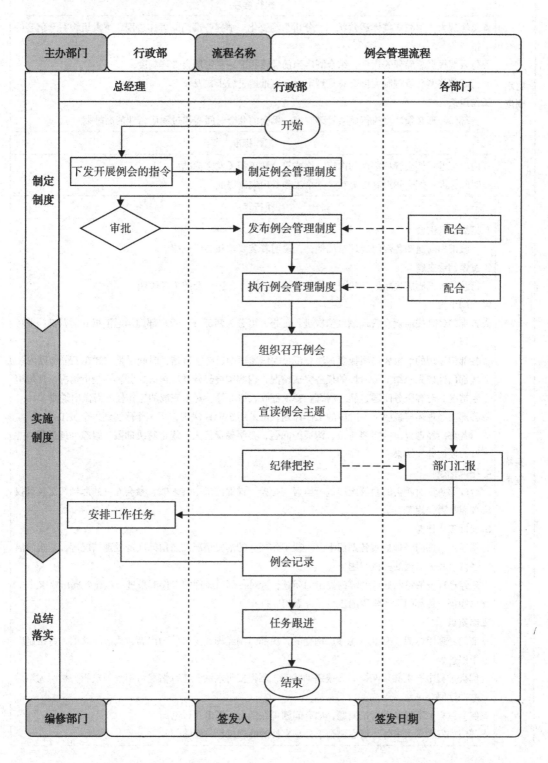

主办部门	行政部	流程名称	例会管理流程

（流程图内容：）

	总经理	行政部	各部门

制定制度：
- 开始
- 下发开展例会的指令 → 制定例会管理制度
- 审批 → 发布例会管理制度 ← 配合
- 执行例会管理制度 ← 配合

实施制度：
- 组织召开例会
- 宣读例会主题
- 纪律把控 → 部门汇报
- 安排工作任务

总结落实：
- 例会记录
- 任务跟进
- 结束

编修部门		签发人		签发日期	

第 16 章 ｜酒店人力资源与行政管理

/ 299 /

16.6.2 例会管理执行程序、工作标准、考核指标、执行规范

任务名称	执行程序、工作标准与考核指标
制定制度	**执行程序** ☆总经理为了解酒店整体运营状况、分析市场变化、掌握各部门的工作进度，下发组织召开例会的指令 ☆行政部根据总经理的指令，结合酒店当前经营状况，制定例会管理制度 ☆行政部将例会管理制度提交总经理审批，审批通过后正式发布 **工作重点** 各部门经理必须严格执行例会管理制度，例会的开会时间需错过酒店营业的高峰期 **工作标准** ☆内容标准：例会管理制度的内容、格式符合酒店相关发文标准 ☆时间标准：例会管理制度需在____个工作日内编制完成
实施制度	**执行程序** **1. 组织召开例会** 行政部提前通知各部门经理参加例会，说明着装要求和会议纪律 **2. 宣读例会主题** 行政部根据酒店最新经营状况，传达总经理的指令，进行会前主题说明 **3. 部门汇报** ☆各部门经理按照例会管理制度依次进行汇报，可分为两部分：管理部门沟通汇报和运营部门业务汇报 ☆各部门经理的汇报要简明扼要，注意汇报时语速适中、吐字清晰，时间尽量控制在五分钟以内 ☆各部门经理先总结上一阶段的任务完成情况，内容围绕经营状况展开，如客户投诉情况、环境卫生情况、对客服务问题、酒店房态、餐饮部收入情况等，对未完成的工作任务需做出说明 ☆各部门经理还需说明下一阶段的工作计划，可采用5W1H法则，将工作落实到每个员工 ☆对各部门经理提出的需要协调、沟通的问题，要明确责任人、规定解决期限、跟踪处理进程，并及时反馈处理结果 **4. 纪律把控** 行政部负责对例会的会议纪律进行监督与把控，详细记录参会人数、参会人员的迟到情况及其仪容仪表是否合规等 **5. 安排工作任务** ☆总经理与部门经理核实各部门上一阶段工作任务的落实情况及遗留问题的处理情况等，通报酒店经营过程中出现的其他问题 ☆总经理现场解答和处理各部门提出的问题，针对各部门经理的工作汇报进行点评并提出要求 ☆总经理对各部门下一阶段的工作任务做出安排 **工作重点** ☆部门经理因休假或有事不能参加例会的，由部门副经理或主管代为出席，无故缺席的，将按制度予以惩处 ☆例会过程中手机必须保持静音或震动状态，不得接听电话，特殊情况可至室外接听，接听完毕后立即返回会议室 ☆例会过程中不得私下讨论问题，如有问题可在例会上提出并讨论 ☆部门如发生重大事件，可在例会上分享事件的处理过程与经验

任务名称	执行程序、工作标准与考核指标
实施制度	**工作标准**
	例会的整体流程要符合酒店例会管理制度的规定
	考核指标
	☆例会参会率：目标值为 100%，用来衡量例会的召集情况
	$例会参会率 = \dfrac{实际参加人数}{应参加人数} \times 100\%$
	☆阶段任务目标完成率：目标值为____%，用于衡量各部门阶段任务的实际完成情况
	$阶段任务目标完成率 = \dfrac{实际完成的阶段任务目标数}{计划完成的阶段任务目标数} \times 100\%$
总结落实	**执行程序**
	1. 例会记录
	☆行政部要详细记录例会中总经理及参会人员提出的相关建议、措施等
	☆对于不遵守例会管理制度的人员，行政部要将相关情况写入纪律表，定期予以通报
	2. 任务跟进
	例会结束后，行政部要根据会中下达的部门任务，与各部门核对并跟进任务的完成情况
	工作重点
	例会记录条理清晰、内容简明扼要、重点突出
	工作标准
	例会记录的格式与内容符合酒店公文写作的要求
	考核指标
	例会记录完整率：目标值为____%，用于衡量例会记录的完整性
	$例会记录完整率 = \dfrac{实际记录的项目数}{应记录的项目数} \times 100\%$
执行规范	
"会议纪律细则""酒店例会管理制度"	

16.7.1 车辆使用管理流程设计

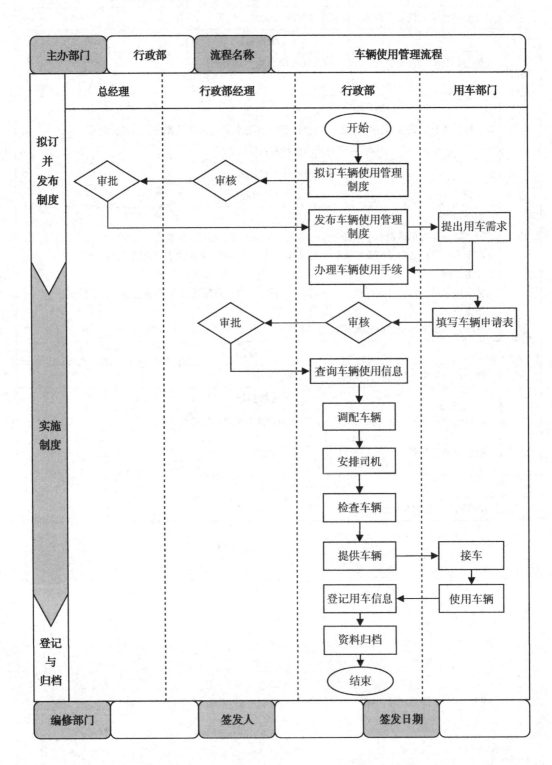

16.7.2 车辆使用管理执行程序、工作标准、考核指标、执行规范

任务名称	执行程序、工作标准与考核指标
拟订并发布制度	**执行程序** **1. 拟订车辆使用管理制度** ☆行政部根据酒店现有的公车和租车合作商编制车辆使用管理制度 ☆行政部将编制的车辆使用管理制度提交行政部经理审核、总经理审批 **2. 发布车辆使用管理制度** 　行政部将审批通过的车辆使用管理制度发送到各部门，各部门按照车辆使用管理制度执行 **工作重点** 车辆使用管理制度要和酒店年度的经营目标相结合，合理把控用车费用 **工作标准** 车辆使用管理制度应在＿＿＿个工作日内编制完成
实施制度	**执行程序** **1. 办理车辆使用手续** 　各部门根据实际情况向行政部提出用车需求，填写车辆使用申请单 **2. 调配车辆** ☆用车部门将车辆使用申请单提交行政部审核、行政部经理审批 ☆行政部查看酒店当前车辆使用情况，根据用车人数和行驶路程安排合适的车辆与司机 **3. 使用车辆** ☆行政部将车辆安排通知发送到用车部门 ☆用车部门接到通知后使用车辆，并在规定时间内返回 ☆车辆应保持干净整洁、无异味，用车人员不得往车辆内乱扔杂物 **工作重点** ☆车辆原则上必须按照既定路线行驶，若遇堵车或修路等特殊情况，可绕道行驶 ☆公车不得搭乘与工作无关的人员 ☆司机须安全驾驶，严格遵守交通规则，不得带病开车，出车前要认真检查车况，发现问题要及时处理。因违反交通规则产生的罚款，由司机自行承担 **工作标准** ☆安全标准：司机行车时要严格遵守交通规则，确保自身和车内人员的安全 ☆用车标准：爱护车辆，对车辆要及时维护、擦洗，定期保养，使车辆保持良好状态，车况完好无故障 **考核指标** 车辆使用管理制度执行率：目标值为 100%，用来衡量车辆使用管理制度的执行情况 $$车辆使用管理制度执行率 = \frac{车辆使用合规的次数}{车辆使用总次数} \times 100\%$$

任务 名称	执行程序、工作标准与考核指标
登记 与 归档	**执行程序**
	1.登记用车信息 ☆用车结束后，由司机负责填写车辆使用登记表，详细记录车辆行驶公里数、时间、地点及油耗等，用车人员确认无误后签字认可 ☆行政部应安排专人及时对返回的车辆进行检查，并做好记录 **2.资料归档** 　行政部对所有车辆使用记录及相关表单进行分类整理，做好资料归档工作 **工作重点** 　相关人员在检查车辆时，要重点查看方向盘、座椅、门窗、轮胎、车灯、后视镜等有无破损，车辆外观有无划痕，车内是否干净整洁
	工作标准
	车辆使用与检查的各项记录完整、表单齐全
	执行规范
	"车辆使用管理制度""车辆使用登记表"

酒店运营与管理全案

17.1 酒店设备管理流程

17.1.1 流程目的说明

酒店是以设备为依托，通过向顾客提供各种服务而取得收入的组织，加强酒店的设备管理，设计完善的酒店设备管理流程，有利于提高酒店的整体服务质量，保证酒店的正常运转。

17.1.2 流程结构设计

酒店设备管理可细分为三个事项，就每个事项分别设计流程，具体的结构设计如图17-1 所示。

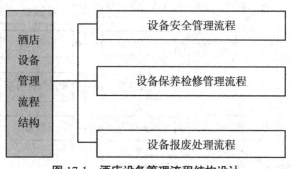

图 17-1 酒店设备管理流程结构设计

17.2 设备安全管理流程设计与工作执行

17.2.1 设备安全管理流程设计

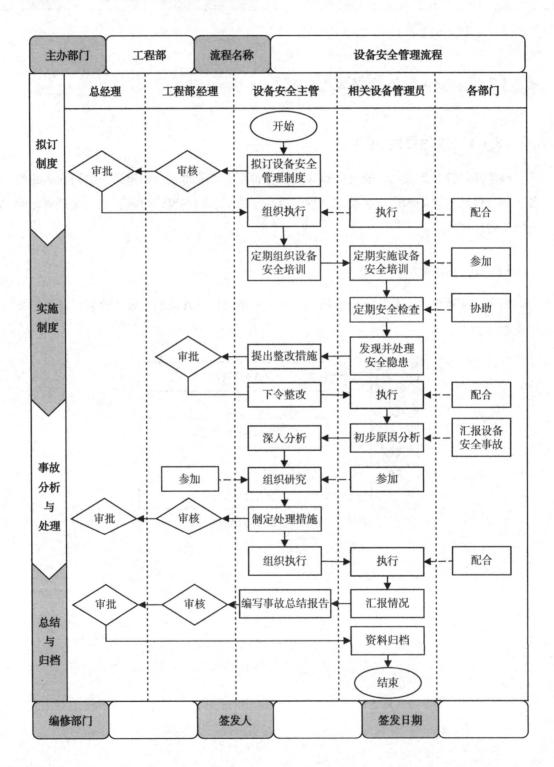

17.2.2　设备安全管理执行程序、工作标准、考核指标、执行规范

任务名称	执行程序、工作标准与考核指标
拟订制度	**执行程序** ☆工程部设备安全主管根据国家有关法律法规和本酒店的实际情况拟订酒店设备安全管理制度 ☆工程部经理负责对酒店设备安全管理制度进行审核，并提出自己的意见和建议 ☆工程部经理将酒店设备安全管理制度，连同自己的意见和建议一并报总经理审批 **工作重点** 　设备安全主管拟订的酒店设备安全管理制度内容全面，可操作性强 **工作标准** 　酒店设备安全管理制度应在＿＿个工作日内拟订完成
实施制度	**执行程序** **1.组织执行** 　设备安全主管组织执行经过总经理审批的酒店设备安全管理制度 **2.定期组织设备安全培训** 　设备安全主管组织定期开展设备安全培训，要求全员参与 **3.定期安全检查** ☆设备管理员根据领导安排对酒店的各种设备进行定期安全检查，包括对床头柜及接线盒、门铃、房间插座、电器等的检查 ☆酒店各部门要积极配合工程部开展设备安全检查，详细汇报设备的使用情况 **4.发现并处理安全隐患** ☆对检查过程中发现的设备安全隐患，设备管理员要及时处理，并向设备安全主管汇报 ☆设备安全主管应组织工程部相关人员对设备安全隐患进行分析，并提出整改措施，上报工程部经理审批 ☆设备安全主管根据工程部经理的批示意见，及时下达安全隐患整改通知 ☆相关部门接到通知后要及时对设备安全隐患进行整改 ☆设备管理员负责向设备安全主管汇报安全隐患整改情况，设备安全主管组织相关人员对整改进行验收 **工作重点** ☆设备管理员要定期对设备进行安全检查，不得松懈 ☆发现安全隐患后要立即处理，不得拖延，以免发生危险 **工作标准** ☆检查标准：各项设备的安全检查必须严格按照规定执行，不能遗漏任何一处细节 ☆时间标准：安全隐患需在＿＿个工作日内整改完成 **考核指标** 　培训覆盖率：目标值为＿＿%，用来衡量设备安全培训工作的执行情况 $$培训覆盖率 = \frac{实际培训人数}{应培训人员总数} \times 100\%$$

任务名称	执行程序、工作标准与考核指标
事故分析与处理	**执行程序** **1.汇报设备安全事故** 　部门设备发生安全事故后，要先进行初步处理，同时向工程部设备管理员汇报 **2.分析原因** ☆设备管理员对设备安全事故进行初步分析，并填写设备安全事故报告单，提交设备安全主管 ☆设备安全主管会同相关人员对安全事故进行深入分析 **3.制定处理措施** ☆设备安全主管根据分析结果制定设备安全事故处理措施 ☆设备安全主管将设备安全事故处理措施上报工程部经理审核、总经理审批 ☆相关人员根据经过总经理审批的设备安全事故处理措施对事故进行后续处理 **工作重点** ☆造成设备安全事故的原因是多方面的，如人员原因、天气原因等，相关人员在做原因分析时，应综合考虑这些因素 ☆设备安全事故的处理要及时，对直接责任人要进行通报批评，以提高员工的警惕性 **工作标准** 　设备安全事故发生后，设备安全主管需在____个工作日内提交设备安全事故处理措施
总结与归档	**执行程序** **1.编写事故总结报告** ☆设备管理员要及时向设备安全主管汇报设备安全事故处理情况 ☆设备安全主管根据事故发生的原因、性质及处理过程等编写设备安全事故总结报告 ☆设备安全主管将设备安全事故总结报告上报工程部经理审核、总经理审批 ☆设备安全主管组织相关部门人员学习总结报告，吸取教训 **2.资料归档** 　设备管理员对设备安全管理的相关资料进行分类整理，存入酒店资料库，以便日后查阅和学习 **工作标准** 　安全事故报告按照酒店的公文写作标准编制 **考核指标** 　资料归档及时率：目标值为____%，用来衡量资料的分类及归档情况 $$资料归档及时率 = \frac{及时归档的资料数}{应归档的资料总数} \times 100\%$$

执行规范
"设备安全管理制度""设备安全事故处理措施""设备安全事故总结报告"

17.3 设备保养检修管理流程设计与工作执行

17.3.1 设备保养检修管理流程设计

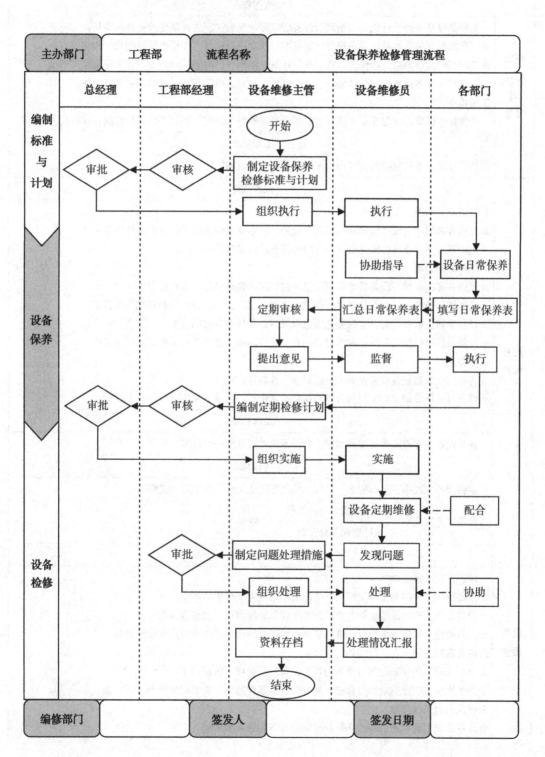

主办部门	工程部	流程名称	设备保养检修管理流程

第 17 章 | 酒店设备管理

编修部门		签发人		签发日期

/ 309 /

17.3.2　设备保养检修管理执行程序、工作标准、考核指标、执行规范

任务名称	执行程序、工作标准与考核指标
编制标准与计划	**执行程序** ☆工程部设备维修主管负责根据酒店设备的实际情况编制酒店设备保养检修标准与计划 ☆工程部经理负责对酒店设备保养检修标准与计划进行审核，并提出自己的意见和建议 ☆工程部经理将酒店设备保养检修标准与计划，连同自己的意见和建议一并上报总经理审批 ☆酒店设备保养维修标准与计划经总经理审批通过后，由工程部设备维修主管组织执行 **工作重点** 　设备保养检修标准与计划中应列明各项设备保养维修费用，并且要将费用控制在预算范围内 **工作标准** 　酒店设备保养检修标准与计划应在____个工作日内编制完成
设备保养	**执行程序** **1.设备日常保养** ☆酒店各部门根据设备保养检修标准与计划，对本部门使用的设备进行日常保养 ☆工程部设备维修员协助并指导各部门对设备进行日常保养 **2.保养记录管理** ☆酒店各部门要填写设备日常保养记录，内容包括设备名称、运行情况等 ☆设备维修员应定期对设备日常保养记录进行汇总、整理，并提交设备维修主管审核 ☆设备维修主管对设备日常保养记录进行审核，并提出自己的意见 ☆设备维修员根据设备维修主管提出的意见，协助相关部门改进设备日常保养工作 **工作重点** ☆各部门应编制设备日常保养人员排班表，并做好登记 ☆设备日常保养记录的汇总与分析工作应按月进行，并录入系统，以便日常查阅 **工作标准** 　各项设备的保养要严格按照规定执行，不得遗漏任何一个环节 **考核指标** 　设备保养完成率：目标值为____%，用来衡量设备保养工作的完成情况 $$设备保养完成率 = \frac{实际完成保养的天数}{计划保养总天数} \times 100\%$$
设备检修	**执行程序** **1.编制定期检修计划** ☆设备维修主管根据设备实际运行情况编制设备定期检修计划 ☆设备维修主管将设备定期检修计划报工程部经理审核、总经理审批 ☆设备维修主管负责组织设备维修员执行经过总经理审批的设备定期检修计划 **2.设备定期检修** ☆设备维修员按计划定期对酒店的各种设备进行检修，各部门予以配合 ☆设备维修员在设备检修过程中，如发现设备存在问题，要及时向维修主管汇报 **3.制定问题处理措施** ☆设备维修主管根据设备的实际情况制定设备问题处理措施

任务名称	执行程序、工作标准与考核指标
设备检修	☆工程部经理负责对设备问题处理措施进行审批，并提出处理要点和注意事项 ☆设备维修主管及时组织设备维修员对设备进行维修，各部门予以配合 ☆设备维修员要及时向设备维修主管汇报设备问题的处理情况 **4.资料存档** 　设备维修主管对设备维修的相关资料进行分类整理，存入酒店资料库 **工作重点** 　设备维修员要及时对问题设备进行维修，以保证设备的正常运转
	工作标准
	设备检修工作需在____个工作日内完成
	执行规范
	"酒店设备管理制度""酒店设备保养检修标准""酒店设备保养检修计划"

17.4　设备报废处理流程设计与工作执行

17.4.1　设备报废处理流程设计

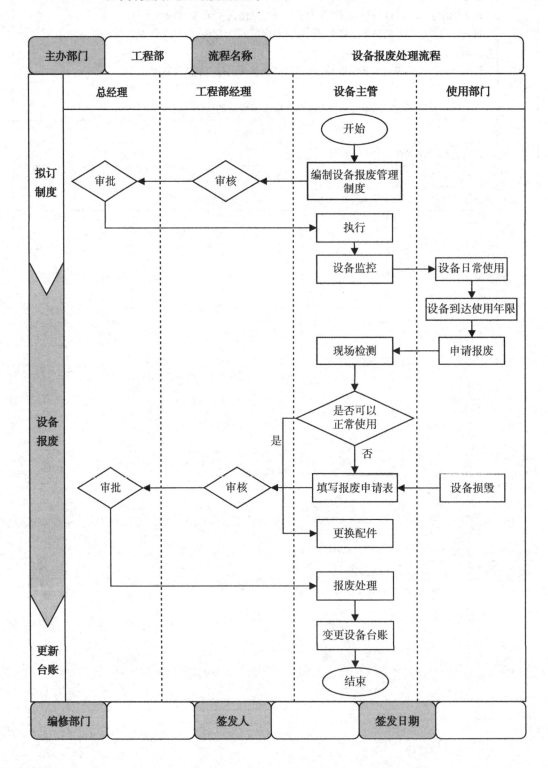

17.4.2　设备报废处理执行程序、工作标准、考核指标、执行规范

任务名称	执行程序、工作标准与考核指标
拟订制度	**执行程序** ☆工程部设备主管负责根据国家有关规定，结合酒店实际情况，编制设备报废管理制度 ☆工程部经理负责对设备报废管理制度进行审核，审核无误后报总经理审批 ☆设备主管根据领导的批示意见组织执行设备报废管理制度 **工作重点** 　设备报废管理制度的内容应详尽完整，涉及的相关法律法规需在制度里体现出来 **工作标准** ☆内容标准：设备报废管理制度符合国家相关规定 ☆时间标准：设备报废管理制度需在____个工作日内编制完成
设备报废	**执行程序** **1.设备监控** ☆酒店各部门在日常经营服务过程中，按规定使用各种设备，对设备进行日常保养 ☆设备主管按照酒店设备管理制度，定期对各种设备进行监控，了解其运行状态 ☆设备主管要对日常监控过程中发现的问题做出及时处理 **2.申请报废** ☆设备按规定到达使用年限后，由设备使用部门负责人提出报废申请 ☆设备主管对设备进行检测，达到报废标准的，由设备主管填写报废申请表，执行设备报废流程；未达到报废标准的，则对设备的配件进行更换、升级 ☆工程部经理负责审核设备报废申请表，并提出自己的意见和建议，提交总经理审批 **3.设备损毁** ☆设备在使用过程中如突然损毁，使用部门负责人要及时向设备主管报告 ☆设备主管及时赶赴现场，对设备损毁情况进行查验 ☆设备主管和有关人员分析损毁原因，提交设备报废申请 ☆工程部经理、总经理按设备报废管理制度对设备报废申请进行审核与审批 **工作重点** ☆设备主管对报废设备进行检测时要仔细认真，按照规范步骤操作 ☆设备损毁后要及时申请报废处理，避免引起设备安全隐患 **工作标准** 　设备损毁后，需要在____个工作日内提出报废申请 **考核指标** 　设备报废及时率：目标值为____%，该指标用来衡量设备报废的处理速度 　$设备报废及时率 = \dfrac{设备及时报废台数}{设备报废总台数} \times 100\%$

任务名称	执行程序、工作标准与考核指标		
更新台账	**执行程序**		
	设备报废后，设备主管要及时更新设备台账，酒店财务部也要做出相关账务处理 **工作重点** 　及时更新台账，避免造成误差		
	工作标准		
	设备台账更新须在设备报废后____个工作日内完成		
执行规范			
"设备管理制度""设备报废管理制度""设备台账明细表"			

18.1 酒店财务、会计与税审管理流程

18.1.1 流程目的说明

酒店对财务、会计与税审实施流程管理的目的如下：

（1）降低酒店财务管理过程中存在的风险，提高酒店的财务管理水平和效率；

（2）以财务管理为中心对酒店经营的各环节进行有效控制，降低成本和费用，提高酒店的经济效益。

18.1.2 流程结构设计

酒店财务、会计与税审管理可细分为六个事项，就每个事项分别设计流程，即财务预算管理流程、固定资产管理流程、酒店现金管理流程、费用报销流程、税务筹划管理流程及内部审计管理流程，具体的结构设计如图 18-1 所示。

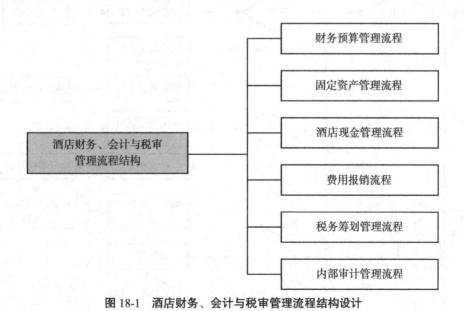

图 18-1　酒店财务、会计与税审管理流程结构设计

18.2.1　财务预算管理流程设计

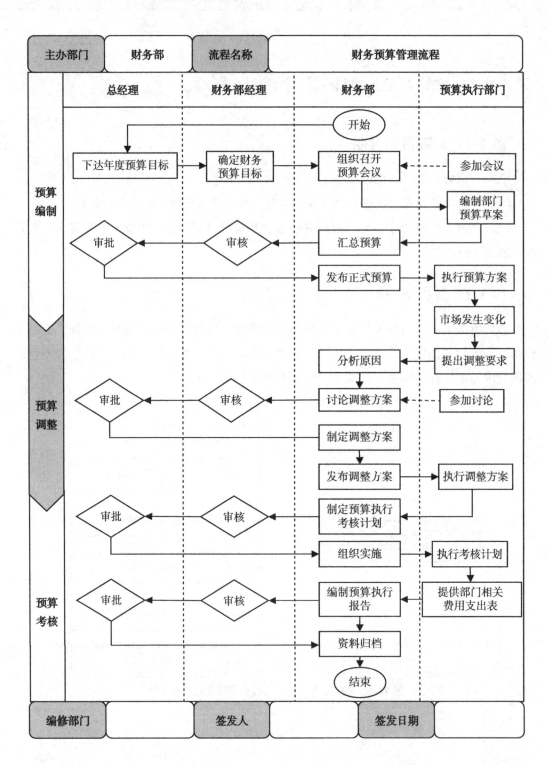

18.2.2 财务预算管理执行程序、工作标准、考核指标、执行规范

任务 名称	执行程序、工作标准与考核指标
	执行程序
预算 编制	**1. 确定财务预算目标** ☆酒店总经理根据酒店的发展战略与经营规划下达年度预算目标 ☆财务部经理根据酒店年度目标明确财务预算目标 **2. 编制部门预算草案** ☆财务部组织召开财务预算会议，各预算执行部门均要参加 ☆各预算执行部门根据财务预算目标编制各部门的预算草案 ☆财务部工作人员将各部门的预算草案进行汇总，提交财务部经理审核、总经理审批 **3. 执行预算方案** 财务部下发经过总经理审批的财务预算方案，各部门参照执行 **工作重点** ☆制定财务预算的方法科学、合理 ☆财务预算的制定必须结合酒店的发展战略及当前的市场行情
	工作标准
	＿＿个工作日内完成酒店财务预算的编制工作
	执行程序
预算 调整	**1. 提出调整要求** 各部门在执行财务预算时，若市场发生重大变化，须及时向酒店财务部提出预算调整申请 **2. 分析原因** ☆财务部收到其他部门的预算调整申请后，要快速采取行动，展开调查 ☆财务部组织召开讨论会，预算调整申请部门必须参加，共同讨论与分析预算调整的原因，并制定 　调整方案 ☆财务部将预算调整方案提交财务部经理审核、总经理审批 **3. 发布调整方案** 财务部发布经过总经理审批的预算调整方案，相关部门按照调整后的预算方案执行 **工作重点** ☆餐饮、客房物料等物资的价格预算需时刻跟随市场售价做出调整 ☆财务部要实时监控酒店行业，根据国家出台的相关政策或发生的突发事件调整财务预算
	工作标准
	财务预算的调整有明确、可靠的依据
	执行程序
预算 考核	**1. 制定预算执行考核计划** 财务部工作人员根据预算调整方案制定合理的预算执行考核计划，提交财务部经理审核、总经理 审批 **2. 组织实施** 财务部组织各部门实施经过总经理审批的预算执行考核计划

（续）

任务名称	执行程序、工作标准与考核指标
预算考核	**3. 编制预算执行报告** ☆财务部根据相关部门提供的餐饮成本费用支出表、客房物料成本支出表等编制预算执行报告 ☆财务部工作人员将预算执行报告提交财务部经理审核、总经理审批 **4. 资料归档** 　财务部将预算考核的资料进行归档 **工作重点** 　酒店要根据部门特性制定各部门的预算考核标准与指标。例如，餐饮部主要考核顾客用餐满意度、餐盘完整度，客房部主要考核物料使用量、设备完善度等
	工作标准
	预算执行考核计划内容完整，可操作性强
	考核指标
	财务预算达成率：目标值为＿＿%，用于衡量财务预算方案的实际应用情况 $$财务预算达成率 = \frac{实际支出}{预算支出} \times 100\%$$

执行规范
"酒店财务预算管理制度""财务预算分析报告""财务预算执行方案"

酒店运营与管理全案

18.3.1 固定资产管理流程设计

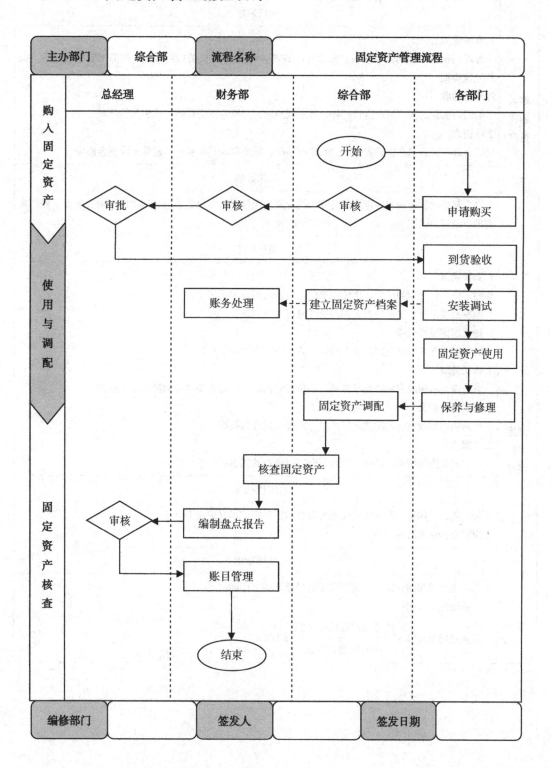

18.3.2　固定资产管理执行程序、工作标准、考核指标、执行规范

任务名称	执行程序、工作标准与考核指标
购入固定资产	**执行程序** **1. 申请购买** 　各部门根据工作的需要填写"固定资产购置申请表",提交酒店综合部、财务部审核通过后,报总经理审批 **2. 到货验收** 　部门对购置的固定资产进行验收,若发现问题,则联系供应商换货或做其他处理 **工作重点** 　综合部与财务部在审核各部门的购置申请时,需要判断其必要性,避免造成资金浪费 **工作标准** 　综合部根据酒店现有固定资产的分布情况及使用情况,尽可能先通过调配内部闲置的固定资产来满足申请部门的需求;如无可能,再申请购置
使用与调配	**执行程序** **1. 安装调试** ☆固定资产运送到酒店后,由使用部门进行验收与安装调试 ☆如有必要,可要求供应商对固定资产进行安装调试 **2. 建立固定资产档案** 　酒店综合部负责建立固定资产档案,并对固定资产加贴标识 **3. 账务处理** 　财务部为酒店固定资产的核算部门,负责对固定资产的增减和变动进行账务处理 **4. 固定资产调配** 　在酒店内部调拨、调配固定资产,必须经过综合部批准 **工作重点** 　若出现报废的情形,必须由综合部会同财务部共同鉴定 **工作标准** ☆固定资产使用部门负责人或使用人要在固定资产使用登记表上签字 ☆固定资产标识清晰 **考核指标** ☆固定资产调配的合理性:无因调配失当而影响工作的情形 ☆财务处理及时率: $$账务处理及时率 = \frac{账务及时处理的次数}{账务处理总次数} \times 100\%$$

（续）

任务名称	执行程序、工作标准与考核指标
固定资产核查	**执行程序** **1. 核查固定资产** 　每年＿＿月，由酒店综合部会同财务部对各部门的固定资产进行全面核查 **2. 编制盘点报告** 　根据核查结果，酒店财务部编制盘点报告，并提交总经理审核 **工作重点** 　做到账、物、卡一致
	工作标准 ☆各部门需积极配合综合部与财务部实施固定资产核查工作 ☆＿＿个工作日内完成盘点报告的编制工作
	执行规范
	"固定资产管理制度""固定资产使用制度""固定资产购置申请表""固定资产标识卡""固定资产台账""固定资产盘点表""固定资产盘点报告"

18.4.1　酒店现金管理流程设计

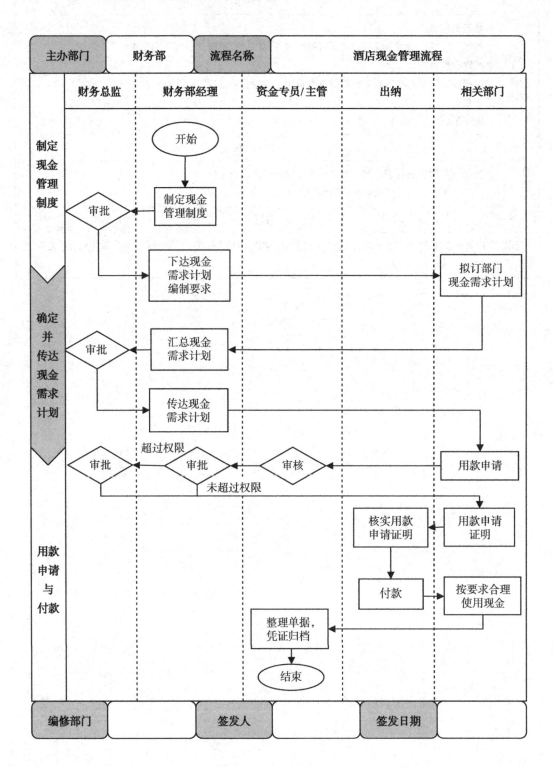

18.4.2　酒店现金管理执行程序、工作标准、考核指标、执行规范

任务名称	执行程序、工作标准与考核指标
制定现金管理制度	**执行程序** ☆财务部经理根据财务管理制度建立现金管理制度，明确酒店现金开支范围及报销流程，确定现金支出的审批权限 ☆现金管理制度经财务总监审批通过后下发执行 **工作重点** 财务部经理制定的现金管理制度要立足实际，具有可操作性，便于后期实施 **工作标准** 现金管理制度包括现金规划的相关规定，用款申请、审批及支付规定，现金保管规定等内容
确定并传达现金需求计划	**执行程序** **1. 下达现金需求计划编制要求** 　　财务部经理根据上年度资金计划实施数据与酒店本年度生产经营计划，结合现金管理制度，向各部门下达现金需求计划编制要求 **2. 汇总现金需求计划** 　　财务部经理汇总各部门的现金需求计划，并提交财务总监审批 **3. 传达现金需求计划** 　　财务部经理向各部门传达经过财务总监审批的现金需求计划 **工作重点** ☆各部门在编制现金需求计划时，需要考虑自身的年度发展规划，并参考往年的现金使用数据 ☆财务部要统筹各部门的现金需求计划，以酒店总体计划为着眼点，兼顾各部门的实际现金需求 **工作标准** 现金需求计划的编制要真实、可靠、完整，量入为出，综合平衡
用款申请与付款	**执行程序** **1. 用款申请** ☆相关部门提出用款申请并填写"用款申请单" ☆申请的现金额度超过财务部经理审批权限的，须提交财务总监审批 **2. 付款** 　　出纳对用款申请证明进行审核，审核通过后支付款项 **工作重点** ☆办理现金付款手续时，出纳应认真审查原始凭证的真实性与正确性，核查是否符合酒店规定的签批手续，审核无误后填制现金付款凭证 ☆出纳必须根据审核无误、审批手续齐全的付款凭证支付现金，并要求经办人员在付款凭证上签字

任务名称	执行程序、工作标准与考核指标
用款申请与付款	**工作标准**
	用款申请证明是指经上级审批同意后，给用款部门签发的"现金提取单"
	考核指标
	用款审核出错率：目标值为 0 用款审核出错率 $= \dfrac{\text{用款审核出错的次数}}{\text{用款审核总次数}} \times 100\%$
执行规范	
"现金需求计划""用款申请""现金管理制度"	

18.5.1 费用报销流程设计

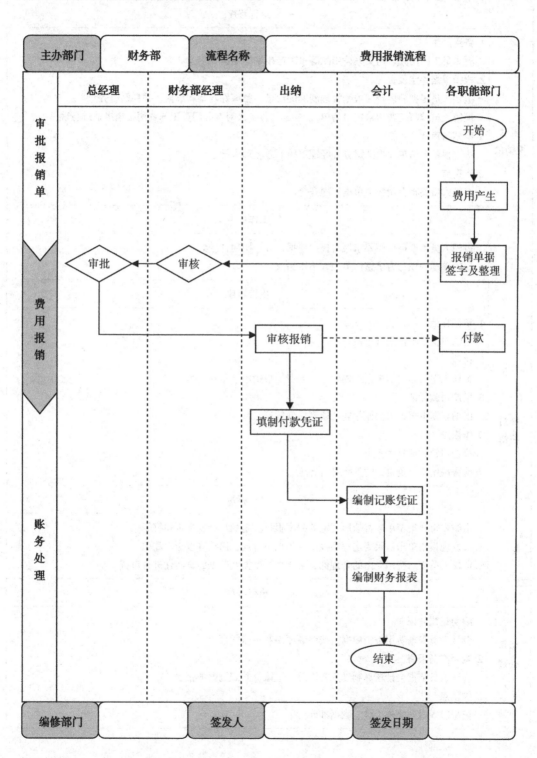

18.5.2　费用报销执行程序、工作标准、考核指标、执行规范

任务 名称	执行程序、工作标准与考核指标
审批 报销单	**执行程序** **1. 费用产生** 　酒店员工因出差、购买办公用品等事项产生费用支出 **2. 报销单据签字及整理** ☆报销人员根据酒店费用报销管理制度的要求，整理好发票和单据，并粘贴整齐 ☆报销人员填写"费用报销申请单"，各部门负责人对本部门员工的费用报销申请进行确认 **3. 审核与审批** 　费用报销申请单须提交财务部经理审核、总经理审批 **工作重点** 　报销人员要将费用报销单据整理齐全
	工作标准 ☆报销人员须严格按照要求填写报销单据，并注明附件张数 ☆报销单据的填写力求整洁美观，不得涂改
费用 报销	**执行程序** **1. 审核报销** 　出纳对报销单据进行审核 **2. 付款** 　审核无误后，出纳根据经领导审批的费用报销申请单支付款项 **3. 填制付款凭证** 　出纳根据审核无误的原始凭证填制付款凭证 **工作重点** ☆检查报销凭证是否齐全 ☆检查报销单上负责人的签字是否齐全
	工作标准 ☆出纳要审核报销单是否依照规定的程序报批，金额与单据是否相符等 ☆如发现报销单未依照规定程序报批或单据不合规，出纳有权拒付款项 ☆审核人员需对费用支出的合理性、必要性、票据及单据的真实性进行审核
账务 处理	**执行程序** **1. 编制记账凭证** 　会计人员根据费用报销单据，按照顺序编制记账凭证 **2. 编制财务报表** 　会计人员依据会计核算制度进行汇总、记账，并编制财务报表 **工作重点** 　记账时须做到字迹工整、数据准确

任务 名称	执行程序、工作标准与考核指标
账务 处理	工作标准
	记账凭证编制及时
	考核指标
	☆记账凭证编制的及时性 ☆财务报表编制延迟的次数
	执行规范
"会计管理制度""出纳管理制度""费用报销管理制度""费用报销单"	

18.6.1 税务筹划管理流程设计

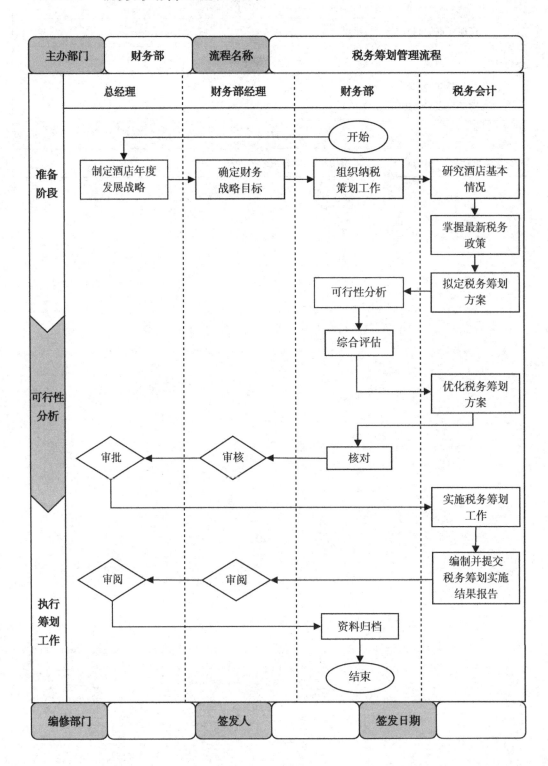

18.6.2　税务筹划管理执行程序、工作标准、考核指标、执行规范

任务名称	执行程序、工作标准与考核指标
准备阶段	**执行程序** **1.确定财务战略目标** ☆酒店总经理根据同行业的发展趋势制定酒店年度发展战略 ☆财务部经理根据酒店的发展战略明确财务战略目标 ☆财务部结合财务战略目标组织开展税务策划工作 **2.拟定税务筹划方案** ☆税务会计认真学习并掌握国家最新税收优惠政策 ☆税务会计根据酒店的基本情况及国家税务政策拟定酒店税务筹划方案 **工作重点** 　用好、用足国家及地方政府的各项税收优惠政策。目前，国家和地方政府为了促进就业，扶持第三产业的发展，出台了许多税收优惠政策，酒店财务管理人员及税务会计应予以特别关注 **工作标准** ☆参照标准：税务筹划方案的内容必须符合国家财税法律法规的规定 ☆时间标准：税务筹划方案需在＿＿＿个工作日内编制完成
可行性分析	**执行程序** **1.可行性分析** 　财务部对税务筹划方案进行可行性分析，确定筹划策略的具体目标，如选择低税负点、选择零税负点、选择递延纳税等 **2.优化税务筹划方案** 　税务会计根据掌握的相关信息与筹划策略的具体目标优化税务筹划方案，提交财务部经理审核、总经理审批 **工作重点** ☆财务人员要全面掌握酒店行业所涉及税种的税收优惠政策、各税种之间的相关性、税务行政制度及税收环境的变化趋势等 ☆时刻关注国家财税政策及政府部门的涉税行为信息，包括政府部门对税务筹划的态度、反避税法规和措施等，以降低涉税风险 **工作标准** 　税务筹划方案的内容合理合法
执行筹划工作	**执行程序** **1.实施税务筹划工作** ☆税务会计根据审批通过的税务筹划方案开展工作，并编制税务筹划结果报告 ☆税务会计将税务筹划结果报告提交财务部经理审核、总经理审批 **2.资料归档** 　财务部对税务筹划结果报告及相关资料进行整理，归档保存

任务名称	执行程序、工作标准与考核指标
执行筹划工作	**工作重点** 税务会计要时刻关注国家财税政策的变动，必要时对税务筹划方案做出调整
	工作标准
	税务筹划结果报告编制及时，内容全面
	考核指标
	税务筹划目标达成率：目标值为____%，该指标用来衡量税务筹划方案的执行情况 $$税务筹划目标达成率 = \frac{实际达成的税务筹划目标数}{计划达成的税务筹划目标数} \times 100\%$$

执行规范
"税务筹划方案""税务筹划结果报告"及相关财税法律法规

酒店运营与管理全案

18.7.1 内部审计管理流程设计

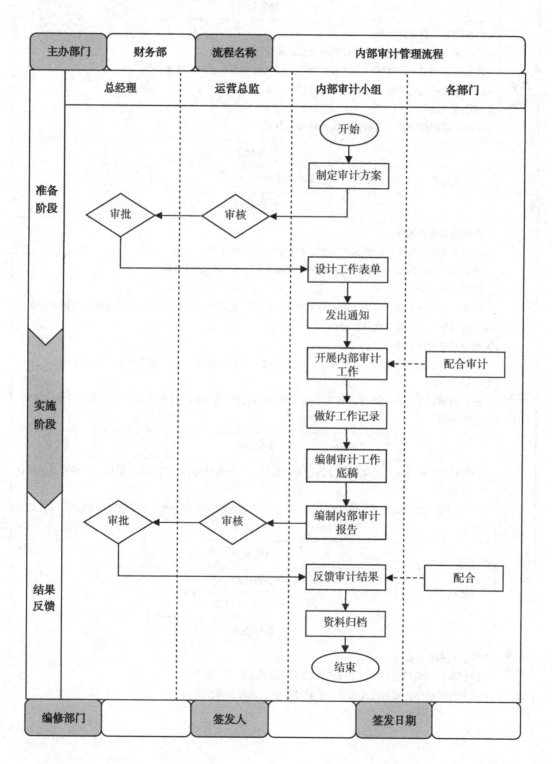

18.7.2　内部审计管理执行程序、工作标准、考核指标、执行规范

任务名称	执行程序、工作标准与考核指标
准备阶段	**执行程序** ☆酒店组建内部审计小组 ☆内部审计小组收集相关资料并整理分析，制定内部审计方案 ☆内部审计小组将内部审计方案提交酒店运营总监审核、总经理审批 ☆内部审计小组通知各部门即将开展内部审计工作 **工作重点** 　明确酒店内部审计小组成员的选择标准及分工 **工作标准** 　____个工作日内完成内部审计的前期准备工作
实施阶段	**执行程序** **1.开展内部审计工作** ☆内部审计小组采取控制测试与实质性测试的方式开展工作 ☆内部审计小组测试酒店各项规章制度的控制作用，并进行功能分析 **2.做好工作记录** 　内部审计小组要做好每一个审计环节的工作记录，尤其是对测试结果、数据分析等内容的记录必须详细完整，并且要多次核实验证 **3.编制审计工作底稿** 　内部审计小组编制审计工作底稿，底稿不拘泥于形式，纸质、电子或其他介质形式均可 **工作重点** 　根据内部审计工作的需要，酒店各部门需按时报送相关资料与文件，如财务计划、预算、决算、数据报表等 **工作标准** ☆内容标准：审计工作底稿的内容包括审计部门、审计事项名称、审计事项描述与结果记录、审计结论等 ☆编写标准：内部审计小组编制的审计工作底稿内容完整、要素齐全、格式规范、标识一致、结论明确 **考核指标** 　内部审计工作计划完成率 $= \dfrac{当期实际开展的审计项目数}{当期计划开展的审计项目数} \times 100\%$
结果反馈	**执行程序** **1.编制内部审计报告** ☆内部审计小组对整个审计工作进行总结，编制内部审计报告 ☆内部审计小组将报告提交酒店运营总监审核、总经理审批

任务名称	执行程序、工作标准与考核指标
结果反馈	**2.反馈审计结果** 　内部审计小组根据领导的批示意见修改与完善审计报告，并将结果反馈给相关部门 **3.资料归档** 　内部审计工作结束后，内部审计小组应当按照酒店的规定建立审计档案，对审计资料进行归档管理 **工作重点** 　内部审计小组在编制内部审计报告时，要做到格式规范、内容完整、数据准确

工作标准
内部审计报告的要素完备、依据充分、意见正确

执行规范
"酒店内部审计管理制度""内部审计通知书""酒店内部审计报告"

第18章 酒店财务、会计与税审管理